나는
미치지
않는다

나는 미치지 않는다

미치지 않는다. 난 무엇인가를 새롭게 시작한데도 그곳에 집착하지 않는다. 아무리 세월이 있다 해도 적당한 선까지만 간다. 그리고는 다 쓰여 빠지들기 전에 스스로 제 자리를 찾는다.

김도운 수필집

책머리에

원고를 모아 책을 만드는 일이 일상이 되었다. 본능에 이끌려 이런저런 글을 쓰고, 쓴 글을 차곡차곡 모아둔다. 모아둔 글의 분량이 책 한 권을 만들 정도라고 판단되면 주저함 없이 출판사에 보낸다. 그래서 지금껏 2권의 수필집, 1권의 소설집, 1권의 칼럼집, 2권의 실용서, 3권의 여행서 등 적지 않은 책을 세상에 내놓았다. 세상에 놀거리가 넘쳐나 책을 멀리하는 시대를 맞았다. 그러니 주변인은 "팔리지도 않을 책을 왜 출간하느냐?"고 묻는다. 책을 왜 그렇게 자주 출간하는지 사실은 나도 잘 모른다. 그냥 습관이 된 거다.

모아둔 원고를 그냥 둘 수 없다. 책으로 엮어내야 작품이란 이름을 뒤집어 쓰고 세상에 살아 남는다. 그냥 컴퓨터 디스크에 남겨두면 사장되고 만다. 글을 써 세상에 발표하고 나면 훗날 너무 유치하고 실망스러움을 느낀다. 그래서 발표한 일을 후회한다. 후회는 늘 반복된다. 하지만 그 과정을 겪어야 한층 성숙한 글을 쓸 수 있다고 확신한다. 그래서 주저함 없이 원고가 모이면 출판사로 보낸다. 처음 책을 발간했을 때는 주위에서 많은 관심을 갖고 격려도 해주었으나 이제는 그런 것도 없다. 그냥 일상이 되었기 때문이다. 염려할 건 없다. 누가 알아주기를 바라고 책을 내는 건 아니니까.

글을 쓰고, 책을 만들면 금전적으로 손해를 보는 일이 생기기도 하고,

많은 시간과 에너지를 소모해야 한다. 언뜻 생각하면 온통 손해 보는 일이다. 하지만 손해만 생긴다면 세상에 그 많은 책이 쏟아지지는 않을 것이다. 글을 쓰고 책을 발간하며 얻는 것이 있으니, 그 많은 사람이 책을 집필하고 발행한다. 또 많은 사람이 자신의 이름으로 책을 집필하고 싶어 한다. 책을 발간하면서 내 생각을 가지런히 정리할 수 있다는 점이 가장 큰 즐거움이고 이익이다. 책 발간은 나 개인의 역사이다. 또한, 시대 상황에 관한 기록이기도 하다. 그런 면에서 모든 책은 역사책이다. 책의 출간은 자신의 자존감을 한껏 높이는 일이기도 하다.

남과 다른 글을 쓰려면 남과 다른 생각을 할 줄 알아야 한다. 뻔한 글은 재미도 없고, 감동도 없다. 뻔한 글은 누군가에게 새로운 생각을 하게 하는 자극제가 되지 못한다. 반면 통념을 벗어나는 개성 넘치는 글은 읽는 이에게 재미와 감동을 주고, 사고를 바꾸게 하는 마력이 있다. 글을 쓰면서 남과 다른 생각을 하는 연습을 하게 된다. 어떡하면 읽는 이에게 조금이라도 큰 재미와 감동을 줄 수 있을지 고민하게 된다. 이런 과정을 한마디로 표현하면 '성장'일 수도 있고, '성찰'일 수도 있다. 나를 돌아보고 내 생각을 정리하는 데 글쓰기만 한 일이 없다.

2015년 하반기부터 2020년까지 쓴 글을 모으니 꼭 책 한 권을 만들 분량이 되었다. 나중에 후회할지언정 일단 책을 발간하기로 했다. 화가는 그림을 그려야 하고, 서예가는 글씨를 써야 한다. 조각가는 작품을 새겨야 한다. 그러니 수필가는 수필을 써야 하고, 소설가는 소설을 써야 한다. 예술가가 예술 활동을 하는 것은 운명이고 팔자다. 무슨 다른 말이 필요하겠는가. 어차피 팔리지 않을 그림이라고 생각하고 그림 그리기를 포기한다면 그는 화가가 아니다. 예술가라는 타이틀은 거머쥐고 싶은데 정작 예술 활동에는 관심이 없는 이를 심심찮게 본다. 진정한 예술인이라 할 수 없다.

예술인이고자 하면 대가를 바라지 않고 아무런 조건 없이, 창작 활동에 임해야 한다. 창작열에 못 이겨 펜을 들고, 붓을 들고, 조각도를 들어야 진정한 예술인이다. 머릿속에 떠오르는 단상을 글로 정리하고 싶어 어쩔 줄 모르는 창작열이 생겨야 작가가 된다. 굳이 내게 그런 창작열이나 팔자가 있다고 생각하지는 않지만, 그래도 원고는 차곡차곡 쌓인다. 그러니 책을 만들어 세상에 내놓아야 한다. 책으로 출간되지 못하고 사장될 원고를 생각하면 가슴이 시리다. 습관이 돼 별생각 없이 쌓인 원고를 모아 책을 엮는다.

전업작가가 아니다 보니 창작 활동은 늘 뒷전이다. 생업이 먼저다. 하지만 늘 남과 다른 생각을 하려고 애쓰고, 틈나는 대로 글을 쓴다. 그래서 또 한 권의 책이 발행된다. 소수에 그치지만 내 글을 읽어주고, 공감해주는 이가 가장 고맙다. 감동을 나누며 격려해주는 이가 힘을 준다. 이번 원고는 충청지역 작가의 창작열을 자극하며, 문학 허브 역할을 해주는 '오늘의 문학사'에 맡겼다. 리헌석 대표님을 비롯한 수준급 에디터가 멋진 책을 만들어 줄 것이다. 어려움 속에 꿋꿋하게 창작 활동하는 세상 모든 작가에게 응원의 박수를 보낸다. 세상을 밝게 비추고 맑은 곳으로 끌어주어 고맙다는 말도 전한다.

2021년 정초
유성 성오재(省悟齋)에서 저자 김도운

차 례

책머리에 004

제1장 자식의 환갑

생일축하곡, 그 어색함에 대하여 013 | 단골 018 | 토렴 022
돋보기 026 | 자식의 환갑 030 | 글쓰기와 책 쓰기 033
일기 036 | 반백 년을 살았다 040 | 트로트 043
빨간 날 047 | 환경 그리고 적응 051 | 모바일 세상 056
청산하지 못한 역사 060 | 접촉사고 063

제2장 나비넥타이

이슬람 바로 알기 069 | 남이 가르쳐 주는 것, 내가 배우는 것 075
구속과 자유 080 | 인도주의 084 | 단절 088
나비넥타이 092 | 잃어버린 소리 096 | 거실 한 칸, 방 세 칸 100
마음은 없고 음식만 가득한 제사 104 | 수직 문화와 수평 문화 109
사치하는 즐거움? 113 | 딱풀 117 | 선생님 121

제3장 계속 읽기만 할 것인가

동자승과 새우젓 127 | '유성문학'의 탄생과 문학의 본질 132
고대 중국문화의 시작과 끝, 서안 136 | 매사 조심하는 버릇 140
나무가 부럽고 숲이 부럽다 143 | 사람을 웃기는 일 147
육회(肉膾) 152 | 신화(神話) 속 세상과 신화 밖 세상 158
돌잡이 소회 163 | 나는 미치지 않는다 167
대전학과 유성학 172 | 계속 읽기만 할 것인가 177

제4장 가가례례

아들의 성적표 185 | 고향이 사라졌다 191 | 가가례례(家家禮禮) 197
문사철(文史哲)로 진선미(眞善美)를 202 | 건강보조식품 스트레스 208
달력 214 | 평생교육 현장에서 219 | 내 필명은 '유성거사' 224
자랑, 자랑질 227 | 재산세 232 | 한·중·일 제국의 역사 237

제5장 단색집착

단색 집착 243 | 인류문화사의 희귀한 연구대상 246
그리스·로마 신화와 중국 고사 251 | 다르면 틀리다고? 255
봉투 260 | 서울 구경 265 | 탈모 271
성공에 가려진 행복 275 | 일송정 푸른 솔과 조선족 279
백두산과 두만강 285 | 증명사진 290 | 선풍기와 휴대폰 295

제1장
자식의 환갑

생일축하곡, 그 어색함에 대하여

　누군가의 생일이어서 함께 모인 자리엔 '생일축하곡'에 빠지지 않는다. 멜로디로 보나, 영어 가사가 있는 것으로 보아 분명 우리 민족 고유의 노래는 아닌 듯하고 분명 외국 아니, 보다 구체적으로 미국에서 건너왔을 것으로 추정했다. 그래서 인터넷을 뒤져 살펴보니 역시나 미국에서 건너온 노래가 맞다. 짐작하건대 구한말 또는 일제 강점기에 내한한 기독교 선교사가 전했거나, 해방 후 미군정 시대에 미군이 전했을 것으로 본다. 그도 아니면 한국전쟁 때 미군에 의해 전래했을 수도 있다고 생각했다.
　이 노래는 아주 짧다. 그래서 누구나 한두 번 들으면 금세 따라 할 수 있다. 아주 단순하고 쉬운 멜로디다. 그래서 한국인뿐 아니라 전 세계인이 기억하고 부르는 노래다. 이 노래가 우리 생활에 깊숙이 파고든 것이 대충 계산해봐도 반세기는 넘을 것 같다. 어쩌면 족히 100년은 됐을지 모르겠다. 그러니 이 노래 한번 안 불러본 사람이 없을 것이고, 이 노래로 생일축하 한 번 안 받아본 사람도 없을 것이다. 세상에 이보다 더 유행한 노래가 있을까 싶다. 특별한 일이 벌어지지 않는 한, 이 노래는 계속 불릴 것으로 본다.

유래를 찾아보니 이 노래는 미국의 패티 힐^Patty Hill과 밀드레드 힐^Mildred Hill이라는 자매가 1893년 켄터키주 루이빌 학교 교사로 재직 중 등교하는 학생을 맞이하며 부르기 위해 'Good Morning to all'이라는 곡으로 만들었다고 한다. 언니인 밀레드레 힐이 곡을 썼고, 동생인 패티 힐이 가사를 붙여 완성했다. 이후 1924년에 로버트 콜만^Robert Coleman이 어린이 행진곡 집을 만들면서 'Happy Birthday to you'로 가사를 바꿔 세상에 퍼뜨렸고, 이것이 현재의 생일축하 노래가 되었다.

1893년 처음 곡을 만들었을 때 가사는 'Good morning to you. Good morning to you. Good morning dear children. Good morning to all.'이었다. 이후 1924년에 로버트 콜만이 원곡자인 자매에게 허락받지도 않은 채 자신이 발간한 책에 가사만 바꾼 채 이 노래를 실었다. 이 노래의 인기가 점점 상승해 콜맨은 부와 명예를 동시에 거머쥐게 되었다. 힐 자매는 자신의 노래가 버젓이 다른 사람 곡으로 불리는 것을 알게 된 후 콜맨을 고소했고, 오랜 소송 끝에 승소해 저작권을 인정받았다.

현재 'Happy Birthday to You' 노래의 저작권은 세계 최대 미디어 회사인 타임워너사가 가지고 있고, 2030년까지 유지된다. 타임워너사는 이 노래로 매년 약 200만 달러의 저작권료 수입을 얻고 있다. 웬만한 노래의 한 소절에 불과할 짧은 노래 한 곡으로 엄청난 저작권 수익을 올린다니 놀라울 따름이다. 하지만 저작권료보다 놀라운 것은, 이 노래가 세계만방에서 시도 때도 없이 울려 퍼지고 있다는 점이다. 지금, 이 순간에도 이 노래는 누군가 어디선가 부르고 있을 것이다. 모르긴 해도 인류 역사상 최고의 히트곡이 아닐까 싶다. 말을 배우고 짧은 노래를 부를 줄 아는 나이가 되면 이 노래는 모두 배우게 되니 말이다.

우리나라에서는 대개 이 노래를 한국어판으로 부른다. '생일축하 합니다. 생일축하 합니다. 사랑하는 ○○○. 생일축하 합니다.' 생일 자가 어른이면 '생일'을 '생신'으로 바꿔 부르기도 한다. 이 노래를 부르는 데는 채 20초가 걸리지 않는다. 빠른 템포로 조금 서둘러 부르면 10초 안에 노래가 끝난다. 이 노래는 대개 촛불과 케이크가 준비돼 있을 때 부른다. 나이에 맞게 양초를 케이크에 꽂고 불을 댕긴 후 누군가 생일축하곡을 부르자고 제안하면서 선창을 하면 모두 함께 부른다. 노래가 끝나면 생일 자가 촛불을 끄고 케이크를 자르는 것으로 생일축하 의식은 마무리된다. 이 모든 의식을 다 치르는데 1분도 채 안 걸린다.

언제부터인지는 모르지만, 이 같은 생일축하 의식儀式은 한국은 물론 전 세계에 세팅되었다. 모두가 가난했던 시절, 대중은 TV에서 부잣집 생일파티 하는 모습을 보며 케이크와 촛불을 놓고 치르는 의식을 알았다. 그러면서 자신도 케이크에 꽂힌 촛불을 끄고 케이크를 절단하는 주인공이 되고 싶다는 생각을 하게 됐다. 모두가 가난했던 시절에는 로망이었을지 몰라도 소득 수준이 올라가며 생일날 케이크 하나쯤 사는 것은, 일상이 되었다. 그러면서 촛불과 케이크가 등장하고, 축하곡이 곁들여지는 생일축하 의식은 문화로 굳어졌다. 생일 자가 아이이거나 어른이거나 같은 방식으로 진행한다.

생일축하곡을 부르는 그 10초, 20초가 누군가에게는 아주 긴 시간이 된다. 어색하기 그지없기 때문이다. 노래를 부르는 사람 가운데 어린이가 있다면 분위기는 한결 자연스러워지지만, 그렇지 않고 성인만 있다면 어색함은 극치를 이룬다. 더구나 성인이 모두 남성이라면 더 말할 나위가 없다. 생일을 맞은 당사자가 연로한 어르신이고 축하곡을 부르는 주체가 남성 위주의 성인집단이라면 그 서먹하고 어색한 분위기는 굳이 말하지 않아도 한 번쯤 경험해봐서 알 수 있다. 어린이는 이런 분위기를 즐기지만, 사춘기만 넘어서면 멋쩍어한다. 젊은 세대는 친구끼리는 잘하면서 가족이나 친지 앞에서는 발을 뺀다.

어린아이가 있을 때는 이 같은 미국식 생일축하 의식이 그런대로 자연스럽지만, 어린이가 빠지면 극도로 어색해지기 시작한다. 대개의 집안은 아이가 모두 자라 사춘기쯤 되면 누군가 생일을 맞아도 생일축하곡을 부를 사람이 없다. 불과 20초도 안 걸리는 노래지만 어색함을 무릅쓰지 못하기 때문이다. 그래서 아이가 성장하면서 자연스럽게 이런 의식이 없어지는 집안도 많다. 그나마 아이가 있을 때는 이런 의식이라도 존재하지만, 아이가 자라 노래하지 않으려고 하면 의식이 자연스럽게 사라진다. 아무 의식도 없이 그냥 모여서 식사하는 것으로 모든 행사가 끝나는 경우도 허다하다.

평소 틀에 박힌 생일축하 의식을 지켜볼 때마다 '우리가 왜 이런 미국식 노래를 부르고 미국식 축하 의식을 하지?'라는 생각을 자주 했다. 모두 다 해서 1분 남짓 걸리는 미국식 생일축하 의식을 치르는 시간이 내겐 참으로 고통스럽다. 그런 만큼 그 시간이 너무도 길게 느껴진다. 그러면서 정말 세련되고 품격 있는 우리 방식의 생일축하 의식이 필요하다는 생각을 한다. 선구자가 나서 우리 방식의 생일축하 의식을 만들어 보급하고 확산하게 하는 그런 사회운동을 펼쳤으면 좋겠다는 생각을 한다.

문화민족인 우리에게도 분명 우리에게 맞는 생일축하 의식이 있었을 것이다. 어쩌면 노래도 있었을 것이다. 그 문화를 찾아내고 싶다는 생각이 간절하다. 전 세계인이 똑같은 방식으로 생일축하 의식을 치르는 것은 몹시 불행한 일이라고 생각한다. 각기 나라마다, 민족마다 고유한 의식이 분명 있었을 것이다. 미국식 생일축하 노래를 부르고, 미국식으로 촛불을 밝히고 케이크를 자르는 획일적인 생일축하의식에서 탈피하고 싶다. 좀 더 품위 있고 세련된 우리만의 생일축하 의식과 문화를 만들었으면 좋겠다. 과거에 어떤 형태로든 의식이 존재했다면 그것을 되찾고 싶다.

난 솔직히 획일화된 생일의식을 치르는 것이 끔찍하게 싫다. 너무 품위가 없고 형식적이라고 생각하기 때문이다. 진정한 마음이 오가는 격조 있는 생일축하 의식이 우리 생활 속에 자리 잡았으면 좋겠다. 구성진 우리 가락으로 멋진 생일축하곡을 만들면 좋겠다. 문화강국 대한민국이 우리의 생일축하곡이 없어서 외국 노래를 따라 불러야 하겠나. 지금 전 세계에 일반화된 생일축하곡 'Happy Birthday to You'를 부르는 단 20초의 시간이 불편하다. 그래서 20시간만큼 길게 느껴진다. 누군가 멋진 곡을 만든다면 기꺼이 가사를 써볼 뜻이 있음을 모두에게 밝힌다.

2020년 12월 28일

단골

　사전을 검색해보니 '단골'이란 말은 '단골집' 또는 '단골손님'의 의미를 오가며 이중으로 사용된다. 사전은 단골이라는 의미를 '늘 정하여 놓고 거래하는 곳' 또는 '늘 정하여 놓고 거래를 하는 손님'으로 정의하고 있다. 즉, '늘 정하여 놓고 거래하는 곳'은 '단골집'과 의미가 같고, '늘 정하여 놓고 거래를 하는 손님'은 '단골손님'과 의미가 상통한다. 단골손님도 단골이라 부르고, 단골집도 단골이라고 부르고 있다. 참 친숙한 말이다. 듣기 좋은 어감이고, 의미도 친숙하다. 한자어도 아니고 외래어도 아닌 순 한글 우리말이라 더 좋다.

　어디선가 누군가 "나이 40 먹도록 변변한 단골집 하나 없으면 인생 잘못 산 거야."라고 했던 말이 기억에 남는다. 처음 이 말을 들었을 때는 '단골이 없을 수도 있지, 단골이 없다는 이유로 굳이 인생을 잘못 살았다고까지 말할 필요가 있을까?' 하는 생각을 했다. 그러나 그 의미를 곰곰이 생각해 보니 동감이 되었다. 단골을 두고 거래하는 것은 상호 간의 신뢰 구축을 의미한다. 오랜 거래를 통해 서로에 대한 믿음이 쌓여 더 편하게 거래할 수 있는 사이가 됐다는 것을 의미한다. 그러니 단골이 많다는 것은 사회생활을 함에 신뢰가 굳건하다는 것으로 볼 수 있다.

내가 단골이라고 당당히 말할 수 있는 곳이 얼마나 될까 생각해 보았다. 손가락을 접어가며 헤아려 보니 그래도 몇은 되었다. 다행이다. 자주 다니는 식당부터 시작해 업무와 관련해 거래하는 몇몇 업소가 꼽혔다. 그곳은 내가 대금 결제를 몇 모았다가 한꺼번에 하는 외상거래가 터 있다. 일을 시급히 처리해달라는 부탁을 할 수 있는 곳이다. 일반적인 거래처에는 하기 어려운 부탁을 해도 편하게 들어줄 수 있는 곳이다. 그만큼 편하게 거래할 수 있는 대상이다. 그러니 단골이 많다는 것은 그만큼 거래의 신뢰를 쌓은 곳이 많다는 것을 의미한다.

식당을 예로 들었을 때 단골집은 메뉴에 없는 음식을 특별히 주문했을 때 기꺼이 조리해 주는 곳이다. 어디선가 귀한 식자재가 생겼을 때 이것을 들고 가서 조리해달라고 하면 군소리 없이 냉큼 조리해 주는 정도라면 단골이라고 말해도 손색이 없겠다. 지인이 외국에 다녀왔다며 면세점에서 샀다며 위스키 한 병을 주었을 때, 그것을 들고 가서 양해를 구하고 마실 수 있는 정도의 관계가 정립됐다면 단골이라고 말해도 된다. 뭔가 편의를 봐달라고 부탁했을 때 주저함 없이 기꺼이 들어준다면 단골의 기본 조건을 갖추었다고 할 수 있다.

그러니 자주 이용한다고 해서 무턱대고 단골이라고 규정할 수는 없다. 편의를 봐달라고 부탁했는데 단숨에 거절한다면 그곳은 단골이라고 할 수 없다. 거래 횟수와 거래액이 많을 뿐이지 마음으로 신뢰를 쌓지 못한 상태는 단골이라고 말하기 어렵다. 상대의 처지를 이해하고 마음을 헤아려 줄 수 있을 때 비로소 단골이란 말을 할 수 있다. 그러니 단골이란 거래 횟수나 거래액만으로 규정할 수 없다. 신뢰가 중요하다. 서로 신뢰가 쌓였을 때 망설임 없이 상대의 부탁을 들어줄 수 있다. 그렇게 되려면 오랜 시간에 걸쳐 꾸준한 거래를 하고, 상대에게 피해가 되는 일을 하지 않았어야 한다.

언제나 손님이 북적이는 식당이 있다. 도착해서 줄을 서지 않으면 음식을 먹을 수 없는 곳이다. 늘 대기 손님이 많으니 굳이 예약을 받지 않는 곳이다. 하지만 예외적으로 예약을 받아준다면 단골이다. 외지에서 손님이 오기로 해서 그곳 음식을 꼭 대접하고 싶을 때 전화 한 통화로 예약을 접수할 수 있다면 그곳은 단골이다. 원칙을 따져 예약을 거부한다면 굳이 단골이라고 할 필요가 없다. 예약을 받지 않는 곳이지만 내가 부탁하면 예외적으로 예약을 허락해줄 정도가 돼야 단골이라 할 수 있다. 만약 거절할 상황이라면 아주 안타까운 마음으로 정중히 이해를 구해야 단골이라 할 수 있다.

한 가지 더 덧붙인다면 다른 어느 곳보다 편해야 한다. 서로의 이해관계에서 한발 물러나 누군가 약간의 손해를 봐야 하지만 그걸 묵인하고 거래를 성사시켜 줄 수 있어야 한이다. 원칙을 앞세우며 다소의 손해를 거부하며 거래를 하지 않는다면 단골이라고 할 수 없다. 저 손님이 당장은 다소의 손해를 요구하지만 언젠가 그 손해를 덮고도 남을 이후의 거래를 이어가 줄 것이란 신뢰가 구축돼야 단골이라는 이름 아래 거래가 가능해진다. 당장 약간의 손해를 보더라도 지속적인 거래가 이루어질 것이기 때문에, 문제 되지 않는다는 믿음이 단골의 성립 조건이다.

단골 거래가 이루어지면 서로에게 득이 된다. 거래가 쉬워지고 거래의 횟수나 거래금액은 점차 늘어나게 된다. 상대의 사정이 좋지 않을 때는 먼저 알아서 에누리를 인정해주는 미덕도 단골 사이에서는 가능하다. 내가 거래하는 한 현수막 제작업체는 올해 들어 제작해가는 현수막 개수가 현저히 줄어들었음을 알고, 내 수입이 줄어들고 있음을 미루어 짐작했다. 그리고는 알아서 값을 깎아주었다. 그렇지만 그걸 생색내려 하지도 않았고, 그걸로 나를 불편하게 할 생각이 없었다. 그러니 얼마나 고마웠는지는 굳이 말하지 않겠다.

단골은 상대의 사정을 대충 짐작할 수 있다. 늘 거래하던 것에 비해 주문 수량이 줄었다면 상대의 매출이 감소하고 있다는 것을 의미한다.

단골을 그걸 알아챌 수 있다. 평소와 달리 씀씀이가 현격히 줄었다면, 그 또한 상대의 수입이 줄었거나 자금 문제로 고통받고 있음을 알아차릴 수 있다. 이 정도의 이심전심이 이루어져야 단골다운 단골이라고 할 수 있다. 이런 정도의 단골이 주위에 얼마나 있는지 헤아려 보면, 자신이 얼마나 사회생활을 잘하고 있는지 스스로 평가해볼 수 있다.

일정 나이를 먹도록 변변한 단골 거래처가 없다면 스스로 어떤 삶을 살고 있는지 점검해볼 필요가 있다. 다소 과장되게 말한다면 단골이 없다는 것은 누군가에게 그만큼 신뢰를 주지 못했다는 방증이다. 신뢰와 더불어 사교성에도 문제가 있는 것으로 볼 수 있다. 편하게 거래할 수 있는 거래처가 없다면 그만큼 까다롭고 원칙만을 앞세워 상대를 불편하게 하는 성격일 수도 있기 때문이다. 그러니 누군가 "나이 40 먹도록 단골이 없으면 잘못 산 인생"이라는 말은 충분히 공감 가는 말이다. 단골은 단순히 거래가 많은 곳이란 이상의 의미가 있다.

한국 사회는 정情을 기반으로 인간관계가 구축된다. 단골이란 개념은 이 같은 한국 사회의 정서를 파악하는 중요한 잣대 역할을 한다. 그러니 단골이 없다면 그만큼 건조하고 사무적으로 모든 거래와 인간관계를 유지했다는 의미가 될 수 있다. 굳이 말하지 않아도 상대의 눈빛만 보면 사정을 헤아려 줄 수 있는 사이가 돼야 단골이라 할 수 있다. 단골이 많다면 참 잘살고 있는 인생이다. 단골에 대해 이런저런 생각을 정리해보니 내가 단골이라는 이름으로 거래하는 업소 한곳 한곳이 그렇게 고마울 수 없다. 단골이란 말은 들을수록 참 괜찮은 말이다. ✧

2020년 12월 13일

토렴

 많은 가지 수의 반찬을 늘어놓고 먹는 것보다 입에 맞는 한두 가지 반찬으로 놓고 밥 먹기를 좋아한다. 그래서인지 유독 국밥류의 음식을 좋아한다. 순댓국, 설렁탕, 곰탕, 소머리국밥, 내장탕, 해장국, 선짓국 등은 내가 즐겨 먹는 음식이다. 이런 음식은 별다른 반찬이 필요 없다. 입에 맞는 김치나 깍두기만 있으면 더 이상의 반찬이 필요 없다. 고기나 뼈를 오래 끓여 우려낸 국물에 고기 첨을 넣고 밥을 더하면 환상의 조합이다. 여기에 김치, 깍두기를 곁들이면 더 말할 나위가 없는 최고의 한 끼 식사가 된다.
 국밥류는 대표적인 한식 요리라 할 수 있다. 국밥류는 뚝배기에 담아내야 제맛이고 멋스럽다. 다른 나라에서는 접해보지 못한 뚝배기라는 그릇은 흙을 빚어 구워낸 옹기류로 질박한 멋이 있다. 모양새도 멋스럽거니와 여기에 음식을 담아내면 여간해 식지 않고 오랜 시간 온도를 유지할 수 있다. 그래서 예나 지금이나 국밥류 음식은 뚝배기에 담아낸다. 뚝배기는 가정집에서 여간해 사용하지 않는 그릇이지만 국밥류를 파는 음식점은 예외 없이 뚝배기에 음식을 담아낸다. 요즘은 뚝배기 모양을 본떠 만든 합성수지 용기를 사용하는 사례도 많은데 왠지 여러모로 부족해 보인다.

내가 어려서 경험한 세상에는 가스레인지가 없었다. 장작불을 때서 불을 이용하거나 연탄불을 쓰기도 했다. 생활 형편이 나아진 이후에는 석유를 원료로 석면 심지에 불을 댕겨 쓰는 풍로가 많이 사용되었다. 조리용 불로 가스를 사용하기 시작한 것은 80년대 이후쯤으로 기억된다. 가스가 처음 도입되었을 때는 LPG라고 불리는 프로판가스가 주류를 이루었다. 지금은 대부분 도시가스를 이용하지만, 과거에는 기반시설이 취약해 1m 남짓 크기의 가스통과 레인지를 호스로 연결한 프로판가스를 많이 썼다.

음식점은 일반 가정집보다 앞서 가스를 연료로 쓰기 시작했다. 음식점은 업종마다 다소의 차이가 있지만 대개 가스를 연료로 사용하기 시작하면서 국밥류는 맛과 멋을 잃기 시작했다. 더불어 나의 고통도 시작됐다. 국밥류를 뚝배기에 담아 통째로 가스레인지 위에 올려 가열하는 형태의 조리법이 시작됐기 때문이다. 가스레인지 보급이 보편화 된 이후 대부분의 국밥류 음식은 펄펄 끓는 상태로 손님에게 제공된다. 뜨거운 음식을 유난히 싫어하는 나로서는 끓는 상태로 뚝배기에 담아내는 음식이 여간 부담스러운 게 아니다. 음식을 받아드는 순간 숨이 턱 막힌다.

그릇을 따로 준비해 음식을 덜어 식혀가며 먹는 것이 유일한 대처법이다. 음식을 덜어 식힐 그릇이 없다면 아마 한 그릇의 음식을 먹는 데 족히 한 시간은 걸릴 것이다. 그만큼 나는 뜨거운 음식을 먹는 데 익숙하지 못하다. 국밥류 음식을 좋아하지만, 뚝배기에 끓는 음식을 담아내는 것은 원치 않는다. 따끈한 온기를 느낄 정도면 족하다. 굳이 펄펄 끓여 손님에게 제공하는 이유를 잘 모르겠다. 너무 뜨거워서 맛조차 제대로 느낄 수가 없다. 하지만 음식점 주인에게 물으면 손님이 한결같이 뚝배기째 끓여주어야 좋아한다고 한다. 모든 손님이 나와는 다른 취향을 가진 것이다.

어린 시절 먹었던 국밥의 온기를 기억한다. 그때는 가스레인지도 없었거니와 뚝배기를 직접 가열한다는 생각 자체를 하지 않았던 것으로 기억한다. 음식을 뜨끈하게 데워 먹는 방법은 토렴이었다. 국물은 가마솥에 한데 모아 데워 온도를 유지한다. 밥은 고슬고슬하게 지어 소쿠리에 담아 식혀둔다. 손님이 국밥을 주문하면 뚝배기에 밥을 담아 넣고, 거기에 가마솥에서 끓는 국물을 부었다 따랐다를 반복하며 그릇의 온기를 높인다. 이것을 토렴이라 한다. 몇 번의 토렴을 거치면 국밥은 먹기에 딱 좋은 온도가 된다. 밥알에는 국물이 제대로 스며들어 풍미가 더해진다.

토렴으로 데운 국밥 온도를 기억하고 있다. 난 그 온도가 너무도 그립다. 토렴으로 따듯하게 데운 음식은 먹기에 더없이 좋은 온도가 된다. 별도의 그릇에 음식을 덜어서 식혀가며 먹을 필요가 없는 아주 적절한 온도이다. 토렴하면 음식 맛은 깊어지고 음식 온도는 사람에게 온기를 안겨주는 정도로 가열된다. 국밥류 음식을 먹을 때마다 난 토렴을 그리워한다. 적당한 온기를 그리워한다. 몇 번은 식당 주인에게 뚝배기를 데우지 말고 토렴을 해달라고 주문한 적도 있지만 소용없는 일이다. 가마솥도 없고, 이미 고아낸 국물은 식힌 상태로 보관해두었다가 주문이 들어오면 식은 국물을 뚝배기에 담아 통째로 가열하기 때문이다.

한국인은 화끈한 것을 즐긴다. 매운맛을 즐기는 정도가 날로 심해져 일부 음식은 건강을 해칠 정도로 맵게 조리된다. 뜨거운 음식을 즐기는 것도 마찬가지이다. 적당히 데워서 먹는 것이 양에 차지 않는 모양이다. 세상 어디에도 없을 온도의 음식을 즐긴다. 지금껏 세계 여러 나라를 돌아보았지만, 용기째 데워서 음식을 퍼럴 끓는 상태로 제공하는 것은 본 적이 없다. 대체 얼마나 매워야 만족하고, 얼마나 뜨거워야 만족할지 모르겠다. 매운 음식도 싫어하고 뜨거운 음식도 싫어하는 나로서는 이해

못 할 부분이다.

　난 토렴이 그립다. 가마솥도 그립고 장터의 온기도 그립다. 그 온기는 인간미를 느끼기에 가장 적합한 정도이다. 과유불급過猶不及이라 했다. 지나친 것은 미치지 못함과 같다. 현대인은 적당히 타협할 줄 모른다. 무엇이든 화끈해야 하고, 넘쳐야 한다. 약간의 부족함도 인정하지 않으려 한다. 펄펄 끓는 국밥을 선호하는 것은 토렴의 따스한 온기를 기억하지 못하거나, 아예 경험하지 못했기 때문일 것이다. 어느 시골 장터에 토렴해서 내는 국밥이 있다면 주저 없이 달려가고자 한다. 내가 세상에서 가장 인간적 온도라고 여기는 토렴 국밥을 먹으며 어릴 때 경험한 할머니의 손길을 떠올리고 싶기 때문이다.

2020년 10년 27일

돋보기

정확한 연도는 기억나지 않는다. 그저 40대 후반이라고만 기억한다. 40대 중반인지도 모르겠다. 은행 창구에 가서 전표를 작성하며 송금 절차를 진행하던 중 테이블 위에 돋보기가 놓여 있는 것을 발견했다. 돋보기는 1개가 아니었다. 40대용과 50대용, 60대 이상용 등으로 구분돼 있었다. 호기심이 발동해 40대용을 써봤다. 순간 광명을 경험했다. 내가 작성 중이던 전표가 그렇게 또렷하게 보일 수가 없었다. 글자 하나하나가 크고 선명하게 보였다. 신기하고 또 신기했다.

글자가 잘 보인 것이 신기하기도 했지만, 내가 돋보기를 쓸 나이가 됐다는 사실이 더 신기했다. 신기했다기보다는 약간의 두려움이 엄습했다는 표현이 맞을 것 같다. 늘 젊다고만 생각했던 터라 내가 돋보기를 쓸 나이가 됐다는 사실이 낯설고 두려웠다. 하지만 부정할 수 없는 현실이다. 돋보기를 몇 번이고 쓰고 벗기를 반복하며 살펴보니 차이는 확연했다. 돋보기를 통해 비친 세상은 신세계였다. 돋보기는 노인의 물건으로만 여겨졌지만 그게 아니었다. 어느새 내 눈은 돋보기를 원하고 있었다.

이후 관공서나 은행 등을 방문해 문서를 작성할 때 문서작성 테이블 위에 놓인 돋보기의 유혹을 떨칠 수 없었다. 돋보기를 쓰는 순간 신세계가 보이는데 어찌 안 쓸 수 있단 말인가. 생각 같아선 내 나이를 부정하고 싶고, 내 시력을 인정하고 싶지만 그건 내 욕심에 불과했다. 마음속으로는 '돋보기는 노인이나 쓰는 거야. 난 아직 돋보기를 쓸 나이가 아니야.'라고 생각하지만 그건 내 생각일 뿐이다. 현실은 그렇지 않다. 흔히 노안이라고 부르는 원시가 시작된 것도 맞고, 그러니 돋보기를 써야 하는 게 맞다. 노안이 생길 나이가 된 것이다.

가시와 막대를 들고 백발을 막아보려 했으나 지름길로 오더라는 내용의 탄로가嘆老歌인 백발가白髮歌가 떠오른다. 누군들 늙고 싶은가. 누군들 늙어감이 서럽지 않겠는가. 마냥 젊다고 생각하며 살지만, 나이는 시나브로 들어가게 마련이다. 노안이 가장 먼저 찾아왔겠지만, 이어 백발도 찾아오고, 더 나이가 들면 검버섯도 필 것이다. 이도 하나씩 빠지고, 청력도 떨어질 것이다. 몸집은 왜소하게 변해갈 것이고, 목소리도 점차 저음으로 변해갈 것이다. 어디 이뿐이겠는가. 노화는 온몸에서 갖가지 형태로 진행될 것이다.

늙음을 서러워하는 내용을 담은 글을 많이 접한다. 노인을 만나 이야기를 나누다 보면 늙어감을 몹시 한탄하는 분도 많다. 하지만 나는 내 몸이 익어가는 현실을 받아들이기로 했다. 어떤 재주로도 나이 들고, 병들어감을 막을 수 없다. 늙지 않겠다고 안간힘을 쓰는 것, 자체가 노욕이다. 자연스럽게 받아들여야 한다. 모든 인간은 생로병사의 굴레를 벗어던지지 못했다. 진시황도 막지 못한 노화와 죽음이다. 욕망을 키우면 키울수록 스트레스만 쌓일 뿐이다. 부질없는 욕심을 내려놓아야 한다. 그것이 가장 동양인다운 사고방식이다.

가장 먼저 내가 나의 노화를 인정한 것은 돋보기 사용이다. 아니라고 우길 이유가 없다. 노화가 진행돼 노안이 찾아왔으니 돋보기를 사용하는 것이 맞다. 그래서 얼마 후 돋보기를 샀다. 작은 글씨를 볼 때 사용하니 여간 편하지 않다. 오히려 '왜 진작 사용하지 않았나?' 싶은 후회스러운 마음이 들 정도이다. 처음 돋보기를 사용하기 시작했을 때는 1개를 샀다. 하지만 사용이 습관화하면서 여러 개를 구입해 집과 사무실 곳곳에 비치해두었다. 출장용 가방에도 늘 휴대하고 다닌다. 돋보기는 비싸지 않아 여러 개 사는 데도 부담이 없다.

돋보기를 사용하기 시작한 지 벌써 수년째. 이제는 돋보기 없이는 읽고 쓰는 일이 어렵다. 읽고 쓰는 일을 하고자 할 때 돋보기가 주위에 없으면 겁부터 먹는다. 돋보기 없는 일상은 이제 상상하기조차 어려운 지경이다. 돋보기는 자연스럽게 생활 일부가 되었다. 거역할 수 없는 현실이다. 처음에 돋보기에 대한 거부감을 가졌던 때를 생각하면 어처구니가 없다. 내 몸이 늙어감을 인정하기 싫어 가능하면 돋보기를 사용하지 않으려고 애쓰던 시절이 있었다. 지금 생각하면 굳이 그럴 필요가 없었다. 공연히 내 속만 태운 것일 뿐 회춘이란 없었다. 인정하지 못하면 마음에 상처만 입을 뿐이다.

나이가 들면 노안이 오고, 노안이 오면 가까이 있는 것이 잘 보이지 않고, 그래서 돋보기를 쓰는 과정은 자연스러운 인생 여정이다. 나중에 잘 걷지 못하면 보행기를 이용하게 될 것이고, 그로서도 감당이 안 되면 전동휠체어를 타게 될지도 모른다. 다리에 힘이 빠지면 지팡이로 모자라는 힘을 지탱하게 될 것이다. 돋보기를 사용하며 알았다. 나이 들어감을 부정하고 억지로 보조기구 사용을 거부할 필요 없다. 늙어감에 따라 신체의 기능이 떨어지면 보완하면 된다. 애석해할 것 없다.

아주 오랜 옛날 노화로 인한 신체 기능 저하를 보조해줄 어떤 기구도 없을 때를 생각하니 그 불편함이 오죽했을까 싶다. 돋보기를 비롯한 보조기구를 이용해 그나마 신체의 기능 저하에 따른 불편을 최소화할 수 있으니 여간 다행인가. 세상이 좋아져 갖가지 보조기구가 만들어지고 그것을 이용하고 있으니 다행으로 여겨야 한다. 상황에 부닥치면 굳이 거부할 필요 없이 고맙게 쓰면 된다. 돋보기는 내게 그 가르침을 안겨주었다. 돋보기는 노화의 시작을 알리는 신호일 뿐이다. 앞으로 더 많은 보조기구의 덕을 보게 될 것이다. 어쩔 수 없다. 거스를 것 없다.

2020년 10월 22일

자식의 환갑

통상 한 세대를 30년으로 잡는다. 과거의 한 세대는 큰 변화를 맞을 만한 세월이 아니었을지 모르지만, 현대사회의 한 세대는 천지가 개벽하는 시간이다. 특히 전 세계에서 변화의 속도가 가장 빠른 대한민국은 한 세대가 지나면 전혀 다른 세상을 맞게 된다. 변화란 물리적 환경변화만 일컫는 것은 아니다. 사람의 의식 변화도 포함된다. 어쩌면 의식 변화는 환경의 변화보다 몇 곱절 폭이 넓고, 속도도 빠르다. 불과 30년 전에 생활상이나 당시 사람의 인식 수준을 생각해 보면 세상이 얼마나 변했는지 실감하게 된다.

내가 어렸을 적 할머니 환갑잔치를 했던 기억이 아련하다. 큰집 마당에서 온 동네잔치로 사흘 동안 성대하게 치렀다. 지금처럼 대형 뷔페식당이 있던 것도 아니고, 집 마당에 천막을 치고 온 마을 사람이 동원돼 동네잔치로 치렀다. 육십갑자를 돌아 맞은 생일은 한국을 비롯한 동양인에게 큰 의미가 있다. 실상 그 시절에는 환갑을 맞는 일이 그리 흔치 않았다. 환갑은 무병장수의 상징이었다. 가족은 물론 온 마을 사람이 함께 장수를 축하하고 기쁨을 나눴다. 환갑을 맞아 잔치하는 것을 당연하게 여겼다.

불과 한 세대가 조금 더 흘렀지만, 세상은 완전히 바뀌었다. 환갑은 특별한 일이 없는 한 누구나 맞는 61번째 생일일 뿐 대대적으로 잔치를 벌일 일은 아니다. 그래서 환갑이라 하여 손님을 불러 잔치를 하는 일이 자취를 감췄다. 그저 가까운 친척끼리 모여 식사를 하며 보통의 생일처럼 지내는 경우가 대부분이다. 잔치는 칠순으로 옮겨갔다가 다시 팔순으로 옮겨 갔으나 그마저도 하지 않는 경우가 더 많다. 사정에 따라 해외여행으로 잔치를 대치하기도 하고, 각자 여건에 맞춰 출판이나 개인전 또는 음악회 등 의미 있는 일을 하기도 한다.

얼마 전 어머니의 팔순을 맞아 잔치를 치렀다. 잔치까지는 아니어도 친인척 40여 명을 초대해 기념식과 식사를 하고 기념촬영을 하는 정도의 의식을 치렀다. 이날 부대 행사로 어머니의 사위로 내게 큰 자형의 환갑기념식도 병행됐다. 어머니 팔순 잔치에 곁들여 모인 가족이 함께 축복해주고 선물을 주는 행사를 마련했다. 그러니 행사의 의미가 더욱 커졌다. 장모의 팔순과 사위의 환갑이 같은 해에 치러진 것이다. 무심히 생각하면 그럴 수도 있는 일이지만 굳이 의미를 부여하자면 개인적 의미 외에 시대적, 국가적 의미를 찾을 수 있다는 생각을 했다.

불과 한 세대만 거슬러 올라가도 부모의 환갑 자체가 흔치 않은 일이었다. 하물며 부모가 생전에 계신 가운데 자식이 환갑을 맞는 일은 생각조차 하기 어려운 일이었다. 하지만 이제는 별스럽지 않은 일이 되었다. 부모가 팔십을 훌쩍 넘겨 생존에 있는 일이 허다하니 자식의 환갑을 지켜보는 부모의 수가 그만큼 늘어난 것이다. 큰 자형이 올해 환갑을 맞았고, 내년은 큰누이의 환갑이다. 어머니는 큰사위와 큰딸의 환갑을 직접 지켜보실 수 있게 됐다. 한 세대 전에는 상상조차 할 수 없던 일이다. 그러나 이제는 흔한 일이 되었다. 생활 수준이 올라가 섭생이 좋아지고, 의료기술이 발달해 평균수명이 많이 늘어난 덕이다. 한국은 특히 건강보험 제도를 비롯한 의료체계의 고도화가 수명 연장에 한몫했다.

나는 서른셋의 나이에 결혼했다. 2월에 결혼해 바로 아이가 생겨 12월에 출산했다. 그러니 큰아들과 나의 나이 차이는 33년이다. 내가 61세가 되면 큰아들은 28세가 된다. 그보다 4년 늦게 태어난 작은아들은 24세가 된다. 아내가 환갑을 맞으면 아이 둘은 33세와 28세가 된다. 이전 같으면 생각할 일도 아니지만, 큰아들이 환갑이 됐을 때의 나이를 따져보니 내 나이 94세가 된다. 아내는 89세가 된다. 작은아들 환갑 때는 내가 98세, 아내가 93세가 된다. 98세와 93세의 나이는 한 세대 전에는 꿈의 나이에 불과했을지 몰라도 지금은 도달 가능한 나이다.

인간은 누구나 무병장수를 기원한다. 언젠가 신문에 보도된 기사를 보니 내 또래의 평균 기대수명이 100세에 가깝다. 지금과 같은 의료체계가 지속 가동하고 오히려 발전해나간다면 백수를 누리는 일이 결코 허황한 욕망은 아니다. 그러니 지금 중년으로 접어들고 있는 세대가 자식의 환갑을 지켜볼 수 있다는 사실은 충분히 실현 가능한 일이다. 내 또래 중에 나보다 이른 나이에 결혼하고 자식을 낳은 이는 자식의 환갑을 지켜볼 확률이 그만큼 높다. 자식의 환갑을 본다는 것은 증손자를 볼 수 있다는 이야기와도 같다. 세상의 많은 변화 중 이보다 더한 변화가 또 있을까.

세상의 허다한 나라 중 대한민국에 태어난 것은 축복이다. 대한민국이 성장 발전하며 환경 위생이 몰라보게 개선됐고, 의료체계가 날로 발전하며 전 국민 100세 수명의 시대는 점차 현실로 다가오고 있다. 혹자는 100세 수명 시대가 축복이 아닌 저주라고 말하기도 하지만 건강을 유지하며 빈곤 없이 살아간다면 100세 시대는 분명 축복이다. 본인 당사자의 환갑도 흔치 않던 시절에서 벗어나 자식의 환갑을 지켜보는 시대가 됐으니 세상의 변화가 놀라울 따름이다. 철저한 자기관리로 모두가 건강해야 한다. 다들 자식의 환갑은 지켜봐야 하지 않겠나.

2020년 07월 31일

글쓰기와 책 쓰기

글을 쓰기 시작한 지 4반세기가 지났다. 그 이전에도 물론 글을 썼겠지만, 본격적으로 글을 쓰기 시작한 것은 95년 이후다. 굳이 95년을 기점으로 잡는 것은 그때가 신문사에 입사한 때이기 때문이다. 신문사에 입사한 이후 거의 하루도 빼지 않고 매일 글을 썼다. 하루에 줄잡아 글을 쓴 시간은 3시간쯤 된다. 하루에 3시간씩 20년 넘게 글을 썼다. 그러니 소위 말하는 달인이 되었다. 누구보다 빨리 논리적인 글을 쓸 수 있게 됐다.

이와 관련해 1903년 미국 콜로라도대학교 심리학과 앤더슨 에릭슨이 발표한 '1만 시간의 법칙'을 적용해보면, 나는 지금까지 2만 5000시간 가까이 글쓰기를 했다. 하루 3시간씩 꼬박 10년을 하면 1만 시간이 된다. 95년 이후 줄잡아 25년간 글쓰기를 했으니 2만 5000시간에 걸쳐 글을 썼다. 달인이 될 수 있는 시간의 2.5배를 들여 글을 썼다. 헤아려 보니 스스로 놀랄 만한 시간이다. 남에게 말하기 부끄러울 수 있지만 글쓰기의 달인이 된 게 맞다.

글쓰기를 시작한 지 13년 되던 2008년에 내 인생의 첫 책인 『충청의 역』을 발간했다. 첫 책을 출간하면서 책을 한 권 발행할 만한 기획력, 구성력, 집필력이 생겼음을 확인했다. 2년 뒤인 2010년에는 두 번째 책 『오재잡기』를 출간했다. 책을 만드는 일에 한껏 자신감이 붙었다. 그래서 2015년에 『음성고추, 서산마늘』, 2016년에 『급하지 않은 일, 그러나 중요한 일』을 연이어 출간했다, 2018년엔 『죽기 전에 내 책 쓰기』, 2020년엔 『씨간장』과 『홍보야 울지마라』를 세상에 내놓았다.

책을 출간하기 위한 집필은 계속돼 지금도 몇 권의 책을 발행할 수 있는 원고가 컴퓨터에 내장돼 있다. 이런 추세라면 생애에 걸쳐 꽤 여러 권의 책을 집필할 수 있을 것 같다. 사실 책을 집필한다는 사실이 알려진 후 자신의 이름으로 발행할 책을 대필해 달라는 부탁도 여러 차례 있었다. 그중 일부는 내가 거절하거나 당사자가 준비가 부실했던 탓에 출간에 성공하지 못했지만, 몇 권은 출간의 관문을 통과했다. 그러니 굳이 대필까지 합산하면 이미 꽤 많은 출간을 마친 셈이다.

책을 발행하는 건수가 하나씩 늘어가며 책 쓰기의 노하우도 쌓여갔다. 어떻게 구성하고, 어떤 내용으로 써야 세상의 관심을 받을 수 있을지도 감을 잡게 됐다. 특히 제목을 어떻게 정해야 독자가 관심을 두는지, 어느 시기에 출간해야 세상이 주목하는지 등을 터득하게 되었다. 그래서 희망을 품고 있다. 언젠가는 내가 쓴 책 중 하나가 온 국민이 즐겨 읽는 베스트셀러 반열에 오를 수 있다는 자신감을 느끼고 있다. 그러니 책 쓰기는 멈출 수 없는 일상이 되었다.

글을 쓴다고 모두 책을 쓸 수 있는 것은 아니다. 글쓰기는 단편적일 수 있지만, 책 쓰기는 다면적이고 복잡한 기획력과 지구력을 겸비해야 한다. 하나의 주제를 여러 개의 소주제로 나누어 구성할 줄 아는 능력을 갖춰야 책을 집필할 수 있다. 여러 편의 문학작품을 모아 한 권의 책을 만들 때는 주제가 다양할 수 있지만, 전문서적을 출간할 때는 하나의 주제로 한 권 분량의 원고를 몰고 나가야 한다. 그러니 다양한 지식과 정보를 확보해야 하는 것은 물론이고, 지구력을 갖고 방대한 분량의 원고를 써나가야 한다.

　무슨 일을 하든 처음이 어렵다. 그러나 처음보다 두 번째가 쉽고, 두 번째보다 세 번째가 쉽다. 횟수가 거듭될수록 속도는 빨라지지만, 노력은 반감된다. 자료를 찾아 정리하는 시간을 제외하고 집필하는 데만 1개월 이내의 시간이 소요된다고 하면 놀라는 이들이 많다. 하지만 놀랄 것 없다. 그보다 더 빠르게 집필 작업은 끝낼 수 있다. 1개월이란 시간도 모든 일을 뒷전으로 하고 집필만 매달리는 시간은 아니다. 다른 일도 충분히 해 가면서 짬을 내 집필을 할 때 1개월 남짓이 소요된다.

　구성하는 시간과 집필하는 시간이 단축된다는 것은, 그만큼 숙련도가 높아졌음을 의미한다. 문학작품을 단기간에 몰아서 써 책을 출간한다는 것은 불가능할 수 있지만, 전문서적을 만들기 위한 집필은 단기간에 몰아 쓰기가 가능하다. 오히려 늘어지게 쓰는 것보다 몰아 쓰기를 할 때 집중력이 배가되고 전체 맥락도 일관성을 가질 수 있다. 그러니 전문서적을 집필하고자 할 때는 오히려 몰아 쓰기를 하는 것이 맞다. 그렇게 한 권을 집필하고 나면 자신도 놀랄 정도의 전문지식을 갖게 된다. 책 쓰기의 진정한 매력이다.

　인문학 잡학사전 형태의 책을 집필하고자 마음먹었다. 어떤 식으로 구성을 해야 할지 대충 머릿속으로 구상을 마쳤다. 자료도 여기저기서 확보했다. 시간이 되면 곧바로 집필에 돌입할 생각이다. 지금 생각 같아선 매년 한 권씩 출간하고 싶다. 언제까지 가능할지는 모르겠지만 여력이 닿는 대로 매년 한 권씩을 목표로 집필에 나서고 싶다. 매년 한 권의 집필을 한다는 것은, 매년 수십 권의 관련 책을 읽겠다는 것을 의미한다. 경험에 의하면 책 쓰기보다 더한 공부는 없다. 누구라도 평생 종사한 분야가 있다면 과감히 전문서적 출간에 도전해 보는 것이 좋겠다.

❦

2020년 07월 01일

일기

 초등학생 시절 가장 싫어하는 숙제는 일기 쓰기였다. 매일같이 일기를 써서 숙제로 제출해서 검사를 맡아야 하는 일은 참으로 고역이었다. 모든 숙제가 부담이고 귀찮음의 대상이었지만 일기 쓰기는 유난히 싫었다. 쓰는 것 자체가 귀찮기도 했지만 내가 쓴 글을 누군가 확인하고 검사한다는 게 싫었다. 하지만 거부할 힘도 없었고, 안 쓰고 버틸 용기도 없었다. 방학 숙제로도 일기 쓰기는 빠지지 않았다. 제출해서 검사까지 받아야 하는 것은 방학 숙제 일기도 마찬가지였다. 그러니 일기에 대한 부정적 인식만 쌓았던 게 사실이다. 일기는 그저 부담스러운 숙제일 뿐이었다.
 중학생이 된 이후부터 부담스럽던 일기 쓰기 숙제는 사라졌다. 지긋한 일기 숙제를 안 해도 된다는 사실이 기뻤다. 고등학생이 돼서도 일기 쓰기 따위의 숙제는 없었다. 시키지 않았지만 바쁜 대입 수험을 준비하면서도 주위에서 일기 쓰는 친구가 하나둘씩 생겨났다. 수험생으로 겪는 어려움과 고통, 부담 같은 내용이 주류를 이루지 않았을까 싶다. 물론 이성에 눈을 뜨기 시작하는 시기이니 이성에 대한 호기심과 관심 등도 일기의 소재가 되지 않았을까 싶다. 같은 방에서 하숙한 친구도 일기를 썼다. 그 친구의 생각이 궁금해 일기장을 몰래 열어보았다. 첫 페이지에 "당신의 인격을 믿습니다. 덮어주세요."라고 적혀 있었다. 인격이란 말에 놀라 바로 덮었고, 그 뒤로 훔쳐볼 생각을 하지 않았다.

내가 대학을 다니고 군 복무를 할 무렵이 인생에서 어쩌면 가장 어려운 시기였다. 아버지는 지독한 알코올중독 증세를 보이며 삶에 애착을 잃어갔다. 가세가 몰락하고 가족은 희망을 잃어갔다. 앞을 봐도 뒤를 봐도 깜깜 절벽이었다. 그런 시간이 꽤 오래갔다. 현실은 암울한데 내가 할 수 있는 일이 없었다. 학업은 계속돼야 했고, 국가의 부름을 받아 수행하는 군 복무도 피할 수 없는 과정이었다. 가정을 위해 할 수 있는 일이 아무것도 없다는 사실이 하루하루를 너무 힘들게 했다. 하소연할 곳도 없다 보니 자연스럽게 그 복잡한 심경을 일기로 적게 되었다. 그렇게 시작한 일기 쓰기가 10여 년 지속했다. 당시의 울분과 답답함, 막막함이 일기에 고스란히 녹아있다.

지금 그 일기는 내 집 어딘가에 보관돼 있다. 꺼내 읽어본 일은 없다. 언젠가는 꺼내 읽어볼 일이 있을 테지만 영영 꺼내 보지 않을 수도 있다. 당시의 암울한 상황을 굳이 들춰내고 싶은 마음은 없다. 이순신의 난중일기처럼 역사성과 사회성을 두루 겸비해 시대를 반영한 글도 아니고, 문학성을 갖춘 글도 아니다. 시종 답답한 마음을 푸념으로 엮어낸 것이다. 불우했던 나의 20대 시절 애환만 담고 있는 글이다. 그 참담했던 시절의 이야기는 나 이외의 누구도 관심을 가질만한 내용이 아니다. 그러니 언젠가 내가 한번 휙 살펴보고 폐기 처분될 것이 유력하다. 지금으로선 다시 보고 싶은 마음이 별로 없다.

대학을 졸업하고 취업을 한 뒤 생활은 조금씩 나아지기 시작했다. 직장생활 1년 반쯤 지나 아버지는 끝내 56세의 일기로 세상을 등지셨다. 직장생활을 시작한 이후로 일기를 쓰지 않은 것으로 기억된다. 바쁜 회사 생활과 잦은 술자리 등이 이유가 돼 일기를 쓰지 않은 것으로 본다.

한참의 세월이 흘러 직장 내에서도 중견의 자리에 올랐고, 결혼해 가정도 꾸렸다. 크고 작은 문제가 발생하고 이런저런 일이 생겼지만, 이전과 같은 모진 시련은 없었다. 일기는 쓰지 않았지만, 이 무렵부터 본격적으로 문단 활동을 시작했다. 일기 쓰기가 문단 활동을 시작하는 데 중요한 원인 제공이 되었다. 2008년 수필가로 등단했고 2년 뒤 소설가 등단까지 했다. 이때부터는 일기가 아닌 문학작품을 통해 내 생각을 정리했다.

또 하나의 변화는 인터넷 보급이 확대되고 휴대용 개인 컴퓨터라 할 수 있는 스마트폰이 보급되기 시작했다는 점이다. 스마트폰의 많은 기능 중 빼놓을 수 없는 것이 소셜네트워크 서비스라고 하는 SNS가 시작됐다는 점이다. 사회관계망인 SNS는 공개적으로 사생활을 공개하고 관계망이 구축된 무리와 교감하는 시스템이다. 개인 일기처럼 자신과의 독백을 즐기는 기능은 아니지만, 공개적으로 자기 생각과 일상을 정리할 수 있는 사이버 공간이 생긴 것이다. 처음 시작할 때 열정적으로 참여하다가 제풀에 죽어 SNS를 떠난 사람이 부지기수이다. 하지만 난 벌써 10년 넘게 적극적으로 SNS 활동을 하고 있다.

돌이켜보니 SNS 공간을 통해 정리하는 나의 일상과 생각이 일기 역할을 해주고 있다. 과거 기록을 훑어보면 지난날 내 행적이 고스란히 정리된다. 내 생각의 변화도 파악할 수 있다. 일기가 내면의 대화였다면 SNS는 대중과의 대화이다. 그러다 보니 속내를 드러내거나 부끄러운 일을 기록하는 사례는 여간해 없다. 온통 자랑질투성이고, 글도 남을 의식해서 쓰게 된다. 내면의 성찰은 찾아보기 힘들다. 하지만 일자별로 사진과 글을 남겨 개인 역사로서 기능은 충분히 갖추고 있다. 별도로 일기를 쓰지 않았지만 내 추억이 정리되고 있다는 점은 의미가 있다. 그래서 SNS에 꼬박꼬박 생각과 일상을 정리하는 편이다. 아마도 한동안 이런 습관은 이어질 것 같다.

일기에 대한 몇 가지 생각을 정리해본다. 내가 초등학생 신분이던

40~45년 전이나 지금이나 학교에서는 일기 쓰기가 숙제로 이어지고 있다. 글쓰기 능력 함양을 위해, 교사가 학생의 생활환경을 파악하기 위해, 갖가지 이유를 들어 숙제로서의 일기가 존속되고 있고, 검열이 이어지고 있다. 이는 명백히 비교육적이며 일기의 본질과는 거리가 아주 멀다. 공개적인 사생활 침해라 할 수 있다. 당장 초등학생의 일기 숙제와 검열은 중단돼야 한다. 청소년이 된 이후의 자발적 일기 쓰기 습관은 생각의 정리하고, 자신을 돌아볼 수 있게 하는 등 많은 긍정적 요소를 갖고 있다. 글쓰기 능력을 키우는 데도 큰 도움이 된다. 자신과의 대화인 일기 쓰기를 한동안 지속해보라고 적극적으로 권하고 싶다. 분명 내면의 성숙을 얻어낼 것이다.

　SNS를 별생각 없이 가볍게 여기는 사람도 많지만 오랜 시간 이용해 본 경험을 토대로 평가해보면 대단히 긍정적인 자기 기록의 가치가 있다. 물론 SNS의 본질은 사회적 관계망을 구축해 소통하는 일이다. 글을 올리고 당장은 외부인과의 소통에 주력하게 되지만 지난 기록은 개인 역사의 정리라는 또 다른 의미가 있다. 물론 진솔한 자기 독백의 글은 아니지만, 개인사의 기록으로서는 충분한 가치가 있다. 이런 가치를 생각하면서 글이나 사진을 게재할 때 신중히 처리한다면 역사성은 더욱 빛을 발할 수 있다. 일기를 쓸 여건이 안 된다면 SNS 활동을 충실히 하며 의미 있는 발자취를 남겨보라고 권유하고 싶다. 인간은 역사를 남기려는 본능이 있다. 그 본능을 SNS가 상당 부분 충족해 줄 것이다. ⚜

2020년 07월 07일

반백 년을 살았다

　오늘은 내가 태어난 지 꼭 50년이 되는 날이다. 그러니 반백 년을 산 게 맞다. 어느새 반백 년이란 세월이 흘렀는지 섬뜩함이 앞선다. 풍요롭고 복된 시절을 만났으니 50년을 거뜬히 살았다. 불과 반세기 전만 해도 나이 50이면 중노인 취급을 당했다. 60갑자가 한 바퀴 돌아 맞는 생일은 회갑이라 하여 큰 잔치를 벌였다. 그만큼 60세를 사는 이도 드물었던 시대다. 그러니 50세가 되면 사회적으로 꽤 어른 대접을 받았다. 시골 동네를 다니다 보면 인사를 할 사람보다 인사를 받는 사람이 많았다. 50세가 되면 동네에서 담배를 물고, 뒷짐을 지고 다녀도 건방지다고 나무라는 사람이 없었다. 불과 반세기 전의 일이다. 지금은 50세도 청년 취급을 받는다. 그만큼 한국인의 평균수명이 늘어났기 때문이다.
　자료를 찾아보니 민족 최대 영웅이라는 세종대왕과 이순신 장군이 각각 53세의 생을 사셨다. 현대인들의 기준에 맞춰보면 요절이라 할 수 있는 나이이다. 하지만 두 영웅 모두 53년의 길지 않은 생을 살면서 반만년 민족역사에 가장 굵은 획을 긋고 가셨다. 이들 두 영웅뿐 아니라 동·서양의 역사에 등장하는 수많은 위인의 생을 살펴보면 40대나 50대에 생을 마감한 이들이 절대다수다. 60년 넘게 생존한 인물은 극히 드물다.

이런 현실을 생각하며 50년의 내 인생을 되돌아보니 부끄럽기 그지없다. 역사의 한 페이지에 이름을 남기는 일은 글러 먹었고, 그나마 의미 있는 일을 했어야 옳은데 그러지도 못했다. 하루하루 살다 보니 50년이라는 부끄러운 생을 살았다.

아버지는 내가 20대이던 1997년에 56세로 생을 마치셨다. 억울한 죽음이다. 다행스러운 일은 막내아들이 반백 년을 살도록 아직 어머니가 생존해 계신다는 사실이다. 그 사실에 감사할 따름이다. 대한민국이라는 발전지향적 국가에 태어나 교육열이 높은 부모 밑에서 자랐으니 대학도 다녀봤고, 덕분에 평생을 우매하지 않게 살 수 있었다. TV 뉴스를 시청하며 무슨 내용인지 알아듣지 못해 답답했던 일이 없고, 웬만한 책을 읽어도 이해할 수 있는 지적 기반을 갖고 살았으니 억울하게 살 일은 없었다. 이런 면에서 물질적 풍요는 누리지 못했다 해도 내 삶은 절대 빈곤하지 않았다. 위인의 삶처럼 이타적이고 거룩하지는 않았지만 그래도 사회 구성원으로 내 몫을 하며 살 수 있었으니, 그에 감사할 따름이다.

100년을 채울 자신은 없다. 앞으로의 삶은 이전에 살아온 삶과 비교하면 늙고 병약하여 민첩하지 못할 것이다. 50년을 꽉 채워 살아온 것만으로도 감사하다. 순탄하기만 했던 삶은 아니었어도, 그렇다고 큰 고난과 역경은 없었다. 심신도 건강하게 살았다. 여생을 큰 욕심 부리지 않고 살기로 마음먹는다. 오늘까지는 50년을 채우며 살았다면 내일부터는 100년을 채우기 위한 새로운 삶을 시작한다. 지금까지 애써 힘든 오르막길을 걷듯 힘쓰며 살았다면, 앞으로는 내리막길을 걷듯 욕심을 줄이고 즐기며 살겠다고 다짐한다. 위인전 속 인물처럼 인류를 위해 큰일을 이루지 못하더라도 부끄러움 없는 삶을 살아가겠노라고 마음을 다진다. 부모에게 감사하고 세상에 감사한다. 지금껏 무탈하게 살아온 내 어깨를 툭툭 쳐준다.

경술년인 1970년, 목련이 만개할 무렵에 충청북도 음성군 대소면 오산리에서 태어났다. 병원이 귀한 시절이었고, 오지마을이었으니 아이를 집에서 낳는 것은 당연했다. 할머니께서 살펴주시는 가운데 큰집 안방에서 내가 태어났다. 듣자 하니 임신 후 12개월 만에 출생했다고 한다. 더구나 태어날 때 얼굴에 보(洑)를 쓰고 세상에 나와 눈, 코, 입의 형태가 없었다고 한다. 할머니께서 놀라 얼굴을 어루만지다가 손톱에 보가 찢겨 눈, 코, 입이 드러났다고 한다. 이 모두가 병원 기록 없이 할머니와 어머니에게 전해 들은 이야기다. 사실 여부를 확인할 길이 없다.

세상 사람들은 아이가 부모 속을 썩이지 않고 크면 잘 자랐다고 칭찬했다. 그런 기준이라면 나 역시 잘 자랐다. 적어도 부모의 마음을 아프게 하는 짓을 하지는 않았다. 부모에게 기대지 않았고, 부모가 걱정하는 일 없게 뭐든 알아서 스스로 처리했다. 가난했지만 부모는 대학 교육까지 마칠 수 있게 뒷바라지를 해주셨다. 대학을 졸업한 이후 부모에게 어떠한 도움도 요청하지 않고 내 힘으로 개척하는 삶을 살았다. 내 문제를 내가 해결하는 버릇은 지금도 여전하다. 그래도 중산층에서 벗어나지 않는 삶을 유지하며 살았다. 다행이고 고마운 일이다.

건강한 두 아들을 두었다. 두 아들은 나의 분신이다. 내가 세상에서 사라져도 내 이야기를 하며 내가 가르쳐준 방식으로 살아갈 것이다. 두 아들이 건강하게 잘 자라고 있으니 오래 사는 문제에 더 욕심은 없다. 나의 분신이 나를 대신해 살아가고 있으니 만족한다. 얼마를 더 살게 될지 모르겠으나 욕심부리는 일 없이 즐기며 살고자 한다. 다만 가능한 많은 책을 집필하고 싶다. 그것이 나의 유일한 욕심이다. 적어도 지금껏 살아온 세월보다는 더 재미있고 즐거운 여생을 살고자 노력할 것이다. 지금껏 잘 살아왔으니 앞으로도 잘 살 것이라고 스스로 다짐한다.

2020년 03월 30일

트로트

대한민국이 트로트 열풍에 빠졌다. 건국 이래 국민 사이에서 트로트의 인기가 수그러든 적이 없지만, 요즘의 인기는 각별하다. 트로트에 별 관심을 보이지 않던 세대까지 그 매력에 흠뻑 빠져들었으니 말이다. '성인가요' 또는 '전통가요'라는 별칭으로 불리던 트로트는 이제 굳이 '성인이 즐겨 부르는 노래' 또는 '전통적 멜로디의 노래'라는 편견을 벗어던질 수 있게 됐다. 그만큼 향유하는 세대의 폭이 넓어졌고, 멜로디나 형식이 다채로워졌음을 의미한다. 실로 요즘의 트로트 인기는 빅뱅^{대폭발}이라는 표현이 무색하지 않을 정도로 성장세가 눈에 띤다. 특정 분야의 문화 트랜드가 이처럼 단기간에 급상승한 사례는 일찍이 없었다.

트로트라는 노래는 많은 논란거리를 안고 있다. 그 첫째가 대체 어디서 어떤 경로를 통해 유입돼 자리를 잡았느냐는 것이다. 이에 대해서는 아직도 다양한 논란이 존재하지만 대략 세 가지로 압축된다. 우선은 서양에서 유행한 4분의 4박자 사교댄스 스텝이나 연주 리듬을 일컫는 폭스트로트^{fox-trot}에 기원을 둔다는 설이다. 또 하나는 일본 민속 음악에 서구 폭스트로트를 접목한 엔카^{演歌}의 영향을 받았다는 설이다. 1928년 무렵부터 한국 가수가 일본에 건너가 녹음을 하는 과정에서 일본가요와 한국가요가 교배돼 생성됐다는 주장이다. 이밖에 외국의 영향과는 별개로 독자적으로 발전한 음악 장르라는 주장을 펴는 이도 있다.

트로트가 한국에서 자생한 음악이라는 주장은 1970년대 이후 한국 트로트가 폭스트로트의 4분의 4박자를 기본으로 하면서, 강약 박자를 넣고 바이브레이션이라고 하는 특유의 꺾기 창법을 구사하며 독자적 형식으로 완성됐다는 사실에 기반을 두고 있다. 지금 우리가 일반적으로 즐기는 트로트 음악은 1970년대에 한국식으로 완성된 장르의 음악 형태라고 보면 된다. 하지만 역사적 배경을 살펴보면 일제 강점기를 거치며 일본의 엔카에서 영향을 받은 것은 분명해 보인다. 그래서 트로트는 1950년대 후반부터 '왜색' '일제 잔재'라는 이유로 청산의 대상으로 분류돼 탄압받기도 했다. 1960년대 후반의 대 히트곡인 '동백 아가씨'도 이런 이유로 금지곡 처분을 받기도 했다.

트로트는 오랜 세월 성인의 노래로 치부되었다. 젊은 세대 가운데 트로트를 즐기는 이는 극소수에 불과하다 보니, 중년을 넘어선 이가 즐기는 음악으로 가르마가 타졌다. 그동안 '트로트가 젊은 세대에게 외면받은 이유는 무얼까'에 대해 혼자 생각해 보았다. 여러 이유가 있겠지만 우선은 가사 내용이 너무 직설적이고 서정성을 담아내지 못한 경우가 많았다는 점이다. 실제 트로트 가사는 발라드나 재즈, 리듬앤블루스 등 타 장르 음악과 비교하면 가사가 대중의 동감을 얻어내기에 다소 부족한 면이 있다. 유치하다는 평을 들을 만하다. 특히 젊은 층을 상대로 호소력을 갖기에는 부족함이 있다. 또 트로트 가수가 일반적으로 입는 반짝이 옷과 실루엣이 드러나는 드레스를 비롯한 무대의상이나 장식 등도 젊은 층이 볼 때는 어색하고 쉽게 받아들이기 어려운 면이 있다. 이런 이유로 트로트는 특정 계층이 향유하는 문화로 인식됐다.

트로트는 세대를 포괄하는 대중적인 음악이라기보다는 중장년층의 전유물로 인식됐던 것이 사실이다. 젊은 층 가운데도 일부는 트로트를 즐기고 직접 그 매력을 발산하기도 했지만, 극소수에 그쳤다. 이런 문화적 격차를 단숨에 해소한 것은 특정 TV 프로그램이었다. 이 프로그램은 한국인이 경쟁과 순위 매김을 좋아한다는 사실을 꿰뚫고 이를 도입했다. 매우 다채로운 방법을 통해 생존게임을 적용했다. 반응은 폭발적이었다. 다수의 도전자를 대상으로 갖가지 평가방식을 적용해 끼를 발산할 수 있도록 무대를 유도했다. 그러한 절차를 통해 도전자의 진면목을 파악할 수 있던 대중은 그 프로그램에 매료되기 시작했다. 하나씩 단계가 진행될 때마다 시청자는 열광했다.

참가자는 저마다 자신의 끼를 한껏 발산한 것은 물론이고 트로트 장르가 갖고 있던 그동안의 고정관념을 단숨에 깨부술 만큼의 파괴적 변화를 선보였다. 트로트가 그동안 보였던 진부함, 느끼함, 처량함 등의 이미지를 단숨에 날려버릴 만한 획기적 시도가 이어졌다. 그로 인해 시청자는 열광했고, 한발 더 나아가 트로트라는 장르에 대한 이미지를 경쾌함, 발랄함, 신선함 등으로 바꿀 수 있었다. 트로트라면 눈길도 주지 않던 젊은 세대까지 트로트의 진한 매력에 빠져들게 했다. 이로 인해 때 아닌 트로트 광풍이 전국을 덮쳤다. 스마트폰 보급으로 시간과 장소의 구애 없이 영상 골라 볼 수 있는 유튜브의 확증성은 트로트 열풍에 기름을 부었다.

젊은 시절 트로트를 철저히 외면하던 사람도 중년 이후에는 트로트의 매력에 빠져든다. 여럿이 모여 즐겁게 노는 자리에서 트로트만 한 노래가 없다. 트로트 장르가 없다면 노래방은 망할지도 모른다. 가수의 경우 발라드나 재즈, 블루스 등을 부르다가 일정 시간이 지난 후에 트로트 가수로 전향하는 경우가 많다. 심지어는 록큰롤이나 헤비메탈류의 음악을 구사하다가 트로트 가수로 전향하는 사례도 있다. 하지만 반대로 트로트 가수를 하다가 다른 분야의 가수로 전향하는 일은 여간해 없다. 그것은 트로트가 가진 대중성과 상품성 때문이다. 트로트의 경우 한 곡만 제대로 히트곡 반열에 올리면 가수가 평생 먹고살 수 있다는 말이 허언이 아니다. 노래가 애창되는 한 저작권에 따른 수입이 계속 발생하기 때문이다.

   곡조나 가사가 저속하다는 이유로 여전히 트로트를 외면하는 사람도 적지 않다. 하지만 대다수 국민은 트로트를 매우 좋아한다. 한 때 '뽕짝'이라는 다소 비하적인 별칭으로 불리며 천대받았던 때도 있지만 지금은 국민가요로 자리를 굳혔다. 왜색풍이라는 꼬리표도 사실상 떼어냈다. 1970년대를 거치며 독특한 리듬감과 창법을 구축해 완전한 한국풍 노래로 자리를 잡았기 때문이다. 1970년대 이후 트로트는 곡조가 발랄하면서도 과거보다 세련되게 변했다. 가사도 대중이 공감할 수 있는 서정성을 갖춘 곡이 많아졌다. 이래저래 트로트가 대한민국의 대표적 대중음악 장르라는데 이견은 없다. 트로트는 대한민국에 활력을 불어넣고 있다. 트로트와 함께 하는 대한민국 국민은 행복하다. ✑

2020년 03월 28일

빨간 날

 우리가 흔히 주5일제라고 이야기하는 주 40시간 근로제는 2004년부터 단계적으로 시행되었다. 대기업과 공기업을 시작으로 점차 중소기업으로 확대되었다. 학교도 처음에는 격주로 5일 등교와 6일 등교를 반복하다가 어느 시점부터 주5일제 수업이 정착되었다. 그때 등교하지 않는 토요일을 '놀토'라고 말했다. '노는 토요일'이란 의미이다. 개념상 '휴무 토요일'이라고 하면 의미가 정확할 텐데 대개의 국민은 휴무에 대해 '노는 날' 또는 '쉬는 날'이라고 표현한다. 그날 놀았는지, 쉬었는지는 중요하지 않다. 근로 지상주의가 뿌리 깊이 각인된 한국인은 일하지 않거나 공부를 하지 않았으면, 노는 것이고 쉬는 것으로 취급한다.
 그래서 지금도 대개의 사람은 휴무일을 '노는 날' 또는 '쉬는 날'이라고 칭한다. 노는 날이면 놀아야 하고, 쉬는 날이면 쉬어야 하지만 정작 놀거나 쉬지 않는다. 대개는 어떤 형태로든 일을 한다. 또는 공부를 한다. 실제로 다수의 한국인에게 '일하다' 또는 '공부하다'의 반대말을 물으면 '일하지 않다' 또는 '공부하지 않다'라고 답하지 않는다. '놀다' 또는 '쉬다'라고 답한다. 본업에서는 벗어났을지 몰라도 뭔가 일을 했을 테니, 놀지도 않고 쉬지도 않았으면서 말이다. 더구나 한국인이 생각하는 '놀다'와

'쉬다'의 개념은 대단히 부정적이다. 근면과 성실이 정통 유교사상과 새마을정신으로 각인돼 있기 때문이다.

노는 날 또는 쉬는 날을 대신해 휴무일을 지칭하는 또 다른 명칭이 있다. 그것은 바로 '빨간 날'이다. 생각하면 우스운 일이다. 문법적으로 따지면 헛웃음이 나올 말이다. 세상에 빨간 날이 어디 있고, 파란 날이 어디 있단 말인가? 그렇지만 '노는 날'이나 '쉬는 날'을 휴무일의 개념으로 받아들이듯 한국인은 누구랄 것 없이 '빨간 날'을 아무런 거리낌 없이 받아들여 인지한다. '빨간 날' 역시 휴무일을 의미한다. 달력에 일요일을 비롯해 국경일과 기념일 등 휴무일을 빨간색으로 표기하는 오랜 세월 일반화되면서 벌어진 일이다. 그래서 문법적으로나 의미적으로나 전혀 허용될 수 없는 "우리 회사는 빨간 날 다 쉬어."라는 말을 못 알아들을 한국인은 없다.

비문법적 표현이지만 '빨간 날'이란 말은 통용되고 있다. 언제부터 그런 표현을 쓰기 시작했는지는 자세히 알 수 없다. 내가 기억할 수 있는 범위는 내가 어릴 적부터 그런 표현은 아주 일상적으로 사용됐다는 점이다. 연말 무렵 신년 달력을 구하면 너나없이 새해의 휴무일을 훑어봤다. 가장 먼저 연휴가 있는지를 확인했다. 지금처럼 주5일제 근무가 도입되기 이전의 사회는 1년에 연휴가 한 번이나 두 번 있을 수 있고, 더러는 아예 없는 해도 있었다. 그래서 신년 달력을 받아 보자마자 연휴를 살피는 일이 일상이었다. 그때도 누구랄 것 없이 "빨간 날, 겹치는 날이 몇 번이야?"라는 식으로 대화를 했다. 누구 한 명도 "왜 그런 비 문법적 표현을 쓰느냐?"고 따져 묻는 일이 없었다.

사실 빨간 색에 대한 국민적 감정은 그리 좋은 편은 못 된다. 해방 이후 시작돼 한국전쟁 발발 이후 이 땅에 광풍처럼 몰아닥친 '매카시즘^{반공주의}'의 영향 때문이다. 젊은 세대는 빨간색에 대해 '열정'과 '생명', '태양' 등의 긍정적 이미지를 갖기도 하고, 반대로 '분노'나 '위험' 등을 상징하는 부정적 이미지의 색으로 인식하기도 한다. 하지만 연령대가 높아질수록 빨간색에 대한 이미지는 대개 '공산주의', '학살', '선전 선동' 등의 이미지로 직결되는 경우가 많다. 지속적이고 반복적으로 반공교육을 받으면서 소위 말하는 레드 콤플렉스Red Complex에 사로잡혀 사상으로 굳어진 사람이 그만큼 많기 때문이다. 극단적 반공주의자가 되면 빨간색만 봐도 알레르기를 일으킨다.

중국인은 고대부터 빨간색을 행운의 색으로 여기며 살았다. 그래서 유별나게 빨간색을 좋아한다. 중국인은 공산주의를 받아들이기 이전부터 빨간색을 생활 곳곳에서 사용했다. 그래서 지금도 중국에 가면 아주 쉽게 빨간색을 접할 수 있다. 무슨 이유인지는 잘 모르겠지만 프랑스인은 빨강을 '평등'을 상징하는 색으로 인식하고 있다. 고대 로마인은 '보호'와 '권력'을 상징하는 색으로 빨강을 이용했다고 한다. 고래로 빨강은 '섹스'를 상징하기도 한다. 그래서 섹스 사진이나 나체사진 등을 담은 화보를 '빨간 책'이라는 은어로 부르기도 했다. 참으로 다양한 이미지를 보이는 색이 빨강이다.

한국인이 빨강에 대해 거부감을 느끼는 것은 오랜 세월 고착된 레드 콤플렉스에 기인한다. 예컨대 가수 이미자가 부른 불후의 명곡 '동백 아가씨'가 있다. 이 노래는 65년 발표 직후 공전의 히트를 연출했으나 줄곧 금지곡으로 분류돼 방송을 비롯한 공식 석상에서 부르지 못하는 나라가 됐다. '동백 아가씨'가 금지곡이 된 것은 표면적으로 이 노래가 왜색풍이라는 이유였다. 하지만 가사 중간에 '빨갛게~ 빨갛게~'라는 표현이 다수의 국민에게 공산주의를 상징하는 빨간색에 대해 좋은 이미지를 심어줄 수 있다는 이유가 반영됐다고 한다. 그 사실만으로도 당시 사회가 얼마나 심한 매카시즘이 작동됐는지 짐작할 수 있다.

지금도 여전히 빨간색은 공산주의 또는 공산주의자를 지칭하는 상징색으로 이용된다. 이 사회는 여전히 공산주의자를 '빨갱이'라고 부른다.

그 어원을 살펴보니 비정규 무장 유격대를 일컫는 파르티잔^{Partisan}에서 왔다. 일제 강점기 항일무장 유격대를 지칭하는 파르티잔이 한국식으로 발음되며 '빨치잔'에서 '빨치산'으로 옮겨졌고, 다시 '빨갱이'로 굳어졌다. 일제 강점기 항일무장유격대 파르티잔에서 시작돼 광복 후 여순사건과 한국전쟁을 거쳐 1955년까지 활동했던 공산주의 비정규군을 지칭하는 말로 굳어졌다.

이 말이 공산주의자를 지칭하는 말로 굳어진 것은 러시아 혁명 때 공산주의자가 빨간색 완장을 차고 활동한 것에서 비롯됐다고 한다. 한 세기 가까운 세월에 걸쳐 빨간색에 대해 극도의 거부감을 보여온 한국인이지만 달력에서만큼은 빨간 날에 호의적 반응을 보였다. 전 세계에서 가장 많은 노동시간을 강요받으며 근로 지상주의 문화 속에 살았던 한국인에게 '빨간 날'이라고 불리던 휴무일은 그저 달콤하기만 했다.

2020년 03월 16일

환경 그리고 적응

　결혼 이후 두 번 이사했고 세 번째 집에서 살고 있다. 최소 비용으로 최소 공간에 살아야 하니 아파트에 거주할 수밖에 없다. 마당과 정원이 있는 집에 살 형편이나 능력도 못 되고, 그 집을 가꾸고 살 만큼 부지런하지도 못하니 아파트에 살 수밖에 없다. 15층-14층-19층으로 이동했으니 제법 높은 층에서 살았다. 처음과 두 번째 거주한 아파트 단지는 대로와 떨어져 있고 단지 이면도로가 인접해 있을 뿐이었다. 더구나 내가 살던 동은 아파트 전체 단지의 가운데에 자리 잡았다. 그러니 어린이놀이터에서 아이 무리가 뛰놀며 내는 소리 정도 외에 별다른 소음이 없었다. 아주 조용하고 쾌적한 환경 속에서 살 수 있었다. 첫 아파트에서 4년, 두 번째 아파트에서 9년을 살았다.
　그리고는 세 번째 아파트로 이사했다. 이 아파트는 단지가 대로변에 있고, 더욱이 우리 집은 단지 가장자리로 두 개의 대로가 가로와 세로로 지나는 지점에 자리하고 있다. 그러니 자동차가 지나다니며 내는 소음이 심할 수밖에 없다. 조용한 집에서 살다가 처음 이사를 왔을 때 도저히 적응이 안 됐다. 제대로 잠을 이룰 수가 없었고, 여름에도 창문을 열기가 두려운 정도였다. 창문을 열면 TV 시청도 제대로 힘들 정도로 소음이 심했다. 그러니 가족 모두가 소음으로 인해 극심한 스트레스를 받았다. 이전에 살던 아파트 두 곳이 모두 조용했으니 처음 접하는 시끄러운 환경이 몹시도 고통스러웠다. 그러나 달리 해결할 방법도 없으니 그저 견디는 수밖에 없었다.

그렇게 불편하고 힘든 하루하루를 보냈다. 새 아파트에 이사해 쾌적한 환경을 기대했던 우리 가족은 소음으로 인한 불편을 호소하며 다시 과거에 살던 집으로 이사 가고 싶다는 말을 자주 했다. 그런데 한 달이 지나고 두 달이 지나며 가족의 투정은 점차 자취를 감췄다. 반년쯤 지난 뒤부터는 가족 중 누구도 소음에 대해 투정하지 않았다. 소음이 있는 환경에 몸과 마음이 적응하게 된 것이다. 실제로 처음 이사와 그토록 거슬렸던 자동차 주행 소음이 어느 날부터인가 들리지 않기 시작했다. 소음이 없어진 것이 아니라 들리지 않기 시작한 것이다. 이웃이 같은 이야기를 하는 것을 여러 번 들었다. 그들도 새로운 환경에 적응한 것이다.

내 어머니는 결혼 후 50여 년의 세월을 시골에서 사셨다. 그러니 시골 생활이 너무 익숙하시다. 다른 여느 시골 노인분처럼 도시에 사는 자식 집에 다녀가시면 하루만 지나도 불편하고 답답하다며 시골 마을로 돌아가고 싶다고 성화를 하셨다. 며칠 묵으며 편히 계시다 가면 좋으련만 굳이 하루만 지나면 시골로 가시겠다고 하니 자식 된 처지에서 서운하기 짝이 없었다. 사정이 이만하니 도시로 모시고 나올 생각은 당초에 하지 못했다. 하루를 못 견디시니 여기서 여생을 살아야 한다면 못 견디실 게 뻔하기 때문이다. 더 쾌적하고 안전한 환경에서 사시게 했으면 좋겠는데 한사코 마음을 주지 않으시니 야속했다. 어머니는 볼 일이라도 있으면 버스를 몇 번씩 갈아타며 그토록 먼 거리를 다녀가셨다.

안과를 비롯해 신경과, 정형외과, 심혈관 내과 등 도시 병원에 정기적으로 다니시는 일이 점차 많아졌고, 기력이 전만 못해 버스로 혼자 다니시는 것도 여의치 않았다. 그래서 결국 어머니는 자식이 사는 대전으로 이사를 결심하셨다. 아파트는 아니지만, 내부 구조가 아파트와 같은 빌라를 구입했다. 최신식 아파트와 비교할 바는 못 됐지만, 시골집에 비하면 추위와 더위를 효과적으로 막을 수 있고, 벌레떼의 무차별 습격도 견뎌낼 수 있으니 주거환경은 아주 많이 개선되었다. 자식과 손자도 마음만 먹을 볼 수 있는 가까운 거리에 있으니 심리적으로도 안정을 보이셨다. 시골에서 평생을 동고동락한 친구는 잃었지만, 가족이 빈자리를 메웠다.

　어머니는 아주 빨리 도시 생활에 적응하셨다. 이웃과도 사귀었고, 시골에 없는 대형마트와 농수산물도매시장도 다니셨다. 한 달이면 수차례 다녀야 하는 진료과목별 병원도 가까이서 편히 다니셨다. 주말이면 자식, 손자와 어울려 외식을 하기도 하고 영화관에 가서 영화관람을 하기도 하셨다. 자식 모두 마음이 편했다. 이사 오신 지 수개월이 지나 어머니는 말씀하셨다. "시골 다시 가라도 못 가겠다. 그렇게 추운 집에서 어떻게 살았는지 모르겠다." 어머니도 도시 생활에 적응하신 것이다. 단 하루도 못 견디시더니 이제는 도시 사람이 되셨다. 시골에서 도시로 부모님을 모시고 나온 친구 대부분이 같은 경험을 했다. 잘 적응해서 이제는 시골로 가고 싶다는 말을 안 하신단다.

　주5일제 근무가 처음 도입되었을 때, 거의 모든 직장인은 1주일에 이틀을 쉬는 것에 대해 몹시 죄스러워했고, 또한 불편하게 여겼다. 출근하지 말라는 토요일에 출근해서 공연히 일하거나 자리를 지키는 일이 많았다. 특히 직장생활을 10년 이상한 선임자들이 심했다. 이제 막 직장생활을 시작한 후임자들은 주5일제라는 새로운 환경에 잘 적응했다. 10년 넘게, 때로는 20년이나 30년 넘게 주6일 근무를 하던 이에게 주5일 근무는 자유를 만끽하는 시간이란 의미보다 하는 일 없이 시간을 죽여야 하는 고통스러운 제도였다. 그들은 새로운 환경에 적응 못 해 아주 힘들어했다. 그러면서 틈만 나면 휴일을 늘린 정부 정책을 비판했다. 자신이

일 중독이란 사실은 인정하지 않았다.

　1년이 지나고 2년이 지나자 모든 직장 근로자는 주5일제의 달콤함에 빠져들기 시작했다. 5일제 근무가 몸에 익은 것이다. 금요일만 되면 신체 리듬이 휴무를 준비하는 태세를 갖추고 근로를 거부한다. 어쩌다 급한 일이라도 있어 토요일에 일하게 되면 신체는 강력히 저항한다. 끊임없이 쉴 것을 주문한다. 몸과 마음가짐은 이미 주5일제에 완벽하게 적응한 상태이다. 도입 초기 주5일제를 강력히 비판하며 자신이 일 중독자란 사실을 부정하던 다수의 근로자도 이제는 토요근무를 원치 않는다. 그들도 예외 없이 '5일 근무 2일 휴식'이라는 생체리듬이 몸에 익었기 때문이다. 이 또한 사람은 새로운 환경에 너무도 잘 적응하는 동물이란 사실을 확연히 입증한 사례이다. 대한민국 근로자는 이제 더 많은 대가를 치르더라도 토요일에 출근할 마음이 없다.

　사람은 지구상에 존재하는 그 어떤 동물보다 빠르게 환경에 적응한다. 인간이 지구를 지배하게 된 많은 이유가 있지만, 환경에 대한 뛰어난 적응력을 가졌다는 점이 가장 큰 이유 중 하나일 것이다. 적응은 극복과 다른 개념이다. 환경에 대한 극복은 저항, 인내, 지혜 등을 통해 불리한 상황을 이겨낸 것이지만 적응은 주어진 환경에 순응한 것이라 할 수 있다. 서구에서 유입된 자본주의식 사고는 어떤 상황이든 도전하고 이겨내서 극복하라고 가르친다. 동양의 전통적 가치관은 주어진 환경을 이기려 들지 말고 순응하라고 가르친다. 소음이 발생하면 방음벽을 치고 이중창을 만들어 소음을 차단하고 이겨내려는 것이 서구식 사고방식이라면 그냥 내 몸에 익혀 적응하는 것이 동양식 사고방식이라 할 수 있다.

　날로 심각해지는 기후변화를 실감한다. 가장 두드러진 현상은 기후온난화이다. 여름 기온은 날로 올라가고 겨울은 봄같이 따듯해지고 있다. 겨우내 강물은 고사하고 도랑물도 얼지 않는다. 눈이 자취를 감췄고 그 자리를 겨울비가 대신한다. 북극과 남극의 빙하는 계속 녹아내린다. 알프스산맥과 록키산맥의 만년설도 계속 녹아내리고 있다. 한반도는 점차 온대에서 아열대로 기후대가 변화하고 있다. 당장 춥지 않으니 사는 데 편하다. 하지만 모두 춥지 않은 겨울에 대해 안도하는 마음보다는 불안감을 더 크게 느낀다. 산업화사회로 접어든 이후 인간이 저지른 무자비한 환경 파괴와 자연에 도전한 결과임을 모두가 잘 알고 있다. '순응하고 살았어야 않나.' 이제야 마음을 고쳐먹지만 이미 때는 많이 늦었다. '자업자득'이란 말이 새삼 두렵게 다가온다.

2020년 01월 29일

모바일 세상

　인터넷의 출현은 세상을 홀딱 뒤집어 놓았다. 몇 날을 걸려야 찾을 수 있거나 특정 장소에 가야만 찾을 수 있는 자료를 단숨에 찾을 수 있는 것만으로도 놀라운데, 웬만한 업무처리도 앉은 자리에서 다 해결한다. 늘 이용을 하면서도 놀라울 때가 한두 번이 아니다. 컴퓨터의 출현 이후 엄청난 업무처리 능력에 혀를 내둘렀지만, 인터넷이 실용화되고 나니 인터넷 실용화 이전 컴퓨터의 기능은 소꿉놀이 수준에 불과했음을 실감한다. 인터넷이 연결되지 않는 컴퓨터를 생각해 보면 그 기능은 일천하다. 그저 문서편집기나 자료보관함 정도의 기능에 그친다. 인터넷의 결합은 종전 컴퓨터 기능에 날개를 단 것으로 보면 된다. 어쩌면 날개 그 이상이다.
　인터넷과 결합하면 컴퓨터의 기능은 무한 배가된다. 늘 이용하면서 놀라움이 무뎌지기는 했지만, 곰곰이 생각해 보면 컴퓨터가 인터넷과 결합해 보여주는 능력은 감탄을 연발하게 한다. 그러나 컴퓨터와 인터넷의 결정적 단점이 있었다. 그것은 제한된 공간에서만 사용할 수 있고, 부피가 커 휴대가 불편하다는 점이다. 하지만 스마트폰이라는 휴대용 개인 컴퓨터가 등장하면서 종전의 불편을 일시에 날려버렸다. 휴대가 간편해 어디서든 접속할 수 있고 건전지를 이용해 몇 시간 정도는 전선의 도움 없는 이용이 가능해졌다. 그래서 요즘 세상의 모든 정보는 모바일이라는 형태의 인터넷을 통해 이동되고 또한 공유되고 있다.

대한민국뿐 아니라 전 세계인은 스마트폰이라 불리는 모바일 전화기 겸 컴퓨터에 빠져 있다. 언제 어딜 가다라도 고개를 숙이고 스마트폰을 보며 뭔가를 하고 있다. 스마트폰에 대해 알지 못하는 노인세대는 여전히 관심이 없다. '지금껏 수십 년을 스마트폰 없이, 컴퓨터 없이 잘 살았는데 갈 날이 얼마 남지 않은 마당에 이제 그걸 배워 뭘 하겠느냐'고 생각하며 배우려 들지 않는다. 처음엔 스마트폰을 사용하는 젊은이와 노인의 정보격차는 그리 크지 않았다. 하지만 시간이 지날수록 정보의 격차는 점점 벌어져 이제는 한 시대를 같이 살아가면서도 전혀 다른 세상을 살아가는 무리가 됐다.

기차를 타고 여행 다니다 보면 젊은이는 자리에 앉아있는데 노인이 자리가 없어 서 있거나, 구석에 불편하게 쪼그려 앉아가는 모습을 보게 된다. 장거리 여행이다 보니 전철이나 시내버스처럼 자리 양보도 쉽게 이루어지지 않는다. 스마트폰을 통해 승차권 예매를 할 수 있는 세대와 그렇지 못한 세대의 차이는 바로 이런 소소한 일상에서 비롯된다. 평생 맞이방 내 창구에서 승차권을 사서 기차를 탔던 노인세대는 스마트폰으로 매표를 한다는 사실을 애써 받아들이지 않으려 한다. 고속버스나 시외버스를 탈 때도, 영화관을 갈 때도 상황은 같다. 모든 좌석은 젊은이의 차지가 됐다.

웬만하면 스마트폰으로 예매하고, 금융거래하고, 거의 모든 뉴스를 접하는 세대는 앉아서 세상을 다 본다. 지구 반대편에서 벌어지는 일도 실시간으로 알게 되고, 언제 어디서라도 통화를 하거나 메시지를 주고받는다. 메신저 단체 알림을 통해 갖가지 정보를 받기도 하고 유명인과 친구가 돼 사회적 관계망을 형성하기도 한다. 꿈에서나 이루어질 것만 같던 일이 현실에서 얼마든지 일어나고 있다. 대단한 기능을 사용하고 있다고는 하지만 실상 스마트폰이 가진 기능의 1/10도 제대로 사용하지 못하고 있는 것이 현실이다. 스마트폰은 덩치만 작을 뿐이지 한 대의 컴퓨터이기 때문이다.

어려서 007 영화 시리즈물을 보면서 특수요원이 상상을 초월하는 새로운 장비를 사용하는 것을 보고 놀라움을 금치 못했던 기억이 난다. '저런 물건이 정말 세상에 나온다면 얼마나 좋을까?'라고 생각했던 기억이 난다. 한편으로는 '내가 살아있는 동안 저런 물건이 정말 실용화될까?' 등을 생각했다. 실상 스마트폰 한 대에 007 영화 속의 가상현실은 거의 모두 실현되었다. 당시로는 꿈만 같아서 내 생애 동안 실현되지 않을 것으로 생각했던 것을 초월한 일이 현실에서 구현되고 있다. 내 눈앞에서 이루어지는 일이니 믿지 않을 수 없다. 문명의 진화는 가속도를 더해 계속되고 있고 그 중심에 모바일 스마트폰이 있다.

모바일 스마트폰이 처음 세상에 출현했을 때 세상은 놀라워했지만, 지금과 같이 지속적인 진화를 이어갈 것이라곤 생각하지 못했다. 스마트폰이 세상에 나온 것은 10여 년 전이지만 길지 않은 시간에 진화는 성큼성큼 이루어졌다. 몇몇이 모여 앉아 자신이 유용하게 사용하고 있는 기능에 관해 이야기를 나누다 보면 '저런 기능도 있었나?' 싶은 새로운 기능에 대해 전해 듣고 놀라움을 금치 못한다. 하지만 그런 기능을 다 모아봐야 스마트폰이 가진 무수한 기능에 비하면 그야말로 조족지혈이다. 마음먹고 스마트폰 기능만 배우려 해도 족히 몇 달은 걸릴 것이다. 몇 달 걸려 배운다고 끝날 것도 아니다. 몇 달 동안 이미 새로운 기능이 잔뜩 출현해 있다. 다가서면 달아나기를 반복하니 어쩌면 영영 따라잡지 못할 것이다.

처음 모바일 세상이 열렸을 때부터 줄기차게 세상의 변화를 거부한 사람도 있다. 대개는 컴퓨터 관련 상식이 빈약한 노령층이었고, 비 노령층 가운데도 아날로그 생활을 주장하며 일부러 스마트폰을 거부한 사람도 있었다. 처음엔 큰 차이가 크지 않았다. 하지만 이제는 그 차이가 극복하기 어려운 지경으로 벌어졌다. 한 세대를 살아가지만, 그 격차가 너무 커 마치 다른 세상을 살아가는 것처럼 전혀 다르게 생각하고 행동한다. 습득하는 정보의 양적, 질적 차이가 너무 커 극복이 안 된다. 정보를 얻는 시간도 우마차와 고속열차의 차이라 할 수 있다. 모바일 세상을 받아들인 것과 거부한 것의 차이일 뿐인데 삶은 극명하게 갈라졌다.

　대한민국은 세상에서 가장 빠른 나라이다. 무엇을 해도 대한민국보다 빠른 나라는 없다. 현실의 세계뿐 아니라 가상의 세계를 넘나드는 속도도 대한민국이 가장 빠르다. 그런 만큼 인간의 소외도 가장 극심하다. 세상의 변화를 속도감 있게 따라붙는 사람과 그렇지 못하고 뒤처지는 사람의 간극이 크기 때문이다. 모바일 천국 대한민국은 편하고 즐겁다. 그러나 모바일 천국이라서 답답하고 불편하고 괴로운 사람도 존재한다. 모바일 세상이 모두에게 즐거움과 행복을 안겨주는 것은 아니다. 모바일 세상이라서 불편하고 답답한 사람이 분명 존재한다. 그래서 모바일 세상은 행복한 듯 불행하고, 즐거운 듯 괴롭다. 🌱

2020년 01월 23일

청산하지 못한 역사

해방 이후 친일파와 그 자손은 호의호식하며 부귀영화를 이어가고 있지만, 독립운동에 참여한 애국지사와 그 자손은 변변한 보상도 받지 못하고 궁핍한 생활에서 벗어나지 못했다는 이야기가 공공연하다. 누구도 이 같은 사실을 부정하지 못하고 반론을 제기하지도 못한다. 실상 그러하다. 지금도 정계, 재계, 학계, 언론계를 막론하고 친일 세력과 그 후손이 이 나라의 주류로 활동하고 있으니 기가 찰 노릇이다. 그들은 여전히 이 나라 극상위층을 형성하며 아무런 역사적 단죄도 받지 않은 채 잘 먹고 잘살고 있다. 그들은 사회 어느 분야에 가더라도 기득권층이다. 그러니 이 나라가 잘못돼도 한참 잘못됐다.

친일파를 청산하고 역사를 바로 세우겠다는 목표를 갖고 반민족행위처별특별위원회^{반민특위}를 조직했지만, 친일파를 노골적으로 감싸고 돈 이승만의 방해로 반민특위는 어떠한 성과도 거두지 못했다. 그러나 당대를 직접 경험하지 못한 세대는 이 같은 사실을 전혀 알지 못한다. 제도권 교육을 통해 단 한 번도 배운 적이 없기 때문이다. 역사를 제대로 배우지 못했으니 아직도 친일을 통해 기득권층이 된 자들을 옹호하고 그들의 논리를 인정하고 감싸는 사람이 넘쳐난다.

최근 한국과 일본의 외교 관계가 유례없는 대립양상으로 치닫고 있다. 그러다 보니 반일감정과 반한감정이 최고조로 달아오르고 있다. 지금 상황으로 보아선 며칠 이러다 말 형국이 아니다. 사태의 장기화로 서로에게 깊은 상처를 내야 끝이 날 형국이다. 양국 정부와 양국 국민은 감정이 악화할수록 서로에게 상처만 줄 것이란 사실을 잘 알고 있다. 하지만 지금의 극한 감정은 내가 손해를 보고 상처를 입더라도 상대에게 손해를 안기고 상처를 주고 싶다는 극한적 감정 상황에 내몰려 있다.

이 시점에 한 가지 생각해 보았다. 저들이 우리를 얼마나 우습게 보고 있을 것인지. 저들은 우리가 해방 이후 친일부역자를 단 한 명도 제대로 처단하지 못한 사실을 너무도 잘 알고 있다. 처단은커녕 그들이 해방 이후에도 줄곧 남한 땅에서 고관대작의 자리에 앉아 호의호식하며 권세를 누리고 산 사실을 잘 알고 있다. 해방 이후에도 친일파의 자손은 일본을 오가며 공부하고, 장사하고, 일본인과 교류하며 부와 권력을 세습하는 방법을 익혔다. 그들은 지금도 건재하다. 일본은 그런 사실도 잘 알고 있다.

그러니 일본인이 우리를 얼마나 깔볼 것인가. '35년간 그렇게 핍박을 받고도 그 앞장이 노릇을 한 자를 단 한 명도 척결하지 못하는 민족'이라고 조롱하지 않겠는가. 한국 땅에서 들불처럼 번지고 있는 이번 불매운동도 대수롭지 않다고 볼 것이 아닌가. 우리의 결단력과 응집력을 과소평가하고 비웃음을 치지 않겠는가. 이런저런 생각을 하니 울화가 치밀어 오른다. 친일 잔재청산과 역사 바로 세우기를 못한 것도, 억울하고 분한데 그것이 일본인의 조롱거리가 될 수 있다고 생각하니 주체 못 할 분노의 감정이 끓어오른다. 청산하지 못한 역사의 후유증이 오늘날까지 이르고 있다.

우리는 역사 앞에 할 말이 없다. 목숨을 바쳐 조국을 지켜낸 애국지사 앞에 할 말이 없다. 청산하지 못한 역사보다 더 큰 아픔은 청산하지 못한 역사의 후유증이 앞으로도 이어질 것이란 사실이다. 우린 지금 굶주리지 않고 잘살고 있다. 당장 걱정 없이 잘살고 있다는 이유로 과거사에 둔감해지고 있다. "잘살고 있는데 과거사는 들춰 뭐 할 것이냐?"는 생각을 하는 사람이 너무도 많다. 그러니 세월이 지날수록 친일파 청산은 요원해지고 있다. 아픈 역사를 체험한 사람이 점차 사라져가고 있다. 더불어 역사를 바로 세울 시간도 촉박해지고 있다.

친일파와 그 후손에게 비수를 날리는 일을 더는 미뤄선 안 된다. 그들이 호의호식하며 부귀영화를 누리고 이 땅에서 사는 한 대한민국의 역사는 바로 설 수 없다. 민족을 배반하고 오히려 민족을 탄압한 자들이 저토록 당당히 살아가고 있는데 국가에 환란이 닥치면 누가 목숨을 바쳐 나라와 민족을 구하러 나서겠는가. 일본과의 한판 승부가 펼쳐지고 있는 이 시점이 어쩌면 민족의 역사를 바로 세울 수 있는 절호의 기회가 될 수 있다. 이 기회를 놓치면 영원히 부끄러운 역사 속에 대대손손 살아야 할지 모른다. ❧

2019년 08월 17일

접촉사고

 대학 1학년 겨울 방학 중이던 89년 2월 자동차운전면허를 품었다. 주위 친구 중에 내가 가장 먼저 면허증을 갖게 됐다. "자동차운전면허 시험을 누가 공부하고 보냐? 상식으로 보는 거지."라는 누군가의 말을 듣고 순진하게 공부를 전혀 하지 않고 시험 치르러 갔다가 보기 좋게 필기시험 낙방을 한 일도 있었고, 실기테스트도 단번에 통과하지 못했다. 그래서 어렵게 손에 넣은 자격증이다. 더구나 내 생애 처음으로 취득한 국가인정 자격증이었다. 충청북도에는 단 한 곳의 면허시험장이 있었다. 지금은 청주시로 편입된 남일면은 당시 청원군 땅이었다. 청주 시내에서 20㎞ 남짓 떨어져 있고 당시나 지금이나 대중교통을 이용해 접근하기가 그다지 좋은 편이 아니다. 그래서 운전면허 시험을 치르자면 고향에서 새벽에 나오거나 하루 전날 청주에서 묵고, 아침 일찍 서둘러 시험장으로 가야 했다.
 일찌감치 운전면허를 갖게 된 덕에 군에 입대한 후 운전병으로 복무했다. 일반병보다 훨씬 생활이 편했고 다양한 경험을 할 수 있어 좋았다. 군 복무 30개월 내내 운전만 하다 왔으니 운전은 제대로 배웠다. 당시 그런 기회가 없었다면 내 차를 소유하기 어려웠던 학생 신분으로 운전을 많이 하기가 쉽지 않았을 것이다. 군 복무 기간 배운 운전은 전역 후에도 큰 보탬이 됐다. 휴가 중에 사회에 나오면 렌터카를 이용해 친구들과 여행을 다닐 수도 있었고, 뒤늦게 군 복무를 위해 입대하는 친구를 입영소까지 바래다주러 가기도 했다. 전역 후에는 어머니를 모시고 장에 다니는 일도 내 몫이었다. 지금이야 스무 살 넘으면 대부분 운전면허를 취득해 차를 몰고 다니지만, 당시에는 운전할 줄 아는 20대가 흔치 않았다. 복학생 신분이 됐을 때도 운전면허는 긴요하게 사용할 기회가 많았다.

학교에 복학한 후 신문기자가 되고자 공부를 해서 공채시험을 통해 95년 11월 신문기자가 되었다. 3개월간의 수습 교육을 받았고 이후 내가 담당해야 할 역할이 맡겨졌다. 한참 수습 교육을 받고 있을 때 선배들은 "운전할 줄 아나?" "차는 언제 살 건데?" "차 없이 기자 생활하려고 하는 건 아니겠지?"라고 말하며 당연하다는 듯 차를 사라고 주문했다. 그래서 수습 교육이 끝나기도 전에 차를 샀다. 물론 중고 경차를 샀다. 하지만 내 이름으로 등록한 내 차가 생겼다는 사실이 믿어지지 않았다. 당시는 1인당 국민소득이 1만 달러에 막 도달했던 시기로 마이카 붐이 일기 시작한 때였다. 그래도 그렇지 내 소유의 차가 이렇게 빨리 생길 것이라곤 생각하지 못했다. 내 차를 갖게 되니 생각했던 것보다 훨씬 더 편했고, 일도 능률적으로 할 수 있었다. 대전에서 고향에 가는 데도 대중교통으로 세 시간가량 소요되던 것이 내 차를 몰고 가니, 한 시간으로 대폭 단축됐다.

95년 처음 차를 구입한 이후 지금까지 내 차를 소유하지 않은 때는 없었다. 거의 매일 운전을 했다. 그러다 보니 그간 크고 작은 사고도 잦았다. 대부분은 차 외형이 부서지는 접촉사고이었다. 내가 사고를 내는 때도 있었고, 반대로 누군가에 의해 사고를 당하는 때도 있었다. 늘 자동차 손해보험에 가입된 상태로 차를 몰게 되니 사고가 발생하더라도, 내가 직접 해결하기보다는 보험회사가 나서 사고를 해결하는 경우가 대부분이었다. 가해자와 피해자가 모두 손해보험에 가입하다 보니 사고 당사자는 뒷전으로 빠지고 보험사 담당자끼리 문제를 해결하게 된다. 그렇지만 가해자 또는 피해자의 의사가 중요하니 보험처리 담당자는 수시로 당사자에게 문의해 사고처리의 방향을 결정하게 된다.

굳이 접촉사고를 소재로 글을 쓰고자 하는 이유는 간단하다. 그동안 숱한 접촉사고를 처리하면서 내가 피해자일 때는 욕심 없이 쉽게 처리를 해주었는데 내가 가해자가 될 때는 한결같이 고약한 상대를 만나 금전적 시간적 피해를 많이 입은 사실을 호소하고 싶은 마음 때문이다. 아무런 인적 피해가 없는 사고인데도 피해자가 병원에 입원해 며칠씩 치료를 받고 적지 않은 보상금을 받아가는 일이 허다했다. 물론 보험에 가입했기 때문에 내가 직접 그 대가를 지급한 것은 아니지만, 한 번씩 그런 일을 겪고 나면 보험료가 할증돼 수년에 걸쳐 페널티를 물어야 했다. 반면 내 경우 일방적으로 피해자가 되는 접촉사고를 당했을 경우, 내 피해가 경미하면 "사고처리 하면서 시간 낭비, 금전 낭비할 필요가 뭐 있겠느냐?"고 말하고 아무 일 없이 사고를 해결한 일도 많았다.

올해도 한두 달 사이에 연거푸 두 건의 접촉사고가 있었다. 두 건 모두 내가 가해자였다. 두 건 모두 상대 차량의 파손이 육안으로 확인이 안 되는 아주 경미한 사고였다. 나라면 그냥 아무 보상도 받지 않고 해결했을 일이다. 하지만 앞서 발생한 건은 피해자가 보상비로 40만 원을 요구해 원하는 대로 처리해주었다. 이어 발생한 사고 역시 40만 원의 도색비를 요구해 지급해주었다. 그리고는 끝나는 것으로 알았는데 다시 보험회사에서 안내가 오기를 탑승자 두 명이 사고 후유증으로 입원을 했단다. 이틀간 병원치료를 받았고 거기에 덧붙여 각자 보상비로 150만 원씩을 받아갔단다. 미미한 접촉사고가 발생했지만, 그들은 한몫을 단단히 챙겼다. '인간쓰레기'라는 써서는 안 될 말이 저절로 입에서 흘러나

왔다.

올해 처리된 이 두 건 외에도 지금껏 4반세기가 넘는 짧지 않은 시간 운전을 하면서 겪은 파렴치한 사고는 잦았다. 일일이 기억을 꺼내고 싶지 않은 일이다. 다만 한 가지 공통되는 점은 무리해서 과다한 보상을 요구하고, 실제로 받아간 이들은 하나같이 젊은이였다는 사실이다. 또 분수에 맞지 않는 고급승용차를 타고 있었고, 사회적으로 썩 인정받지 못하는 직업을 갖고 있었다는 점이다. 수차례 마음을 고쳐먹으며 편견을 갖지 않으려고 노력했지만, 마음은 자꾸만 편견을 향했다. 심지어는 '그런 심보로 살아가니 남에게 인정받지 못하고 사는 거야' '계속 그런 식으로 살아봐라. 인생이 편치 못할 것이다.'라는 저주 어린 마음도 생겼다. 그러면서 마음 한구석에 자꾸 똬리를 트는 불편함은 '나는 피해자일 때 쉽게 일을 해결해주었는데, 내가 가해자가 되면 왜 꼭 이렇게 악성 피해자를 만나나?' 싶은 원망의 마음이었다.

차에 대한 욕심이 참 없는 편이다. 내가 이동하는데 불편함이 없고, 나의 안전을 지켜줄 최소한의 기능을 갖추고 있다면 만족하는 편이다. 결코, 차를 신분이나 재산의 과시용으로 생각해 본 적이 없다. 그래서 주위로부터 "좋은 차, 큰 차 좀 타고 다녀."라는 말을 듣기도 하지만 여전히 별 관심이 없다. 그래서 늘 낡고 외형이 적당히 상한 차를 몰고 다닌다. 그러다 보니 차를 모시는 대상으로 삼을 이유가 없다. 차는 철저히 나의 편의를 위한 수단일 뿐 내가 모셔야 할 대상이 아니다. 그러니 사고가 났을 때도 상대에게 관대해질 수 있는 것이다. 더 나이가 들고, 더 생활이 윤택해지면 생각이 바뀔지 몰라도 지금 생각으로는 그럴 것 같지 않다. 비싼 차, 큰 차를 타고 싶다는 생각이 없다. 그러니 접촉사고가 나도 상대를 애먹이지 않고, 그냥 보내 주거나 최소한의 보상만 받고 처리하는 지금의 마음가짐과 태도를 잃지 않으려 한다. 이런 마음이 사회의 보편적 마음으로 자리 잡았으면 좋겠다. ✍

2019년 08월 01일

제2장
나비넥타이

이슬람 바로 알기

나를 포함해 대부분 한국인은 접해보거나 겪어보지 않은 사상에 대해 막연한 거부감을 느끼고 있다. 사람은 자신이 금과옥조로 삼는 사상이 구축되면 그 외의 새로운 사상이나 가치에 대해 배척하고 좀처럼 받아들이려 하지 않는 특성이 있다. 그래서 새로운 사상이 유입될 때는 엄청난 사회적 저항이 동반되고 그만큼 선각자의 희생도 뒤따른다. 우리 민족의 역사를 돌이켜 보면 자생적인 종교나 철학사상을 갖기보다는 주로 외부에서 새로운 사상을 받아들이고 그것을 토착화시켰다. 원시종교 형태가 아닌 체계적인 형식과 경전經典을 갖춘 데다, 교주가 확실하고, 독특한 내세관까지 겸비한 종교의 경우 대부분 외부로부터 유입되었다. 동학천도교이 가장 먼저 국내에서 자생한 종교철학이 아닐까 싶다. 하지만 천도교도 기존에 유입된 유불선의 종교철학을 융합해 새로운 가치와 철학을 정립한 것으로 100% 우리 민족의 창작물은 아닌 것으로 보아야 한다.

외부로부터 유입된 종교철학의 큰 줄기를 살펴보면 삼국시대 유불선儒佛仙이 전래하였고, 이 가운데 불교는 삼국시대와 통일신라시대를 거쳐 고려조에 이르기까지 무려 1000년 넘게 국가종교로 자리를 잡았다. 이어 조선왕조 500년 동안은 유교가 국가종교로 융성하고 발전했다. 원시 종교가 뿌리내려 있던 상태에 외래에서 유입된 유불선은 각기 도입될 당시 크고 작은 저항에 부딪혔다. 기존에 갖고 있던 생각을 전면으로 뒤엎는 사상이 외부로부터 전래했는데 그걸 비판 없이 받아들였다면 그게 오히려 이상할 수 있다. 당연히 새롭게 전래한 사상의 가치체계가 받아들여지지 않아 혼란을 겪고 더불어 사회적 저항이 만만치 않게 전개됐을 것이 분명하다. 그만큼 대중에게 그 사상이 침투해 보편화하기까지는 오랜 세월과 함께 온갖 우여곡절이 동반되었을 것이다.

조선 말엽에 서학이라는 이름으로 천주교가 처음 전래할 때는 유난히 심한 저항에 직면했다. 엄격한 신분 사회인 조선에 만민의 평등을 부르짖는 사상이 유입됐으니 쉽게 받아들여졌을 리는 만무하다. 더욱이 예수를 믿으면 영원히 죽지 않는 영생을 얻을 수 있다는 교리는 혹세무민의 사상으로 받아들였을 것이 뻔하다. 우리가 처음 접하게 된 유일신 사상인 천주교는 조상께 제례를 올리는 일마저 용납하지 않았다. 그래서 천주교가 전래해 정착되기까지 여러 차례의 박해 사건이 일어났고, 수많은 사람이 순교라는 이름으로 죽어야 했다. 혹독한 시련을 극복하고 천주교가 정착한 이래 구한말에는 개신교가 전래해 많은 어려움을 극복하며 정착했다. 개신교는 정착을 위해 이 나라 이 땅에 절대 부족한 학교와 병원을 건립해 지원하며 환심을 샀다. 천주교의 희생을 앞세워 개신교는 한결 쉽게 이 땅에 정착했다. 동양 최초의 기독교 신자 대통령이 된 이승만이 정권을 잡은 이후에는 그의 비호 아래 빠르게 정착할 수 있었다.

모진 박해를 극복하고 정착한 천주교는 개신교와 더불어 범기독교로 분류된다. 기독교는 2019년 현재 전 국민의 28%에 해당하는 1350만 명 이상의 신도를 가진 최대 종교로 성장했다. 국민 15%를 신자로 둔 불교와 비교해도 큰 차이를 보인다. 실로 놀라운 성장세이다. 기독교는 국내에서뿐 아니라 지구촌 전체에서도 가장 많은 21억 6000만 명의 신도를 가진 최대 종교이다. 기독교 다음으로 많은 신도를 보유하고 있는 종교는 이슬람교로 16억 명이 넘는다. 이슬람교는 무서운 상승세로 성장하고 있어 머지않아 세계 최대의 신도를 가진 종교가 될 것이란 관측이 종교학자 사이에서 제기되고 있다. 10억 명의 신도를 가진 힌두교도 무시할 수 없는 종교 세력이다. 불교는 4억 8000만 명의 신도가 따르고 있다. 세계의 주요 종교를 신도 순으로 정리하면 기독교-이슬람교-힌두교-불교라고 할 수 있다. 기독교와 불교는 한국에서 신도 수 1위와 2위의 종교지만 이슬람교와 힌두교는 세력이 미미하다.

세력이 미미할 뿐 아니라 다수의 국민이 제대로 접해보기도 전에 대단히 심한 편견을 갖고 있다. 특히 이슬람교에 대해서는 테러를 일삼는 집단으로 잔악성, 여성학대, 호전성 등의 부정적 이미지를 갖고 있다. 미개하고 비과학적이며 지나치게 까다로운 율법과 격식을 가졌다는 편견을 갖고 있다. 또한, 이슬람권 사람이 우리에게 언제 어디서 위협을 가해올지 모르는 위험한 존재라는 막연한 두려움도 갖고 있다. 힌두교에 대해서는 다소 덜하지만, 특히 이슬람교에 대해서는 공포에 가까운 두려움을 느끼기도 하고 제대로 알려고 하지도 않는다. 편견과 오해로 인해 높은 마음의 벽을 쌓고 있다. 종교적 측면뿐 아니라 문화적으로도 배타의식이 있다. 그러나 우리는 그들을 직접 가까이서 접해본 적이 없다. 다만 미디어나 책 등을 통해 간접적으로 접한 정보를 가지고 그들을 알고 있다. 그러니 편견이 존재할 수밖에 없다.

어느 날 이슬람교와 그 문화에 대해 제대로 알고 싶다는 강한 충동이 밀려왔다. 종교적인 접근이 아니라 학문적으로 문화적으로 그들을 이해하고 싶다는 생각을 가졌다. 힌두교도 마찬가지지만 우선은 이슬람을 먼저 알고자 마음먹었다. 이슬람에 대한 궁금증 첫째는 그들이 어쩌면 그리도 빠르게 신도 수를 늘려가고 세력의 범위를 확장해 나가고 있는

가이다. 지금껏 세상에 탄생한 수많은 종교 가운데 이슬람교처럼 빠르게 세력을 확장한 종교는 없다. 그 배경이 궁금했다. 우리가 편견에 가로막혀 보지 못하는 그 무엇이 있을 것이란 생각을 했고, 그 무엇을 찾아내고 싶다는 뜻을 갖게 됐다. 그들이 우리가 생각하는 대로 그토록 잔인하고 포악하기만 하다면 이토록 빠르게 교세를 성장시킬 수 없었을 것으로 생각했다. 특히 한번 이슬람권에 편입된 나라는 절대 개종하지 않고 끝까지 이슬람을 사수한다는 점이 신기했고, 그 이유가 몹시도 궁금했다.

그래서 가장 먼저 한 일은 세계사 공부를 하면서 이슬람에 대해 유심히 살펴보고 최대한 그들에 대한 불필요한 편견을 가지지 않으려고 노력한 것이다. 세계의 종교사에 관해 저술한 책을 별도로 구매해 편견 없이 읽었고 특히 이슬람에 관한 내용을 숙독했다. 그리고 인터넷을 통해 이슬람을 소개한 동영상을 선별해 시청했다. 검색어를 '이슬람'이라고 적으면 올라와 있는 동영상 대부분은 기독교 신자가 '이슬람이 이 땅에 몰려오고 있으니 목숨 걸고 이 나라를 기독 국가로 지켜내야 한다.'라는 내용의 설교였다. 그런 편파적인 동영상을 빼면 실상 객관적으로 또는 호의적 입장에서 이슬람을 소개한 동영상 자료는 많지 않았다. 하지만 내가 원하는 좋은 자료도 많았다. 특히 이슬람권에서 아주 오래 거주했고, 문화인류학적 측면에서 이슬람을 이해하려고 노력한 학자의 동영상은 참으로 많은 깨우침을 주었다.

우리의 눈으로 바라보기 때문에 오해할 수밖에 없는 그들의 문화나 풍습은 전문가의 설명을 통해 이해할 수 있었다. 우리가 오해했을 뿐 그들은 그들이 처한 그 환경 속에서 그렇게 생각하고, 행동하는 것이 당연하다는 사실을 깨달았다. 이미 한국에도 꽤 많은 이슬람 신도가 있고, 점차 세력을 확장해 나가고 있다. 그러나 그들은 아직 이 사회 내에서 어떤 작용을 할 수 있을 만큼 결집한 세력이라고 볼 수 없다. 하지만 다른 어떠한 종교사상이 그러했듯이 초기의 시련과 난관을 극복하고 언젠가는 정착할 것으로 본다. 이 땅에 지금껏 전래한 많은 종교와 사상이 그러했듯이 막연한 거부감의 벽에 부딪혀 정착될 때까지 오랜 시간과 더불어 많은 시련을 겪게 될 것이다. 하지만 결국은 받아들이고 이해하게 될 것이란 생각을 해본다.

서아시아를 중심으로 아프리카와 유럽으로 점차 퍼지고 있는 이슬람은 전 세계 최대의 단일문화권을 형성하고 있다. 이슬람교는 기독교, 유대교와 더불어 '오직 하나의 신'만을 받드는 유일신교 사상이다. 유일신교 신자의 특징은 배타적이면서 저돌적이어서 죽음을 불사하고 돌진해 포교한다. 이슬람은 1500년 동안 무서운 속도로 퍼지었다. 지금도 세상 어떤 종교보다 빠르게 세력을 확장해 나가고 있다. 그들은 대한민국도 반드시 포교를 통해 구원해야 할 대상으로 보고 있음은 당연하다. 그러니 언제 어떻게든 이슬람교가 이 땅으로 몰려올 것으로 나는 보고 있다. 모든 종교와 사상을 편견 없이 문화적 측면에서 이해하고 싶다. 접해보지도 않고 편견을 갖고 그들을 대하는 것은 분명 바른 자세가 아니라는 것이 내 생각이다.

아랍이나 북아프리카, 남부 유럽 등 이슬람권 국가는 하나같이 대한민국에 대해 아주 호의적 태도로 일관하고 있다. 그들은 대한민국의 상품을 애용하는 충성도 높은 고객일 뿐 아니라 한국의 드라마와 K-POP에 열광하는 한류 팔로워이다. 또한, 우리가 사용하는 원유의 90% 이상을 공급하는 에너지 제공처이다. 그들은 우리가 개척하고 우호 관계를 유지해 나가야 할 친구이자 무시할 수 없는 규모의 교역 대상이다. 하지만 우리는 이슬람과 경쟁 구도를 보이는 몇몇 기독교의 종주국 논리에 편승해 그들의 시각으로 이슬람교와 이슬람 문화권 사람을 바라보고 있는 것은 아닌지 생각해 본다. 좋은 동영상 강의와 다큐멘터리를 시청하고 그들에 대한 오해와 편견을 많이 벗어던진 것은 큰 소득이다. 그들의 문화에 대해 다양한 지식과 정보를 갖게 되었다. 그들을 바로 알게 될 때까지 이슬람 문화에 대해 더 다양한 지식과 정보를 갖고 싶다.

  몇 권의 책을 점찍어 두었다. 시간이 나는 대로 책을 구입해 읽어보고자 한다. 책을 읽으면 동영상으로 강의를 듣고, 다큐멘터리를 시청하는 것보다 훨씬 폭넓고 다양한 정보를 체계적으로 습득할 수 있을 것으로 본다. 지금껏 관심을 두고 기본 지식을 습득한 덕에 관련 독서를 하면 더 빠르게 심도 있는 지식을 얻을 수 있을 것이라고 기대해본다. 그렇게 이슬람에 관해 공부할 것이다. 그러고 나면 힌두교에 대해서도 같은 방법으로 공부할 것이다. 물론 기독교나 유대교에 대해서도 충분히 공부하고자 한다. 마음의 문을 닫고 벽을 쌓으면 새로운 지식을 얻을 수 없다. 편견의 벽을 허무는 첫 관문으로 이슬람을 선택했다. 내가 이슬람을 통해 배우고자 하는 보다 본질적인 것은 이슬람 자체라기보다 편견과 오해를 벗고 세상을 보려는 지식인의 자세이다.

2019년 08월 01일

남이 가르쳐 주는 것, 내가 배우는 것

내가 알고 싶고 배우고 싶은 것이 있는데 이것을 배울 수 없고, 관심도 없고 배우고 싶지 않은 것을 배워야 한다면 배움 자체가 큰 고통이다. 더구나 그것을 가지고 평가를 하고 서열을 매긴다면 고통은 커진다. 학생 신분으로 학교에 다니며 해야 했던 공부가 바로 그런 것이 아닐까. 대체 왜 배워야 하는지도 모른 채 배워야 했고, 배운 것을 정기적으로 평가받아야 했고, 그 평가 결과로 차별까지 당해야 했다. 늘 누군가와 비교되는 것도 피할 수 없었다. 그러니 학생 신분으로 학교에 다닐 때 공부를 즐거워했던 이는 거의 없었다. 소중한 젊은 시간을 즐겁고, 유용하게 보내지 못했다는 아쉬움을 남을 수밖에 없는 이유이다. 물론 사회생활을 하기 위해 기본적인 사항을 학교 교육을 통해 배웠다는 점은 인정한다.

최근 수년째 나 혼자 하는 공부의 매력에 푹 빠졌다. 읽고 싶은 책을 사서 밑줄을 그어가며 읽고, 그 밑줄 그은 내용을 필사해가며 내면화하는 일은 생각보다 큰 즐거움을 안긴다. '공부가, 배움이 이토록 즐거운 것이구나.'라는 생각을 저절로 하게 된다. 특히 오랜 세월 의문을 품었던 건에 대해 풀리지 않던 매듭이 풀렸을 때의 기쁨은 매우 클 수밖에 없다. '아~ 이런 맛에 공부하는 것이구나.' 싶은 생각을 하게 된다. 이런 즐거움을 경험하면 자꾸만 공부에 빠져들게 된다. 가슴에 품었던 의문이 풀렸을 때의 후련함은 새로운 배움으로 나아가게 하는 원동력이 된다. 아무래도 이해가 되지 않던 것이 어느 날 우회적인 지식습득으로 자연스럽게 깨우쳐질 때 갖는 짜릿함은 성적 쾌감의 절정이라고 하는 오르가슴에 비할 만하다.

수개월 간 세계사 공부를 했다. 중학교 때 비전공 교사에게 세계사를 배웠고, 당시에는 배경 지식이 너무 없어서 그 복잡한 세계사를 이해할 수 없었다. 시골 작은 중학교는 주요과목 외에는 타 교과 전공자가 수업을 맡는 일이 다반사였다. 고등학교 다닐 때 세계사가 대입 선택과목이었다. 다른 과목을 선택한 탓에 세계사를 배우지 않았다. 그러니 내 머릿속에 세계사는 희미했다. 유럽여행을 갔을 때도, 중국여행을 갔을 때도 가이드가 설명하는 역사적 배경이 머릿속으로 파고들어 오지 못했다. 그럴 때마다 너무도 답답함을 느꼈다. 그래서 언젠가 세계사를 꼼꼼하게 공부하겠노라고 다짐을 했지만, 막상 시작하기가 쉽지 않았다. 늘 세계사 공부를 시작할 타이밍은 '다음에'였다. 당장 그보다 급한 일이 많아 우선순위에 놓이지 않았다.

그러던 중 핸드폰으로 인터넷 서핑을 하다가 동영상 채널을 통해 명쾌하게 세계사 강의를 잘하는 한 강사를 찾을 수 있었다. 강의 내용이 체계적이어서 들을 만했고, 내용도 어렵지 않았다. 그래서 시대순으로 차곡차곡 강의를 들었다. 핸드폰을 이용하니 시간 날 때마다 공간의 구애됨 없이 강의를 들을 수 있었다. 전 과정을 한 번 듣고 나니 희미하게나마 윤곽이 잡히기 시작했다. 조각조각 나 있는 파편이 하나씩 꿰맞춰지기 시작했다. 그러면서 흥미는 더해갔다. 그래서 처음부터 다시 한번 더 전체 강의를 들었더니 한층 이해의 폭이 넓어졌다. 그러면서 중간마다 다른 유명 강사의 강의도 곁들여 들어보았다. 강사 대부분이 입시전문가이어서 깊은 메시지를 전달하기보다는 수험문제 맞히기에 초점을 두고 강의를 진행한다는 점이 아쉽기도 했지만 큰 문제는 아니었다. 다시 들어도 매우 재미있었고 유익했다. 두 번째 들을 때는 머릿속의 윤곽이 더욱 또렷해지는 느낌이 들었다.

두 번의 강의를 듣고 난 후 세 권의 책을 읽었다. 특히 두 번째 읽은 책은 지도를 많이 삽입한 것으로 이해에 큰 도움이 되었다. 학교 때 교과서도 그러했고, 시중에서 판매 중인 책도 그러하고 세계사 특정 사건을 설명할 때 관련 유적 또는 유품이나 인물 사진을 삽입하는 것이 일반적이다. 그 그림은 개념을 이해하는 데 큰 도움을 주지는 못한다. 그런 불만을 파악했는지 많은 지도를 삽입해가며 설명한 책은 이해도를 높였다. 앞서 동영상 강의를 통해 기본 개념을 잡은 상태에서 지도가 더해지니 한결 빠르고 정확하게 이해가 되었다. 서너 달 동안 틈나는 대로 동영상 강의를 듣고, 책을 읽은 결과 수십 년 무지 상태로 남아있던 세계사의 그림이 그려졌다. 연표를 정리해보니 더욱 뚜렷하게 개념이 생겼다.

얼핏 알고 있던 '펠레폰네소스 전쟁' '포에니 전쟁' '헬레니즘 문화' '알렉산드리아 제국' '춘추전국시대' '진시황제' '카노사의 굴욕' '게르만족의 대이동' '아편전쟁' '태평천국운동' '문화대혁명' '프랑스대혁명' '러시아 혁명' '제1·2차 세계대전' 등등에 대해 앞뒤 상황을 이해하며 알아가게 되니 속이 후련했다. '왜 이걸 진작 공부하지 않았나'하는 후회가 막심했다. 하지만 뒤늦게라도 스스로 찾아 공부한 것을 다행으로 여겼다. '이보다 늦었으면 어찌했을까?' 싶은 마음도 들었다. 물론 아직도 개념이 뚜렷이 잡히지 않아 이해를 제대로 하지 못하는 부분이 있다. 또한, 한국에서 일반화돼 있는 세계사가 유럽사와 중국사 위주로 편성돼 있다 보니 그 나머지 부분에 대한 갈증은 여전하다.

실제로 서아시아라고 불리는 중동사는 세계사의 양대 축으로 설정된 유럽사와 중국사에 가려 자세히 수록돼 있지 않다. 중동은 세계 4대 문명 중 메소포타미아문명과 인더스문명, 이집트문명 등 3개 문명이 발생한 지역이다. 이곳은 알파벳과 아라비아숫자, 태양력, 십진법 등을 만든 것을 비롯해 유대교와 기독교, 이슬람교 등 세계역사상 가장 광범위하게 분포한 3대 종교가 출현한 문화권이다. 그런데도 중동사는 유럽사나 중국사처럼 밀도 있게 다루어지지 않았다. 아프리카 역사나 북미나 남미 대륙의 역사도 소홀하기는 마찬가지이다. 인도나 동남아시아의 역사도 마찬가지이다. 이웃 나라인 일본의 역사도 우린 제대로 알지 못한다. 그러니 세계사를 제대로 이해하려면 아직도 멀었다는 생각이 든다. 그래서 마음이 조급해진다. 세계사의 윤곽이 잡히지 않았을 때는 유럽사와 중국사만 개념을 제대로 이해해도 만족스러울 것이란 생각을 했는데 오히려 궁금증이 커졌다.

그래서 곧바로 아랍 이슬람권의 역사와 문화에 대한 궁금증을 풀기 위한 학습에 착수했다. 우리나라가 기독교 국가인 미국의 절대 영향권에 속하다 보니 상대적으로 아랍과 이슬람 문화에 대해 제대로 알지 못하는 것은 물론이고 심각하게 곡해하는 부분이 많다는 생각을 했다. 그래서 그런 편견에서 벗어나고 싶다는 생각이 간절해져 곧바로 이슬람권 역사와 문화에 대한 자료를 찾고 동영상 강의를 듣기 시작했다. 역시나 중동의 역사는 유럽의 역사에 비해 뒤질 것 없는 찬연함이 있음을 알게 됐고, 그들의 종교인 이슬람에 대해서도 편견에서 상당 부분 벗어날 기회가 되었다. 너무 오랫동안 나의 무지와 무관심으로 인해 그들에 대해 제대로 알지 못하고 선입견을 품었던 점에 대해 깊이 반성하는 시간을 가졌다. 또한, 기독교와 불교에 관해도 더욱 자세히 공부해보겠다고 각오를 다지기도 했다.

공자께서 논어를 통해 남긴 말씀은 과연 옳다. '학이시습지불역열學而時習之不亦悅 배우고 늘 익히니 즐겁지 아니한가.' 내 경험에 의하면 과연 배우고 익히니 즐겁다. 배우지 않을 때는 배울 것이 없게 느껴졌지만, 막상 배우기에 나서보니 더 배우고 싶은 것 천지다. '배우면 배울수록 무지를 깨닫게 된다.'라는 노자의 말씀도 백번 옳다. 배움이 즐겁다는 사실을 알지 못한 것은 그동안 내가 배우고 싶은 것이 무엇인지 고민하고 내가 그것을 배우려 나서지 않고, 남이 가르치는 것만 배웠기 때문이다. 내가 주도적으로 배우고 싶은 것을 배우면서 앎을 확충해가는 것이 진정 얼마나 즐거운지 경험해보지 못한다면 안타깝기 그지없다. 억지로 하는 공부는 늘 고독하고 외롭다. 하지만 내가 하고 싶은 공부를 찾아 스스로 배우면 과연 유익하고 즐겁다. 남이 가르치는 것만 배워봤다면 이제는 내가 배우고 싶은 것을 찾아 스스로 배워봐야 한다. 그래야 배움이 무엇인지 제대로 알 수 있다. ✑

2019일 07월 31일

구속과 자유

대부분 사람은 자신이 자유롭게 살고 있다고 생각하지만 실상 구속과 억압 속에 사는 경우가 대부분이다. 자신이 자유로운 인생을 살고 있다고 생각하는 것은 착각이고 바람이다. 조직 또는 일에 얽매어 시간에 따라 움직여야 하는 것은 진정한 자유가 아니다. 체면에 또는 신분에 얽매어서 하고 싶은 말을 못 하고, 하고 싶은 일을 하지 못하는 것 역시 진정한 자유가 아니다. 그러니 우리가 모두 자유롭다고 여기는 것은 착각일 뿐이다. 자유를 갈망하면서도 구속된 삶이 주는 대가를 포기할 용기가 없을 뿐이다. 자신에게 주어진 아주 작은 자유를 누릴 뿐인데 마치 인생 전체가 자유롭다고 착각하면서 살고 있다.

중년의 남성이 가장 즐겨 보는 TV 프로그램 중 하나가 '자연인'이라고 한다. 세속의 삶을 버리고 산속에 들어가 오두막을 지어놓고 혼자 살아가는 이들의 삶을 소개하는 이 프로그램은 전 세대에 걸쳐 인기가 높지만, 특히 중년의 남성에게 유독 인기가 높다고 한다. 그 프로그램의 인기가 좋은 이유가 무엇인지 생각해봤다. 아마도 그 프로그램의 주인공이 누리고 있는 진정한 자유를 동경하고 있기 때문이 아닐까 싶다. 그들이 추구하는 무소유의 삶을 따라 하고 싶은 욕망이 그 프로그램에서 채

널이 멈추게 하는 것은 아닐까? 모르긴 해도 그 프로그램을 시청하는 동안 대개의 사람은 '내가 저런 삶을 산다면 어떨까?' 하며 주인공의 삶에 자신을 대입해 보며 재미를 느낄 것이다.

구속과 억압에 찌든 자라면 누구나 마음껏 머리카락도 길러보고, 한 뼘까지 자라도록 수염도 길러보고, 귀찮은 날은 씻지도 않고 살 수 있는 그런 삶을 꿈 꿀 것이다. 피곤하면 한낮이 되도록 늦잠도 자보고, 반대로 밤에 잠이 안 오면 밤을 새워도 보고, 배고프면 먹고, 배가 안 고프면 굳이 먹지 않고… 이런 삶이 진정한 자유가 아닐까 싶다. 시간 맞춰 잠자리에서 일어나 먹기 싫어도 시간 되면 밥을 먹고, 귀찮아도 몸을 꾸미고, 단정하게 옷을 챙겨 입어야 하는 것은 진정한 자유와 거리가 멀다. 의식주와 관련된 기본생활뿐 아니라 시간 맞춰 일터로 가고, 정기적으로 모임도 나가고, 주말이면 지인의 결혼식장을 찾아다니는 것도 진정한 자유를 추구하는 삶이라고 할 수 없다.

사회라는 굴레 속에서 살다 보면 진정한 자유를 만끽하기란 쉽지 않다. 가리고 삼가야 할 것이 너무도 많다. 그래서 구속된 삶을 살다 보면 가끔은 일탈을 꿈꾼다. 작은 일탈 속에서 아주 큰 기쁨을 맛보기도 한다. 그러나 그런 일탈도 용기가 뒷받침돼야 실행에 옮겨질 수 있다. 하루쯤 휴대폰도 꺼놓고 출근도 하지 않고, 저절로 눈이 떠질 때까지 마음껏 잠을 자고, 발길 닿는 곳으로 옮겨 가 만나고 싶은 사람을 만나 먹고 싶은 것을 실컷 먹을 수 있다면 얼마나 자유롭고 행복할까. 하지만 대부분 사람은 용기가 없어 이 작은 행복도 경험해보지 못한다. 그러니 TV를 통해 진정한 자유를 누리며 사는 자연인을 지켜보며 대리만족을 느끼는 것이다. 단 하루의 일탈도 저지를 준비가 안 돼 있는 이들이 어찌 자연인이 돼 산속으로 들어갈 용기가 있겠는가. 용기가 없으니 동경만 하다 시간을 보내는 거다.

세속에 살면서도 나름의 자유를 즐기면서 사는 사람이 가끔 눈에 띈다. 이들은 대개 범상치 않은 옷차림을 하고 다닌다. 헤어스타일, 장식품 등을 통해 자신이 자유를 발산하는 존재임을 과감하게 드러낸다. 남의 시선을 신경 쓰지 않고 아무 곳에서나 음식을 먹기도 하고, 흡연이 금지된 구역에서 담배를 피우기도 한다. 이런 부류 외에도 자연인은 또 있다. 소유와 구속의 개념 없이 다수의 이성을 만나 사랑을 즐기고, 수중에 돈 한 푼 없어도 걱정과 근심을 하지 않으며 하루를 즐기는데 열중하는 이들이 있다. 그들이 자유를 즐길 수 있는 것은 욕심과 체면이라는 근심거리를 내려놓았기 때문에 가능하다. 욕심과 체면을 버리는 순간 누구나 자유로워질 수 있다.

 구속된 삶을 살아가는 사람은 자유로운 사람을 질투한다. 내가 하고 싶지만, 용기가 없어서 못 하는 일을 그들은 하고 있기 때문이다. 내가 욕망으로만 간직하고 있는 일탈을 실천으로 옮기니 부러울 수밖에 없다. 부러움을 느낀다는 것은 질투한다는 것이다. 그러나 그들은 질투 난다고 말하지 않는다. 오히려 자신이 질투를 느끼는 상대를 향해 측은하다고 말하거나 무질서하다고 비난하기도 한다. 속마음과는 전혀 다른 표현을 한다. 그들이 어떤 비난을 하든 진정한 자유인은 아랑곳하지 않는다. 그러니 늘 절대 자유를 만끽하는 자연인이 승자이다. 내려놓은 자연인과 움켜쥔 구속인의 대결에서 승리는 자연인의 몫이다. 그러니 부러우면 지는 것이란 말이 있는 거다.

 누구랄 것 없이 먹고 살자니 어쩔 수 없이 구속되고 억압된 삶을 살게 된다. 만성이 되면 그것이 구속이란 사실도 잊게 된다. 하지만 구속된 삶을 살아가는 대개의 사람은 진정한 자유를 동경한다. 자유의 전제조건일 수 있는 일탈을 꿈꾼다. 하지만 앞서 말한 대로 일탈할 용기가 없다. 일탈로 인해 벌어질 작은 손해를 감당할 용기가 없는 것이다. 그러니 평생 해보고 싶은 일 한 번 제대로 못 해보고 부러워만 하다 세상을 뜨게 된다. 생각해 보면 참으로 억울하고 불쌍한 일이다. 세상에 태어나 수십 년을 살다가 자연으로 돌아갈 때까지 자신의 의지와 다른 절제된 삶을 살다 가야 하니 말이다. 나를 포함한 대개의 겁쟁이는 그렇게 살다 가는가 보다.

  자주는 아니더라도 불현듯 한 번씩 멋진 일탈을 저질러 보는 건 어떨까. 주위에 어떤 예고도 없이 휴대폰 끄고, 출근도 하지 않고, 발길 닿는 곳으로 여행을 떠나보는 거다. 아마도 불안할 것이다. '주변인이 사고 난 줄 알면 어쩌나?' '경찰에 실종신고 접수되면 어쩌나?' '거래처와 약속이 깨지면 어쩌나?' 등등의 생각에 불안해서 견딜 수가 없을 것이다. 불안하다는 것은 자유를 즐길 마음의 준비가 돼 있지 않다는 것이다. 사실 내가 하루 잠적한다고 해서 세상이 달라지는 건 없다. 큰일이 벌어지지도 않는다. 1년에 한 번꼴로 그렇게 잠적하면 주위 사람이 다 그런 줄 알 텐데 그럴 용기마저 없으니 안타까울 뿐이다. 인생은 누구나 한 번이다. 한 번뿐인 인생을 겁쟁이로만 살아간다면 너무 억울하지 않을까? 용기를 내보자. 그까짓 거 한 번 떠나보자. 내 발길 닿는 곳으로. 세상 눈길이 무서워 마음에만 품고 실행에 옮기지 못한 일은 너무도 많다. 죽을 때 후회하지 말고 한번 저질러 보자. 자유를 즐기는 삶이 가장 행복한 삶일 수 있다. ✄

2019년 06월 10일

인도주의

다수의 청소년이나 청년이 북한에 대해 가진 감정은 아주 적대적이다. 대화를 나눠보거나 수업 진행 중 의중을 파악해보면 그들은 온정주의나 민족주의 또는 인도주의적 접근이 아닌 냉철한 감정이 있음을 확인한다. 냉철하다기보다는 이해타산적이다. 우리는 북한에 아쉬울 것이 없으니 먼저 손을 뻗을 필요가 없다는 것이 젊은 세대의 한결같은 생각이다. 같은 민족이라는 생각, 역사공동체라는 생각은 없거나 미미하다. 그저 대화가 통하지 않는 집단, 사고뭉치 집단, 비신사적이고 언제든 위협을 가할 수 있는 존재라는 정도의 의식을 하고 있음을 느낀다.

젊은 세대가 같은 동포에게 왜 이토록 몰인정한 생각을 하게 되었을까? 70년대 이전처럼 철저한 반공교육을 받고 자란 세대도 아닌데 말이다. 물론 북한이 보여주는 모습은 비신사적이고 전근대적이며 때로는 반인륜적이다. 냉정한 눈으로 보면 북한은 도와주고 싶은 마음이 좀처럼 들지 않게 하는 구석이 많다. 그 점은 충분히 인정한다. 하지만 그들은 불과 한두 세대나 세 세대만 거슬러 올라가도 함께 살던 사람들 아닌가. 말 그대로 동포이고 겨레이고 민족 아닌가? 그런데 어쩌면 그렇게도 냉정한 마음을 먹을 수 있단 말인가? 우리와 물 한 방울도 섞이지 않은 민족과는 그토록 친하게 지내면서 말이다. 심지어는 우리 민족을 말살하려고 온갖 악행을 저질렀던 일본과도 관계를 개선하고 자별하게 지내면서 말이다.

　북한이 아닌 제3세계 최빈국의 경우는 어떠할까? 적대적일 것까지는 없지만 이들에게도 이 땅의 젊은 세대는 썩 온정어린 눈길을 주지 않는다. 그들이 겪는 가난과 질병, 내란, 전쟁 등의 문제에 대해서도 깊은 온정주의를 갖지 않는 것으로 보인다. '불쌍하긴 한데 어쩌라고?' '누가 그런 나라에 태어나래?' 정도로 사고하는 것으로 파악된다. 우리 젊은 세대는 가난과 무지 등의 상황에 대해 일정의 혐오가 있는 것으로 보인다. 그들이 그런 상황을 극복하지 못하는 것이 철저하게 그들의 문제라고 바라보는 것 같다. 그러니 인도주의적 관점에서 그들을 바라보려고 하지 않는 것 같다.

　인도주의란 '사람의 평등한 인격과 그 존엄성을 제일 중요하게 여겨 인간애를 바탕으로 인종, 민족, 국적, 종교 등의 차이를 초월한 인류 전체의 복지를 이상으로 하는 주의'라고 정의된다. 모든 사람의 생명이 존중하고, 모든 사람이 최소한의 생존조건 속에서 인간답게 살아야 한다는 사실을 마음으로 받아들이지 못하고 있는 것으로 보인다. 무지하고 가난한 대상이 설령 우리와 같은 민족이라도 그들을 예외로 받아들일 마음의 여유는 발견되지 않는다. 그래서 인도주의적 사고가 보이지 않는다고 하는 것이다. 철저한 이해관계가 존재할 뿐이고 약자는 강자에게 엎드려야만 최소한의 동정을 구할 수 있다는 생각을 하는 것으로 보인다. 승자 지상주의, 서열 우선주의를 강요받는 사회에서 길러진 아이들에게 나타나는 당연한 결과일 수 있다.

　인도주의는 상대가 어떤 잘못을 했건, 내게 어떤 손해를 끼쳤건, 과거에 어떤 사이였건 등등을 따지기에 앞서 같은 사람으로서 연민과 동정의 마음을 갖는 데서 출발한다. 사람으로 태어난 이상 인간답게 살아가기 위한 최소한의 요건 속에서 살 수 있도록 배려하는 마음을 가져야 한다는 의식에서 출발한다. 기아와 추위로부터 고통받는 사람에게 최소한의 음식과 의류, 잠자리를 제공하는 것이 인간의 도리가 아닐까. 극한에 몰린 사람에게 선과 악을 따지고 시비를 가리려는 것은 몰인정하다. 우선은 살 수 있게 해주어야 할 것 아닌가. 기본 생존을 유지하게 한 후에 선악과 시비를 가려야 하는 것 아닌가. 그것이 인간다움 아닌가.

최악의 상황에 몰린 사람에게 어떠한 연민도 느끼지 못하는 것은 남의 아픔을 내 아픔으로 치환해보는 능력이 현저히 떨어지기 때문이다. 상대의 아픔을 이해하고 내 아픔처럼 여기는 것을 공감이라 한다. 공감능력이 떨어진다는 것은 사회성이 떨어진다는 것이다. 한발 더 나아가 반사회적이라고 할 수 있고 거기서 한발 더 나아가면 인격 장애라고 할 수 있다. 동포의식 없이 그저 이해득실만 따져 내게 도움이 안 되는 존재는 어떻게 돼도 상관없다고 인식한다면 그것이 이기주의가 아니고 무엇인가. 인격 장애가 아니고 무엇이란 말인가. 인간의 굶주림을 해결하는 일에 어떤 조건이 필요하단 말인가. 조건을 앞세운다면 그것은 인도주의라는 말을 이해하지 못하는 것이다.

청소년이나 청년을 주목해 이야기를 풀어냈지만, 기성세대도 사정이 크게 다르지는 않다. 대화를 나눠보면 기성세대 중 적지 않은 수가 북한이나 제3세계의 굶주리고 있는 이들에 대해 인도주의에 입각한 온정주의적 시각을 갖지 않고 있다. 말은 "이 나라에도 헐벗고 굶주리는 사람은 얼마든지 있다. 그들을 먼저 챙겨야 한다."라고 하지만 실상 이 나라에서 소외 속에 살아가고 있는 이들을 살뜰하게 챙기는 것도 아니다. 북한이나 제3세계 사람을 보살필 마음이 없다는 말을 에둘러 하는 것뿐이다. 기성세대의 상당수가 이런 마음을 갖고 있으니 젊은 청소년과 청년이 인도주의적 마음을 갖기란 쉽지 않아 보인다. 그것이 안타깝고 안쓰럽다.

더 나은 삶을 논할 때라면 모를까 인간다운 삶, 기본적인 삶을 말할 때는 어떠한 조건도 달아서는 안 된다. 동포가 먹을 것이 없어서 죽음으로 내몰려 있는데 남아 버리는 음식이 지천인 상태에서 그들에게 밥을 주는데 조건을 붙인다는 것은 너무 가혹하다. 잘잘못을 따지고 협상을 통해 무엇을 얻고, 무엇을 잃는지를 셈하는 것은 생존의 문제가 해결된 이후의 일이다. 인도주의는 머리로 행하는 것이 아니다. 오로지 가슴이 데워져야만 실천으로 옮길 수 있다. 인도주의를 가르치는 것이 가장 완벽한 인성교육이다. 난 그렇게 생각한다. 인성을 말하면서 인도주의를 외면하는 것은 표리부동이고 자가당착이다. 안 그런가?

2019년 06월 01일

단절

어느 집안이나 크고 작은 불협과 갈등이 있다. 모든 가족 구성원이 돈독한 우애를 나누며 평온하게 살아가는 집안은 몹시 드물다. 적어도 내가 겪어보고 지켜본 바는 그렇다. 형제지간에 아무 탈없이 친하게 지내는 일은 너무도 당연하지만, 주위를 살펴보면 그리 쉬운 일이 아니다. 형제를 벗어나 삼촌 간이나 사촌까지 범위를 넓혀보면 사정은 더욱 심각해진다. 대체로 평온할 수는 있지만 모든 구성원이 아무 갈등 없이 우애 있게 지내는 모습은 참으로 드물다. 대개의 집안에서 가까운 친척끼리 등을 돌리고 사는 사례가 빈번히 발견된다. 그 속사정은 모르겠다. 작은 서운함이 발단돼 그것이 풀어지지 않으면 돌이킬 수 없는 지경이 된다.

심지어는 부모와 자식 간에 반목이 깊게, 그러면서 길게 나타나는 경우도 적지 않다. 몇 년씩 또는 몇십 년씩 부모에게 발길을 끊고 사는 경우도 들어서, 보아서 알고 있다. 부모와 지식 간의 관계가 그러할 진데 형제지간에야 말해 무엇 하겠는가. 형제끼리 등을 돌리고 어떠한 왕래도 하지 않고 사는 사람을 나는 여럿 알고 있다. 삼촌 간 또는 사촌 간에 남보다 못한 사이로 험담만 하면서 지내는 사람도 어렵지 않게 보게 된다. 자랑할 일이 못 되니 숨기고 감출 뿐이지 살펴보면 가족관계가 남만 못하게 단절된 상태로 오랜 세월을 보내는 사람이 많다. 단순한 단절에 그치지 않고 각종 험담과 악담을 늘어놓고 원수지간으로 보내는 사이도 있다. 안타까운 일이지만 쉽게 해결되지 않는다.

두 아들에게 여러 차례 얘기한 경험이 있다. "너희 아버지인 나는 친가, 처가, 외가를 망라해 모든 친척 중 누구와도 불편하게 지내는 사람이 단 한 명도 없다. 앞으로도 그렇게 지낼 것이다. 아버지의 가장 큰 자랑은 바로 그 점이다. 너희도 봐서 알겠지만, 집안마다 크고 작은 갈등이 많아 무관심한 관계나 적대적 관계를 유지하며 지내는 경우가 있는데 아버지는 누구와도 불편한 관계로 지내는 일이 없다. 인정하지?" 실제로 나는 모든 친척과 좋은 관계를 유지하며 살고 있고, 앞으로도 그렇게 살 것이다. 당연한 일이지만 주위를 살펴보면 결코 쉬운 일이 아님을 알 수 있다. 집안사람끼리 갈등하고 반목하는 경우는 의외로 많다.

나라고 누군가에게 서운한 일이 없었겠나? 상대 안 하고 살면 편안할 수도 있을 것이란 생각을 해본 일이 없겠는가? 누군가와 단절하고 산다고 해서 금세 내게 불이익이 오는 것도 아니고 아쉬울 것도 없다고 생각하면 작은 서운함에도 단절을 택했을지 모른다. 친척뿐 아니라 친구 관계에서도 나는 누구와도 단절하지 않는다. 보다 범위를 넓혀 사회생활을 하면서 만난 다수의 지인과도 서운함을 이유로 관계를 끊는 일은 없다. 친척에게도 서운함을 느낄 수 있는데 남이야 말해서 무엇 하겠는가? 아쉬울 것 없으니 조금 서운한 일을 경험했더라면 단절하고 살 수 있다. 하지만 나는 다행히도 서운함이 원인이 돼 단절한 친척이나 친구, 지인이 없다.

단절의 충동을 느끼는 서운함이 밀려올 때마다 나는 자존심을 접었다. 자존심을 접고 먼저 찾아가 손을 내밀었다. 일이 커지기 전에 적극적으로 사태를 수습했다. 호미로 막을 일을 호미로 막아서 사태가 커지지 않았다. 그런 경험이 쌓이며 교훈을 얻었다. 살아가면서 서운함의 감정은 언제든지 얼마든지 밀려올 수 있다. 자주 접촉하는 관계일수록 서운한 감정을 느낄 수 있는 여지는 더 많다. 그래서 가까운 형제나 친인척, 심지어는 부모와 자식 간에도 그 서운함을 극복하지 못하고 단절의 길로 접어드는 경우가 생기는 것 같다. 내 주위를 살펴봐도 가까운 친족끼리 오랜 세월 반목의 단절 관계를 지속하는 경우가 많다. 안타깝다.

두 아들에게도 자랑스럽게 말했듯이 실제로 나는 서운함을 이유로 단절한 친척이나 친구가 없다. 그런 가운데 가장 불편한 일은 갈등하는 당사자를 만날 때마다 그들의 하소연을 들어주어야 한다는 점이다. 그들의 서운한 마음을 달래주려면 자신이 하고 싶은 말을 들어주는 것보다 좋은 처방은 없다. 그래서 많이 들어준다. 하지만 그들이 품고 있는 그 서운함이란 것이 대단한 것이 아님을 알게 된다. 그래서 안타까운 마음은 더욱 커진다. 중재를 통해 관계를 회복시켜주고 싶지만 좀처럼 쉽지 않다. 모두가 자신의 처지에서 자신의 서운함만 주장할 뿐 상대를 이해하려 들지 않기 때문이다. 사실 속이라도 시원해지라고 들어 주지만 답은 없다. 먼저 마음을 내려놓고 다가서는 것 외에는 어떤 해결책도 없다.

갈등하는 관계의 두 당사자, 또는 두 집안의 유일한 연결고리가 나인 경우도 많다. 어쩌면 관여하지 않고 사는 것이 편할 수 있지만 그건 옳지 못하다. 내가 연결고리 노릇을 하고 있음에 언제라도 관계가 회복되고 이어질 여지가 남아있기 때문이다. 내가 손을 놓으면 그 단절은 영영 이어질 가능성이 없는 단절이 되고 만다. 난 친인척의 크고 작은 애경사를 모두 챙기는 편이다. 시간적 금전적 소비도 감내해야 한다. 아버지가 일찍 돌아가신 탓에 친인척의 애경사는 모두 내 몫이 되었다. 편하게 살고자 하면 모든 것에서 초연해야 하지만 그건 도리가 아니라고 생각한다. 특히 성장하고 있는 두 아들에게 모범적인 모습을 보여야 한다는 일념이다.

　서운한 감정은 자신의 견해에서만 세상을 바라보기 때문이다. 불편한 갈등과 단절의 상황을 끊어내지 못하는 것은 용기가 부족하기 때문이다. 자존심을 내려놓는 것보다는 차라리 불편한 게 낫다는 생각 때문이다. 물론 그럴 수 있다고 본다. 아쉬울 것이 없으면 불편한 대로 살면 된다고 생각할 수 있다. 하지만 자녀에겐 그 상황을 무어라 설명할 것인가. 부모는 자식의 거울이다. 부모가 형제와 갈등하고 반목하는 모습을 보이며 산다는 것은 자식 간에 그렇게 살아도 된다는 것을 암시해주는 것이나 다름없다. 피를 나눈 형제고 친척이라면 조건 없이 서운함을 내려놓고 보듬어야 한다는 게 내 생각이다. ᛜ

2019년 06월 01일

나비넥타이

내 평생 나비넥타이를 처음 매 본 것은 2016년 여름이다. 40대 후반에 이르러서야 나비넥타이를 매 본 것이다. 어찌 생각하면 40대 후반에라도 매 본 것이 다행일지 모른다. 이 나라 남성 가운데 나비넥타이를 매본 경험이 있는 사람이 몇 %나 될까 생각해 보면 그 비중이 그리 높지 않으리라고 본다. 과거와 비교하면 요새는 그나마 한 번씩은 매 볼 기회를 얻는다. 결혼을 앞두고 웨딩 기념촬영을 하는 전문 사진관에서 평소 입어보기 힘든 옷을 입어볼 기회를 주기도 하고, 평소 접하기 쉽지 않은 액세서리를 부착해볼 기회를 제공한다. 이때 다수의 사람은 나비넥타이 착용을 경험하게 된다. 나 스스로 착용하기에는 계면쩍을지 몰라도 못 이기는 척 시키는 대로 해보면 그나마 어색함을 견뎌낼 수 있다. 내 경우 결혼식 웨딩 촬영을 할 때는 턱시도를 입고 나비넥타이가 아닌 머플러형 타이를 맸던 것으로 기억한다. 그래서 나비넥타이를 맬 기회가 한참 후로 미뤄졌다.

2016년 봄 전문 강사인 선배분의 강연을 들을 기회가 생겼다. 강의 직전 그 선배는 나비넥타이를 매고 나타났다. 그분인들 나비넥타이가 자연스럽지는 않았을 것이다. 어색하고 불편했을 텐데 자신의 강의를 들는 수강생을 위해 서비스 차원에서 용기를 낸 것이라는 생각이 들었다. 그 자리에서 나도 기회가 되면 나비넥타이를 매보겠다고 다짐했다. 그리고는 집에 와서 아내에게 나비넥타이를 하나 사달라고 했더니 인터넷 마켓을 통해 2개를 사줬다. 택배로 집에 도착한 나비넥타이 중 하나는 무늬가 없는 군청색이고 다른 하나는 붉은색에 검정 스프라이트 무늬가 있는 디자인이었다. 너무 요란하고 눈에 띄는 다자인이면 어쩌나 걱정을 했는데 무난한 것이 도착해 다행이라고 생각했다.

그리고 며칠이 지나서 서울시교육연수원에서 행정직 공무원을 대상으로 10시간 강의를 해달라는 요청을 받고 서울로 향했다. 바로 이날 아내가 사준 나비넥타이를 처음 매게 되었다. 강의 시작 5분 전 화장실로 가서 준비해온 나비넥타이를 착용하고 강의장으로 들어섰다. 수강생에게 간단하게 인사를 하고 "여러분을 위해 서비스 차원에서 생애 처음으로 나비넥타이를 매보았습니다."라고 소개했다. 수강생들은 격려의 박수를 보내 주었다. 강의하는 내내 나비넥타이의 어색함과 쑥스러움이 나를 괴롭혔지만 잘 극복하고 강의를 끝낼 수 있었다. 2시간씩 두 차례, 3시간씩 두 차례, 이렇게 10시간의 강의가 모두 끝날 때까지 내가 가진 두 종류의 나비넥타이를 번갈아 착용했다.

처음이 어렵다고 했던가. 그 후 청주에 있는 한 사회복지 시설에서 강의 요청이 왔을 때도 나비넥타이를 한 번 더 매고 마이크를 잡았다. 이후 얼마가 지난 후의 일이다. 대학 동기생들과 처음 만난 지 30년이 되는 날이 다가오고 있었다. 기억에 남을 이벤트를 꾸며 보고자 마음먹었다. 30년 전 3월 입학했지만 사실상 처음 만난 것은 2월 말 오리엔테이션 때였다. 그래서 2월 20일 무렵 주말 시간을 이용해 30석 규모의 호텔 연회장을 예약했다. 저녁 식사로 스테이크와 와인을 준비했고, 행사를 시간대별로 구성했다. 그동안의 근황을 각자가 소개하는 시간도 가졌고, 번갈아 가며 시 낭송, 보컬, 마술공연 등 공유할 수 있는 프로그램을 마련해 진행했다. 전문 사진사를 초청해 일순간 일순간을 앵글에 담아 냈다. 아주 의미 있게, 품격 있게 우리는 만난 지 30년 되는 날을 자축하는 행사를 만들어갔다.

남녀 친구들에게 행사 당일 정장 차림으로 참석해달라는 주문을 했다. 여자는 스커트 차림을 해달라고 했고, 남자는 흰색 셔츠를 입고 와달라고 주문했다. 그리고는 참석한 남자친구 인원수대로 내가 나비넥타이를 준비해갔다. 남자 친구들이 작은 소품에 불과한 나비넥타이를 매자 그것 자체가 이벤트가 됐다. 모두 처음 매보는 나비넥타이였고 어색했지만, 친구들은 누구 한 명도 거부하지 않고 나의 통제에 잘 따라주었다. 그날 단체 사진은 물론이고 소규모 그룹별로 많은 사진을 찍었다. 난생처음 매보는 친구들의 나비넥타이 덕에 우리는 시종 웃을 수 있었고, 덕담을 이어갈 수 있었다. 나비넥타이는 수만 원이 넘는 고가부터 불과 수천 원의 저가까지 종류가 다양하다. 그날 내가 준비해간 것은 만물상에서 판매하는 저렴한 종류였다. 하지만 그 효과는 아주 컸고, 모두의 만족도가 높았다. 덕분에 친구들에게 많은 칭찬을 받을 수 있었다.

친구들과 입학 30주년 기념행사를 잘 마친 후 똑같이 가족 이벤트로 나비넥타이 행사를 했다. 3월 말 가족 중 몇 명이 생일이어서 모두 모이기로 했다. 그날 어머니를 기준으로 모든 자식과 사위, 며느리, 손자와 외손자까지 단 한 명도 빠지지 않고 모든 가족이 모였다. 저녁 늦은 시간까지 음식을 나눠 먹고 술도 마시면서 즐겁게 지냈다. 다음 날 아침 식사 후에 가족사진 촬영의 시간을 가졌다. 이날도 가족 중 남자 인원수대로 나비넥타이를 준비해갔다. 물론 사전에 남성은 모두 흰색 셔츠를 준비해오라는 주문을 했다. 반응은 아주 좋았다. 불과 몇천 원을 지출한 이벤트였지만 만족도는 아주 높았다. 덕분에 화목한 시간 속에 아주 다양한 사진 촬영을 할 수 있었다.

요즘의 사진관은 사진관 대신 스튜디오라는 표현을 많이 사용한다.

과거의 사진관과는 비교도 못 할 수준의 장비와 소품을 갖추고 있다. 의상도 다양하게 갖추고 있어 평상시 접하기 어려운 여러 의상도 입어볼 수 있다. 그러니 스튜디오에 가면 나비넥타이 정도는 소품 축에도 못 낀다. 하지만 스튜디오가 아닌 가족이나 친구, 친지의 일상적인 모임에서 나비넥타이는 생각보다 큰 즐거움을 선사하는 소품이 된다. 의외로 구매하기도 쉽다. 일반적 형태의 넥타이보다 나비넥타이는 권위적이지 않고, 기분도 색다르다. 잠시의 어색함만 극복하면 모임의 분위기를 확 바꿀 수 있는 소품이 나비넥타이다. 가족 모임 때, 친구 모임 때 나비넥타이를 소품으로 준비해 다 같이 사진을 찍는 이벤트를 진행해보라고 누구에게라도 권하고 싶다. 작지만 큰 행복이 무엇인지 체감할 수 있을 것이다.

2019년 04월 09일

잃어버린 소리

곧 논에 물을 대야 하는 시기가 온다. 과거의 논농사는 물과 벌이는 전쟁이었다. 봄비가 넉넉하게 내리지 않으면 농사를 지을 수가 없었다. 지대가 낮은 곳에 있는 논은 개울에서 물길을 트거나 양수기로 물을 퍼 올려 논에 물을 댔다. 양수기가 없던 시절에는 어떻게 농사를 지었을지 상상조차 못 하겠다. 천수답이라고 하는 지대가 높은 논은 그저 하늘만 바라보고 농사를 지었다. 요새는 한국농어촌공사라는 국영기업이 전국의 농업용 저수지를 관리해 일제히 농지에 물을 공급한다. 봄에 통수식通水式과 함께 농어촌공사가 수로를 이용해 각 저수지에 저장해 두었던 물을 농지에 흘려보낸다. 한해 농사가 시작되는 것이다. 과거에는 '수세'라 하여 물값을 받았다는데 요즘은 무상으로 물이 제공된다. 극심한 가뭄이 아니라면 물 없어서 농사를 지을 수 없는 지경은 오지 않는다.

도시 아파트에 거주하다 보니 언제 어떻게 세월이 가는지도 모르고 산다. TV 뉴스를 보고 계절이 바뀌는 줄을 알고 산다. 그렇지만 내게도 세월이 가고 계절이 변하고 있음을 실감하게 해주는 공간이 있다. 시가지를 막 벗어난 곳에 허름한 창고를 얻어 동호인이 작업공간을 만들어 놓고 공예품을 만드는 공방으로 활용하고 있다. 봄철에 각종 공모전이

이어져 동호인이 북적인다. 공예품을 만드는 작업은 주로 주말과 휴일을 통해 이루어진다. 그러나 밤에 작업하기도 한다. 나 역시도 퇴근 후 조용한 시간을 이용해 공방을 찾아 작업하는 일이 많았다. 혼자서 늦은 밤에 인가와 떨어진 공간에서 작업하다 보면 마음이 차분해진다.

지난해 봄 영농철을 앞두고 공모전 준비를 위해 야간에 공방을 찾았다. 며칠 연속 혼자서 고요 속에 공예품을 만드는 여유를 즐겼다. 그날이 마침 주변 논에 물을 가둔 날이었나 보다. 하루 전날에도 들리지 않던 개구리 울음소리가 지축을 흔들 듯 요란하게 들려왔다. 신비롭기 그지없었다. 개구리 녀석들이 대체 어디에 숨어 있다가 그날에야 비로소 찾아왔는지 신기했다. 겨우내 메말라 먼지가 풀풀 일어날 것 같던 논에 단 하루 만에 물이 가득 찬 것도 신비로운데 물을 채우자마자 개구리가 몰려와 일제히 합창하는 것은 더욱 신비롭다. 개구리는 듣는 사람 고막이 손상될 만큼 큰 소리로 울어댔다. 작업하러 공방에 갔다가 작업은 하지 않고 한동안 개구리 울음소리 듣는 데만 열중했다.

작업장 밖으로 나가 개구리가 울어대는 논을 바라보니 넉넉하게 물이 차 있다. 논에 차 있는 물 위로 달빛이 비쳐 반짝이는 모습이 황홀경을 연출했다. 그 모습이 아름다워서 한동안 넋을 잃고 바라보았다. 그러면서 원 없이 개구리 울음소리를 들었다. 내가 평생 들어본 개구리 울음소리 중 가장 정겹게 들렸던 것이 바로 그날의 개구리울음이었다. 내가 자란 시골집도 주변이 온통 논이어서 봄부터 여름까지 밤만 되면 개구리 울음이 끊이지 않았다. 초여름 무렵이 되면 개구리 울음소리는 일상이 되어 귀를 세우고 일부러 들으려 하지 않으면 들리지도 않는 지경이 된다. 그렇게 생활 일부였던 개구리 울음소리가 이제는 듣기 어려운 소리가 됐다. 그 소리를 들으려면 일부러 차를 몰고 외곽으로 나가야 할 처지이다. 그러니 그날의 개구리울음이 얼마나 반가웠으랴.

사실 우리가 잃어버린 소리의 종류는 너무도 많다. 한여름 귀를 찢으려는 듯 울어대는 매미 울음소리도 아파트 단지에서 흔히 들을 수 있는 소리가 아니다. 무더위가 물러갈 무렵 조심스럽게 가을을 알리는 귀뚜라미 울음소리도 시나브로 잊은 소리이다. 귀뚜라미 울음소리를 들으며 지겨운 무더위가 물러갔음을 확인하고 얼마나 반가워했던가. 산에서 들려오던 소쩍새, 꾀꼬리, 부엉이의 울음소리도 이제는 가물가물하다. 여치, 찌르레기, 베짱이 등의 풀벌레 울음소리도 언제 들었는지 기억도 잘 나지 않는다. 자연과 더불어 살던 인간이 어느새 콘크리트 벽에 갇혀 살면서 잃어버린 소리의 종류가 이렇게 많은 줄 몰랐다. 문을 열면 들려오는 건 온통 자동차 달리는 소음뿐이고, 문을 닫으면 온종일 거실에 켜져 있는 TV 소리 일색이다.

    생각해 보면 자연의 소리만 없어진 것이 아니다. 우리 인간의 생활 속에 듣던 소리 가운데 사라진 것도 참으로 많다. 한국을 대표하는 소리 중 하나인 다듬이질 소리는 언제라도 듣고 싶은 소리이다. 어머니도 전에는 가끔 다듬이질을 하셨다. 요 홑청에 풀을 먹여 곱게 접은 후 다듬잇돌 위에 올려놓고 방망이질을 하셨다. 생각만 해도 미소가 지어지는 정겨운 소리이다. 어려서 아주 흔하게 듣던 소리지만 이제는 더 들을 수 없는 소리가 됐다. 인터넷 동영상 사이트에서 찾아 들어보니 반갑기 그지없다. 절구질하는 소리도 이제는 종적을 감춘 소리이다. 추수 때 큰 마당에서 탈곡기를 돌리며 벼를 털던 소리도 기억이 가물가물한 소리가 됐다. 심심찮게 들려오던 엿장수의 가위질 소리도 아련하다. 강냉이와 튀밥을 튀기던 뻥튀기 기계 소리도 너무도 그리운 소리가 되었다.

    이제 얼마 후면 농사철을 맞아 논에 가득 물을 대기 시작할 것이다. 그러면 여지없이 개구리가 일시에 나타나 목청껏 울어댈 것이다. 그날을 꼭 기억해두었다가 가까운 논에 개구리 울음소리를 들으러 나가야겠다. 어디 개구리 울음소리뿐이랴. 한여름엔 매미 울음소리, 초가을에는 귀뚜라미 울음소리를 들으러 콘크리트 탈출을 시도해 봐야겠다. 그런데

도시를 벗어나면 벌레와 새의 울음소리를 들을 수 있겠지만 다듬이질 소리, 절구질 소리, 탈곡기 소리를 들으려면 어디로 가야 하지? 이제는 영영 다시 들을 수 없는 소리가 된 것인가? 지금 이 글을 쓰고 있는 순간에도 창 너머 차량이 질주하며 내는 소음이 귀를 자극한다. 내 귀를 즐겁게 해주던 잃어버린 그 소리가 사무치게 그리운 봄밤이다.

2019년 04월 07일

거실 한 칸, 방 세 칸

생각해 보니 거실 한 칸, 방 세 칸의 구조에서 살아온 세월이 내 인생의 절반이다. 그 기간에 몇 차례 거주지를 옮겨가며 이사했지만 크기가 조금씩 변했고, 공간 배치가 조금씩 달라졌을 뿐 기본적인 골격은 별 차이가 없었다. 아직은 이사할 생각이 없지만, 어딘가로 또 이사하게 된들 이 구조에서 벗어나지 못할 것이다. 어쩌면 내 생을 마치는 날까지 거실 한 칸, 방 세 칸 구조를 벗어나지 못할 수 있다는 생각을 해봤다. 4반세기 넘게 거실 한 칸, 방 세 칸의 구조에서 살았으니 내 생활은 그 구조에 맞게 최적화되었다. 하물며 태어나서 지금까지 그 구조를 한순간도 벗어나지 못한 나의 두 아들은 다른 구조 속에서 생활하는 것 자체를 상상도 하지 못할 것이다.

이미 전 국민의 절반을 웃도는 인구가 아파트 생활을 하고 있을 것으로 본다. 꼭 아파트는 아니어도 빌라나 주거용 오피스텔, 다세대주택 등 유사한 형태를 모두 포함하면 아주 간단하게 거실과 방으로 이루어진 구조에 사는 사람의 비율은 80%를 넘어서지 않을까 싶다. 공간을 다양하게 배치해 지은 마당 있는 집에서 사는 사람의 비율은 미미할 것으로 본다. 공동주택이 도입돼 보편화 된 이후 우리의 주거형태는 대단히 단순해졌다. 주거형태만 단순해진 것이 아니라 생활방식도 매우 흡사해졌다. 실내생활 위주로 삶의 구조도 변화되었다. 더불어 생각도 단순해졌다.

학생 때 지리 시간에 배운 가옥구조는 분명 지방마다 달랐지만, 아파트 문화가 보편화 된 이후 중부지방과 남부지방의 차이도 없어졌고, 내륙지방과 해안지방의 차이도 없어졌다. 마당과 대청마루에서 이루어지던 많은 일은 없어졌다. 장작을 패고 불을 지필 일도 없고, 멍석을 깔고 곡물이나 채소류를 말리는 일도 없어졌다. 메주를 만들어 고추장과 된장을 담그던 일도 이제는 대부분 가정에서 자취를 감췄다. 이 모든 삶의 변화는 아파트라는 주거형태와 절대 무관하지 않다. 몇 년 전부터는 베란다도 없애고 거실을 넓게 쓰는 구조가 유행하기 시작해 그나마 베란다에서 이루어지던 바깥 활동마저도 자취를 감췄다.

내가 어렸을 때는 아파트가 없었다. 없는 것은 아니었지만 서울 등 대도시지역에서만 드문드문 겨우 볼 수 있는 정도였다. 내가 초등학생이던 1970년대에는 아파트를 대개 '맨션'이라고 불렀다. 전 국민의 1% 미만이 거주하는 아주 고급스러운 공간이었다. 그 공간이 몹시도 궁금했다. 맨션에서는 한겨울에도 내복을 입지 않고 살 수 있다는 말을 들었을 때 믿지 못했던 기억이 난다. 아무리 집이 따뜻해도 겨울에 내복을 입지 않고 살 수 있다는 말이 곧이들리지 않았다. 바닥이 뜨거운 집은 경험해 봤어도 외풍이 없는 집에서는 살아보지 못했으니 내복 없이 겨울을 날 수 있다는 말을 실감하지 못한 건 어쩌면 당연하다. 더구나 옛날 겨울의 추위는 지금보다 몇 곱절 혹독했다.

춥지 않고 생활하기 편리하다는 소문을 많이 들었던 터라 아파트에 대한 궁금증은 컸다. 아파트 보급이 보편화하기 전 국민의 주거생활 수준은 형편없었다. 농촌 지역은 사정이 조금 다르겠지만 도시지역은 내 집을 가진 자가 손으로 꼽을 정도였고 대개는 방 한 칸, 부엌 한 칸의 구조로 된 단칸방이라는 공간에서 살았다. 한 울타리 안에 꽤 여러 가구가 셋방살이를 하며 함께 살았다. 화장실도 공용이었다. 주인집의 위세는 대단했고, 그들로부터 서러움을 당하며 사는 것이 익숙했다. 모든 이에게 내 집 마련은 무지개 같은 것이었다. 이런 얘기가 까마득하게 들릴지 몰라도 그리 오래된 이야기는 아니다. 불과 한 세대 전의 이야기이다.

　세입자의 한을 풀어준 것은 아파트였다. 닭장이니 토끼장이니 깎아내리는 사람도 많았지만, 아파트의 인기는 하늘 높은 줄 모르고 치솟았다. 셋방살이하며 집주인에게 당한 설움을 일시에 잊게 해준 것이 아파트였다. 등기부에 내 이름이 적힌 집에서 살 수 있다는 것은 가슴 뜨거운 일이었다. 당시 아파트에 처음 입주한 사람은 수도꼭지에서 온수가 콸콸 쏟아지는 모습을 보면서 얼마나 감격했던가. 정말 내복을 입지 않고 겨울을 보낼 수 있다는 사실에 얼마나 신기해했던가. 이제는 너무도 당연한 일이라서 의식도 못 하고 살지만 한 세대 전에는 아파트 생활이란 게 혁명과도 같은 것이었다.

　이런 시절 친척 집을 방문하거나 친구 집에 가보면 모든 집의 구조와 형태가 달랐다. 위치나 방향도 달랐고, 건축자재도 모두 달랐다. 이제는 대부분 아파트에 살다 보니 약간씩 차이는 있을지언정 사실상 구조가 비슷하다. 모두가 남향으로 지었고 건축자재도 철근과 콘크리트를 사용해 같다. 모두가 비슷한 아파트이다 보니 얼마나 넓은 집인가로 구분 짓는다. 아파트의 위치가 어느 동네인가와 어느 건설사가 시공한 것인지로 구분을 한다. 어차피 내부에서 살아가는 모습은 비슷하다. 아파트 거주자가 특별한 일 없이 바깥 한 번 나가기가 쉽지 않다. 거실 한 칸, 방 세 칸을 맴돌 뿐이다. 주방과 화장실, 앞뒤 베란다를 한 번씩 오갈 뿐 대부분 시간은 거실에서 보낸다.

　아침에 출근하는 길에 밖에 나가서야 비가 오는 줄을 알게 된 경우가 한두 번이 아니다. 창밖에서 들려오는 빗소리를 못 듣고 지낸 시간이 얼마인지도 모르겠다. 자연과 사람이 함께 살던 세상이 이제는 자연 따로, 사람 따로 사는 세상이 됐다. 5층에서 출발한 아파트가 15층으로 높아졌고, 다시 30층으로 높아졌다. 이제는 50층이나 60층까지 치솟아 올라가는 아파트도 많아졌다. 아파트 높이가 올라갈수록 자연과의 단절은 심해진다. 지상 수십 미터 높이에서 밥을 먹고 잠을 잔다고 생각해 보면 순간순간 섬뜩하기도 하다. 그러나 엄연한 현실이다.

거실 한 칸, 방 세 칸은 정방형 구조를 기반으로 한다. 전체 평면도 정방형이고 내부 각각의 공간도 정방형이다. 그래서 사람은 네모난 공간이 아니면 불안해하고 답답해한다. 공 모양의 공간, 원기둥 모양의 공간, 원뿔이나 삼각뿔, 사각뿔 모양의 공간에서 지내본 적이 없으니 그런 공간에 대한 두려움이 있다. 새로운 형태의 공간을 불편해한다는 것은 그만큼 개방적이거나 창조적이지 못하다는 것을 의미한다. 정방형의 각 진 공간만을 선호한다는 것은 그만큼 사고가 경직돼 있기 때문이다. 각진 모양이 아닌 초가집에서 살아보지 않았으니 모서리가 각지지 않으면 불안해한다. 천장이 없는 열린 공간에서 무언가를 하려면 불안정감도 느낀다. 아파트가 그렇게 만들었다.

돌이켜 보니 아파트 생활이 인생의 꼭 절반이다. 추위와 더위를 피하면서 편하게 잘 살았다. 해충의 습격으로 인한 고통에서도 벗어날 수 있었다. 아파트 덕에 내 이름으로 등기된 집도 소유해보았다. 하지만 이 편안함과 경직됨 속에서 난 분명 사고의 다양성을 잃었을 것이고, 부딪히며 인간미를 느끼고 사는 즐거움을 놓쳤을 것이다. 아파트 공간이 나를 획일화 시켰다고 불평하지만, 막상 아파트를 벗어날 용기는 없다. 아파트가 주는 편안함에 빠져 그만큼 무력해진 것이다. 새로운 공간으로 옮겨가면 내 사고가 보다 다양해지고 내 정서가 한결 순연해진다는 것을 알지만 나서지 못한다. 그것이 아파트가 내게 준 가장 큰 폐해이다.

2018년 03월 10일

마음은 없고 음식만 가득한 제사

사회가 변해가는 속도로 봐서 제사란 게, 차례란 게 얼마나 지속할지 의문스럽다. 4대조까지 모시던 제사의 대상은 시나브로 줄어들어 2대나 3대 혹은 1대로 줄어드는 것이 일반화되고 있다. 할아버지와 할머니, 아버지와 어머니 제사를 한 날 모아서 지내는 가정도 점차 늘어나고 있다. 자시子時, 밤 11시~새벽 1시까지 기다려 제사를 모시는 집안도 거의 없어졌다. 다음날 일상을 위해 초저녁에 서둘러 제사를 모시고 파하는 경우가 다반사이다. 반드시 아들이 모셔야 한다는 것도 이제는 옛말이다. 하물며 이유 불문하고 장남이 제사를 도맡아야 한다는 의식도 사라진 지 오래다. 수백 년간 엄격한 격식을 지켜온 제사 문화지만 2000년대 이후 불과 십수 년 만에 절차 면에서 큰 폭의 변화를 겪고 있다.

4대조까지 묘를 관리하고 철저하게 제사를 모시는 집안은 이제 소수에 불과하다. 묘는 일정 기간이 지나면 파묘 절차를 거쳐 봉안당納骨堂으로 만들어 관리가 쉽게 하는 것이 일반적이다. 기제사나 차례도 특별한 경우가 아니라면 2대조 정도만 모시는 것이 상례가 됐다. 기제사의 경우, 내외분의 제사를 한날 모아 지내는 일도 이제는 일상화됐다. 전통적 의식으로 보면 무엇 하나 용납될 수 없는 일이다. 초저녁에 제사를 모시는 일도 마찬가지이다. 다수의 사람이 제사란 조상께서 돌아가신 날의 전날 모시는 것이라고 알고 있지만, 실상은 돌아가신 날이 시작되는 시간에 모시는 것이 맞다. 그래서 전날 준비를 해서 자시에 제사를 지내는 것이 전통방식이다. 초저녁에 제사를 모시는 것은 엄격히 따지면 맞지 않는 일이다. 하지만 이제는 대부분 초저녁에 치른다.

내가 어렸을 적에 제사 지내는 모습과 오늘날의 제사 지내는 모습을 비교하면 천양지차이다. 모든 것이 간소화됐다. 절차도, 시간도, 횟수도, 대상도 모두 간소화됐다. 하지만 여전히 간소화되지 않고 있는 것이 한 가지 있으니 그것은 바로 음식을 준비하는 일이다. 어찌 보면 음식도 많이 간소화됐다고는 하지만 절차나 시간, 횟수나 대상이 간소화된 것과 비교하면 아직 변화의 폭이 좁다. 음식 한 가지 한 가지를 준비하는 손길은 과거와 비교하면 많이 간편해졌고, 상당수 음식은 공장 등에서 가공된 상태로 판매하는 것을 구입해 준비한다. 하지만 현대인의 생활에 맞추어 합리성의 잣대로 비추어보면 음식 종류도 많고, 필요 이상으로 많은 양을 준비하는 버릇은 여전하다.

특히나 많이 개선됐다고는 하지만 여전히 사회적 문제로 대두되는 것 중 하나는 제사를 지내기 위한 음식 준비가 대개는 여성의 몫으로 남아 있다는 점이다. 그래서 제사와 관련된 불만과 불평은 남성보다는 여성에게 집중돼 있다. 여성은 제사나 차례를 위한 음식을 지금보다 더 간소화하고 준비하는 음식량을 대폭 줄여야 한다는 데 인식을 같이하고 있다. 그러나 이 문제는 좀처럼 쉽게 해결되지 않고 있다. 이 문제의 핵심은 세대 간의 인식 차이에서 비롯된다. 여전히 각 가정의 대소사에 핵심 주도권을 잡은 60대 이상의 여성과 노동력의 원천을 제공하고 있는 30~40대 여성 간의 인식 편차가 크다. 제사나 차례를 위해 준비하는 음식의 종류와 양을 놓고 신구세대 간의 의식 차이는 크다. 전통적인 방식의 제례에 익숙한 노인은 자신들이 배웠던 대로 많은 음식을 차리려 하지만 신세대 사고방식을 가진 젊은 여성은 음식의 종류와 양을 대폭 줄이려 한다.

노인 남성의 생각도 여성들과 크게 다르지 않다. 제사상을 푸짐하게 차리는 것이 조상에 대한 예의라고 생각하고, 상을 간소하게 차리면 남들 눈에 가세가 빈약해 보이고, 조상 모시는 마음이 부족해 보여, 흉이 될 수 있다는 의식이 있다. 음식을 풍성하게 차리는 것이 조상에 대한 예를 다하는 것이라 여기고 더불어 음식을 여러 자식에게 나누어주어야 한다고 생각하고 있다. 그러니 명절 차례상도 그렇고, 기제사 상도 그렇고 넉넉하고 풍성하게 차려야 한다고 여긴다. 또한, 자신이 어려서부터 제사를 지내며 배운 대로 갖가지 음식은 저마다 상에 올라야 하는 이유가 있다는 확신이 있어 음식 수를 줄이려고도 하지 않는다. 그러나 젊은 세대는 노인들의 그런 사고방식을 이해하지 못한다. 오로지 합리성의 잣대로 생각하고 평가하기 때문이다.

제사상과 차례상을 어떻게 어느 수준으로 차리는 것이 옳을지가 궁금해 몇몇 문헌을 찾아봤다. 답은 의외로 쉽게 찾을 수 있었다. 제사상이나 차례상을 푸짐하게 차리는 것은 전통적 신분 사회의 관습에서 유래됐다고 한다. 음식을 많이 차려 널리 주변인에게 나누는 것이 명문가의 역할이라고 여겼던 시절이 있던 것이다. 그 시절의 보여주기 문화가 제사 문화에 남아있음을 학계는 부정하지 않고 있다. 특히 조선 말기에 이르러 신분을 사고파는 거래가 일반화되면서 거액의 대가를 지불하고 양반 족보를 사들인 집안의 경우, 전통 있는 양반가를 흉내 내고자 하는 마음에 보란 듯이 음식을 많이 차려 제사나 차례를 모시는 일이 일반화됐다고 한다.

결국, 차례상이나 제사상에 많은 종류의 음식을 잔뜩 차려내는 것은 이래저래 과시욕의 산물이란 것이다. 또한, 늘 먹을 것이 귀하고 기름진 음식을 평소 접하지 못하던 일상생활 속에서 제삿날이나 명절날을 맞아

포식할 수 있던 문화와도 연결 지어 생각할 수 있다. 대개의 가례서는 차례상이나 제사상의 음식을 간소하게 차리도록 권고하고 있다. 하지만 뿌리 깊은 과시욕이 상차림에 반영돼 하나의 문화로 자리를 잡은 것이다. 분에 넘치게 많은 음식을 장만해 조상을 모시는 차례상이나 제사상에 올려야 한다는 기록은 어디에도 없다. 그저 집안 간에 암암리에 벌어진 허례의 경쟁에 불과하다. 평소 못 접하는 음식을 조상 핑계 삼아 하루만이라도 실컷 즐기려는 의도가 유일한 긍정적 요인이라 할 수 있다.

우리 집안이라고 다를 바가 없다. 어머니는 자신이 살림을 맡아 하시던 시절부터 배워온 대로 이런저런 음식을 장만해야 한다고 생각하신다. 아무리 조금만 장만하라고 주위에서 성화해도 아랑곳하지 않으신다. 과거에 비하면 조금 준비하는 것이라고 말씀은 하지만 젊은 사람 눈에는 여전히 많은 양이다. 어머니가 주도적으로 상차림을 준비하는 동안에는 바꿀 수 없는 일이다. 몇 해를 두고 잔소리를 했지만 귀담아듣지 않으신다. 그러니 어쩔 수 없다. 어머니가 하시던 대로 하고 싶은 대로 준비하시도록 두는 수밖에 없다. 수십 년 몸에 익은 습관인데 하루 사이에 바꿀 수 없음을 안다. 그래서 이제는 더 아무런 말도 하지 않고 지켜만 본다.

어머니는 음식을 잔뜩 장만해 봉지마다 담아 싸주시지만, 자식은 반가워하지 않는다. 명절 음식, 제사음식이 이제 더는 진귀한 음식도 아니거니와 냉장고나 냉동고에 보관해두었다 먹으면 제맛이 나지도 않기 때문이다. 실제로 대부분 가정에서는 이전 명절 때 가져와 냉동실에 보관한 전煎 종류가 다음 명절 때까지 남아있는 경우가 허다하다. 서구식 입맛에 길든 아이들은 제사상에 진설하는 음식류에는 별 관심을 보이지 않는다. 그러다 보니 가정마다 명절 음식을 소진하는 일이 여간 고역스럽지 않다. 하지만 노인 여성에게 아무리 사정을 이야기해도 자신의 신념을 꺾지 않는다. 음식을 조금 장만하려면 당최 손이 부끄럽고 마음이 부끄럽기 때문이다. 그것은 철저하게 습관에서 비롯된다.

조상의 돌아가신 날을 기억해 자손이 한자리에 모여 추념하고, 화합의 시간을 갖는다는 의미의 제사는 훌륭한 의식이며 한민족의 전통이다. 제사를 이어가는 것은 훌륭한 생각이다. 하지만 세대 간, 남녀 간 이견을 좁혀 최대한 합리적으로 의식을 간소화시켜 진정한 의미에 집중할 필요는 있다. 제사란 그저 음식을 풍성하게 장만하고, 망자의 영정에 절을 하는 절차를 의미하지 않는다. 특히 음식은 대단히 형식적인 준비물에 지나지 않는다. 음식을 장만하는 형식이 한데 모여 조상을 기리고, 자손이 우애를 나누는 본질에 우선할 수는 없다. 형식 때문에 고통스러운 제사라면 안 지내느니만 못할 수도 있다. 거듭 강조하건대 제사음식은 간소하게 장만하는 것이 맞다. 포 한 장에 술 한 잔, 과일 몇 가지면 충분하다. 남과 비교하지 말고 내가 먼저 실천하는 것이 중요하다. ❧

2018년 12월 21일

수직 문화와 수평 문화

인류는 약속이나 한 듯 청동기가 시작된 5000년 전 무렵부터 농경에 종사하며 정착 생활을 했다. 이 무렵부터 잉여생산물이 생겨나기 시작해 비축할 수 있게 되고 생활이 풍요로워졌다. 하지만 이것이 누군가에겐 불행과 고통의 시작이 되었다. 잉여생산물이 생기게 됐다는 것은 누군가 일을 하지 않고도 생산물을 나눠 가질 수 있게 됐다는 것을 의미한다. 또 누군가는 같이 생산 활동에 참여하고 월등히 많은 생산물을 차지할 수 있게 된 것을 의미하기도 한다. 노동에 참여하지 않고도 생산물을 차지할 수 있는 사람, 같은 노동을 하고도 많은 생산물을 차지할 수 있는 사람이 출연했다는 것은 계급사회가 시작된 것을 의미한다.

이렇듯 대략 5000년 전부터 계급사회가 시작됐고, 이후 계급사회는 갖가지 형태로 발전하여 신분 사회가 정착됐다. 18세기 말부터 시작해 19세기 말까지 100년에 걸쳐 세계 각국에서 신분 사회를 종결짓기 위한 혁명이 이어졌다. 5000년간 지속한 신분 사회가 무너진 이후 벌써 100~200년의 세월이 흘렀다. 물론 아직도 지구상에는 신분 사회가 유지되고 있는 경우가 많다. 사회적으로 법적으로는 신분제가 무너졌지만, 관습적으로 신분제가 유지되고 있는 나라가 있다. 이밖에 북한조선민주주의 인민공화국처럼 겉으로는 민주정, 공화정을 표방하지만, 실질적으로는 봉건적 세습왕조 체제가 이어지고 있는 나라도 있다. 그러니 엄밀히 말하면 아직도 인류사회에는 계급과 신분이 존재한다고 볼 수 있다.

한발 더 나아가 더 엄밀히 따져보자면 이 나라 대한민국을 비롯한 대부분 나라도 여전히 새로운 신분질서 속에서 살아가고 있음을 부정하기 어렵다. 이 사회에는 여전히 강자와 약자가 존재하고 있고, 강자는 약자 위에서 군림하며 살아가고 있다. 양반과 상놈, 귀족과 노예가 사라진 지 100년이 넘는 세월이 흘렀지만, 암암리에 이 사회에는 빈부와 귀천이라는 틀 속에 신분이 존재한다. 혈통이 세습되는 일이 사라졌다고는 하지만 부가 세습되고, 권력이 세습되는 구조를 벗어던지지 못하고 있다. 지극히 극소수지만 부와 권력을 가지지 못한 집단에서 가진 집단으로 올라타는 사례가 있다. 이런 극소수 사례는 '노력하면 이룰 수 있는 사회'라는 희망을 품게 하는 도구로 사용되고 있다. 하지만 이는 그리 만만한 일이 아니다.

이렇듯 불합리한 부와 권력의 세습이 굳어져 있어 벗어나지 못하는 것은 한국인의 생활 문화에 뼛속 깊이 뿌리박힌 수직 문화의 영향이다. 한국 사회는 무엇이든 우열을 나누고, 상하를 가리는 것이 원칙이다. 한 줄로 세워 등위를 매기는 것이 원칙이다. 그렇지 않으면 불편해서 못 견딘다. 이런 뿌리 깊은 의식을 혁파하기 위해 초등학교에 시험을 폐지하고 석차가 공개되는 성적표를 없앴지만, 여전히 성인들은 아이들을 성적으로 줄을 세우고 싶어 한다. 초등학교는 학급 반장을 순번제로 맡기기도 하고, 모든 학생에게 갖가지 형태의 상장을 만들어 수여하는 등 수직적 문화를 없애기 위해 노력하고 있지만, 여전히 학부모의 마음은 수직적 문화에 매달려 있다.

오로지 상위 몇 퍼센트 이내에 들어야 명문대학에 진학할 수 있다는 일념으로 가득 차 있다. 제도권에서 아무리 서구식 수평 문화를 도입해 적용하려 해도 국민 다수의 의식 수준은 여전히 수직적 사고에 머물러 있고, 그로 인해 세상을 경쟁으로만 바라보고 있다. 오로지 자녀가 명문 대학에 진학하고 대기업이나 고위관료로 취업해서 안정적인 삶을 살아가며 하청업체 직원이나 하급 관료를 거느리고 군림하며 살아가기를 바라는 일념뿐이다. 아름다운 삶이나 품위 있는 삶에는 좀처럼 관심이 없다. 남에게 보여주기 위한 품위에는 열중하지만, 내면적 성찰을 통해 깊이 우러나는 기품에는 역시 관심이 없다. 다 같이 잘 살고 다 같이 누리며 사는 것이 불가하다고 생각한다.

전통적 봉건 사회질서 체계가 몸과 마음에 익은 데다 자본주의식 적자생존과 승자독식의 이념이 결합해 너무나 견고한 의식구조를 만든 탓이다. 누구나 잘할 수 있는 분야가 있고, 각자 자신의 기량을 앞세워 살아가면 되지만 이 나라, 아 사회는 그것을 쉽게 용납하지 않는다. 과거 500년 동안 유교 경전을 얼마나 잘 외우고 해석할 줄 아는지로 인재를 가리던 방식을 고집하더니 이제는 국어, 영어, 수학 3개 과목의 성적으로 줄을 세우고 신분질서를 만드는 일을 고착화했다. 이는 사회를 획일화시키고 수직적으로 줄을 세워 이를 통해 기존의 신분질서를 유지해나가고자 하는 다분히 전근대적 사고방식이지만 이 나라 국민 대다수는 그것이 합당하다고 생각한다. 다른 모든 사람은 불합리한 경쟁에서 낙오하더라도 내 자식 한 명만 신분 상승을 한다면 아무런 불만이 없다.

서양인의 합리주의를 그토록 동경하면서도 막상 합리주의를 기반으로 하는 수평 문화를 받아들이려 하지 않는다. 수평적 문화의 수용을 주장하면 이내 공산주의자라고 몰아붙인다. 무한경쟁으로 포장한 불공정한 세습 구조가 절대 옳다는 신념에서 헤어나지 못하고 있다. 그래서 늘 부와 권력이 세습되는 구조—하층부 일부만 상층부에 합류하거나, 상층부 일부만 하층부로 하강하는 사례가 극소수 있기는 하지만—가 면면히 이어지고 있다. 모두가 행복하면 그건 행복이 아니라고 생각하는 이

상한 세계관, 꼭 남이 경험하지 못한 상황에 이르러야만 행복을 느낄 수 있다고 생각하는 이 사고방식은 대체 어디서 비롯된 것인지 궁금하다. 줄을 세워서 서열을 매기고 그 순서대로 행복해야 한다고 생각하는 수직적 의식구조를 바꾸지 못하면 이 사회는 늘 극도의 피곤과 스트레스 속에서 살아갈 수밖에 없다.

적절히 나눠 갖고 적절히 공유하며 함께 나눌 수 있는 즐거움이 있을 텐데 우린 아직 그런 경험을 해보지 못했다. 그저 혼자 누려야 즐거울 거라고만 생각한다. 그것은 내 자식에게만 특별한 경험을 누리게 해주고 싶고, 내 자식에게만 부와 권력을 대물림해주고 싶은 부모의 잘못된 의식에서 비롯된다. 더불어 사는 문화, 함께 나누는 문화를 확산시켜야 한다. 그것이야말로 진정한 의식의 성장이다. 우리는 아직도 부의 성장은 이루었지만, 의식의 성장을 이루지 못했다는 평가를 국제사회에서 받고 있다. 아직도 승자독식의 문화, 약육강식의 문화가 사회 전반에 깔려있고, 다수의 국민이 그런 의식 속에서 살아가고 있기 때문이다. 이제 좀 나누며, 함께 하며, 서로 편하게 살아야 하지 않을까. ✍

2018년 12월 21일

사치하는 즐거움?

　사치는 씀씀이나 꾸밈새, 행사 치레 등에서 필요 이상의 돈이나 물건을 사용하는 것을 의미한다. 자신의 분수를 뛰어넘는 지나친 생활을 할 때도 사치라는 표현을 쓴다. 그러니 가진 것이 많아서 넉넉하고 풍요롭게 먹고 쓰는 사람에게는 일상생활인 것이 가지지 못한 이에게는 사치가 되는 경우가 있다. 어디까지가 자신의 분수에 맞는 소비인지는 경계가 모호하다. 그래서 각자 생각하는 사치의 기준도 다르다. 자신은 이 정도면 내 분수에 맞다고 생각할지 몰라도 남의 눈에는 사치로 비칠 수 있다. 반대로 자신은 사치한다고 하지만 남의 눈에는 수준에 적절한 소비를 하고 있다고 보는 수도 있다.

　사람은 정도의 차이가 있을지언정 누구나 일정의 과시욕을 갖고 있다. 의식주와 관련된 기본적인 욕구를 해소하고 나면 이후에는 고차원적인 욕구가 발동한다. 존경받고 싶고, 과시하고 싶은 욕구가 바로 그러한 욕구의 일종이다. 과시욕이 심한 사람은 남에게 비치는 모습에 모든 것을 건다. 자신이 스스로 느끼는 만족은 차치하고 우선 남에게 보이는 모습에 집중한다. 그 경우 사치를 할 확률이 그만큼 높다. 우리나라 사람 가운데 이런 부류가 의외로 많다. 체면주의 문화가 만연하다 보니 남에게 보이는 모습에 대단히 집착하고 신경을 쓴다. 우리 민족이 오랜 시간 가난하게 살아온 것도 이런 문화가 자리 잡게 된 원인 중 하나로 보인다.

세대 간 소비를 바라보는 기준이 다르다 보니 사치에 대한 기준도 다르다. 젊은 세대에게는 일상인 일도 중장년층 이상의 세대에게는 사치로 비치는 경우가 많다. 젊은 세대는 분식집에서 간단히 점심을 먹고 고급 커피점에 가서 점심 식사비와 같은 수준이 커피값을 지급하는 것에 대해 전혀 이상한 일이라는 생각을 하지 않는다. 오히려 사소한 사치를 통해 만족감을 느끼고 거기서 작은 기쁨을 찾으려 한다. 이런 젊은 세대의 소비문화를 기성세대는 이해하려 들지 않는다. 그나마 다행인 것은 커피문화가 처음 뿌리내리던 시기에는 이런 현상에 대한 서로의 견해 차이가 컸지만, 이제는 이해의 폭이 많이 넓어졌다.

사치가 몸에 익지 않은 사람은 사치하면 불편하고 어색하다. 그들의 머릿속에는 소비의 합리성만 자리 잡고 있을 뿐 사치를 통해 누릴 수 있는 작은 기쁨이나 만족감 등은 없다. 그러니 사치에 대해 이해하지 못한다. 반대로 사치를 즐기는 사람은 합리적인 소비가 성에 차지 않는다. 남에게 뭔가 보여주고 분에 넘치는 소비를 해야 성취감을 느끼고 만족감을 느낀다. 그런 소비를 하면서 자신이 이 사회에서 성공한 사람, 문화를 빨리 수용하는 사람이란 의식을 가지며 그 즐거움을 즐긴다. 실제로 자신의 소득 수준 및 보유재산 수준에 어긋나는 소비를 하더라도 그것이 잘못된 일이란 생각을 갖지 않는다. 그들은 평생 그런 소비성향을 버리지 못한다. 타고났으니 어쩔 수 없다.

내 경우 사치를 하지 않는 생활이 익숙하다. 매사 합리적으로 소비하려 하고, 겉으로 드러나는 모양새나 꾸밈과 더불어 씀씀이도 남을 의식하지 않는 편이다. 특히 남 따라 하는 것을 싫어하는 강한 개성의 소유자여서 내 멋에 충실한 편이다. 분수를 지키며 살아가지만 내 삶은 윤택

하지 않다. 그저 평이한 중산층으로 사는 삶을 버겁게나마 살아가고 있다. 이런 상황에 사치하는 버릇까지 있었다면 어찌했을까 싶은 생각도 든다. 그러나 나를 비롯해 합리적 소비가 몸에 익은 사람은 소득 수준이 올라 삶의 질이 변해도 여간해 비합리적인 소비를 일삼지 않는다.

'검이불루 화이불치儉而不陋 華而不侈'란 말을 참 좋아한다. 나의 소비성향을 대변해주는 적절한 표현이다. 이 말은 고려 문인 김부식이 그의 명저서 '삼국사기' 중 '백제본기'를 기술하면서 '온조왕 15년BC 4년 백제가 새로운 궁궐을 지었는데, 이 궁궐이 검소하지만 누추해 보이지 않고, 화려하면서도 사치스럽지 않았다'라고 평한 이후 두루 쓰기 시작한 말이다. 누추해 보이지 않을 만큼의 검소함을 즐기면서 사치스럽지 않은 화려함을 찾으니 내가 기준으로 삼는 소비가 바로 이것이다. 그래서인지 '검이불루 화이불치'는 어딜 가든 내가 즐겨 사용하는 말이기도 하다.

소비는 각자의 몫이다. 타고난 성품이기 때문에 누군가 가르치고 충고한다고 해서 상대가 쉽사리 따르지도 않는다. 넉넉히 가진 자가 지나치게 초라한 행색을 하고 다니거나 타인에게 베풀기를 인색하게 하면 볼썽사납고 지탄의 대상이 되기 십상이다. 역으로 가진 것 없는 자가 자신의 처지를 한참 뛰어넘어 과도한 소비를 하면 비웃음거리가 되는 것은 물론이고 가족을 비롯한 주변인을 아주 힘들게 한다. 가진 자가 적당히 사치하는 것은 사회적으로 용인된다. 가지지 못한 자가 소비를 제대로 하지 못하는 것도 인정된다. 가장 문제가 되는 것은 자신의 처지와 분수를 뛰어넘는 사치이다.

우리 민족은 검소하고 순박하게 살아왔다. 적어도 5000년 역사에서 최근 수십 년을 제외하면 대체로 검박하게 살았다. 그런데 최근 소비를 미덕으로 하는 자본주의가 뿌리를 내리며 우리의 소비문화는 지나치게 남을 의식하는 과시욕이 팽배했고, 소수의 극상위층 내지는 상위층이 누리는 소비문화를 중산층이 무리해서 따라가려는 성향이 대단히 강해졌다. 그러나 중산층이 무리해서 쫓아가 봐야 상류층은 또 성큼 달아난다. 그들은 중산층을 향해 "따라올 테면 따라와 봐라. 네 가랑이만 아플 것이다"라며 저 멀리 달아날 것이다. 하지만 중산층은 악착같이 그곳을 따라갈 것이다. 살며 지켜보니 그렇더라. 따라갈 자신 없으면 애초에 포기하고 내 길을 가는 것이 나을 수 있다.

2018년 11월 27일

딱풀

딱풀은 아마도 딱딱한 풀이라 하여 붙여진 이름 같다. 사실 만져보면 딱딱하지는 않다. 손가락으로 지그시 누르면 움푹 패고 더 누르면 부러질 정도로 연한 재질이다. 그러나 딱딱하다는 인식을 하는 것은 다른 어떤 형태의 풀과 비교할 때 가장 딱딱하기 때문일 것 같다. 특정 회사가 개발한 고체 스틱형 풀의 고유명사이지만 이 제품이 너무 유명해지고 시장을 독과점이라 할 만큼 높은 점유를 하다 보니 일반명사화됐다. MSG라 불리는 조미료를 '미원'이라 부르는 것과 같은 맥락이다. 이전에는 원뿔 모양의 아이스콘을 '부라보콘'이라 불렀고, 비닐 튜브에 담긴 빙과를 '쮸쮸바'라고 불렀다. 하나의 상품이 너무 유명해지고 높은 시장점유율을 보이는 경우 이처럼 상품 이름이 고유명사화되는 예도 있다. 딱풀이란 이름도 그러하다. 한 회사의 제품 이름이 거의 일반명사처럼 사용된다.

과거 학생은 교육용 학습준비물을 일일이 각자 준비해야 했다. 모든 교육준비물을 학교가 일괄 구매해 마련하는 지금의 형태는 상전벽해라 할 수 있다. 등교 시 학교 앞 문방구에 몰려가 그날 수업에 필요한 준비물을 사는 일은 중요한 일과 중 하나였다. 개인이 늘 준비해야 하는 학용품이 있고, 특정 수업시간에 준비해가야 할 준비물이 있었다. 학용품의 경우, 연필과 공책을 비롯해 필통, 지우개, 자, 칼 등이었다. 단골 준비물은 풀, 색종이, 도화지, 그림물감, 크레파스, 붓, 찰흙, 가위 등 주로 미술 시간에 필요한 것들이었다. 음악 시간에는 리코더, 탬버린, 캐스터네츠 등이 주요 준비물이었고, 체육 시간에는 체육복과 줄넘기, 훌라후프 등을 준비해야 했다.

지금은 풀이라 하면 딱풀이라고 통칭하는 고체 풀을 가장 많이 사용한다. 어쩌면 딱풀이 워낙 보편화 돼 있다 보니 이전에 주로 사용하던 형태의 풀 모양을 잊었을 수도 있다. 이전에는 연성 재질의 플라스틱 튜브에 액체상태보다 구체적으로는 졸 Sol 상태의 투명한 찹쌀풀이 담겨 있는 문구용 풀을 사용했다. 마개를 돌려서 열고 튜브를 눌러가면서 스펀지 형태의 머리 부분으로 액상 풀을 빼내 칠하는 방식이었다. 액상 형태의 내용물은 찹쌀을 끓인 것이라고 했다. 액상 풀도 사용에 별 불편은 없었지만, 어느 날 고체형 풀이 출시되고 시장을 장악하면서 시나브로 사라졌다. 액상형과 더불어 갓난아기 주먹만 한 크기의 플라스틱 단지에 젤^{Gel} 상태의 불투명한 풀이 들어 있어 손가락으로 찍어 사용하는 형태도 같이 사라졌다.

과거에 주로 사용하던 튜브형 풀이라고 해서 특별히 불편한 바는 없었다. 접착력도 좋았고, 휴대하기도 간편했다. 가끔 엎지르거나 용기가 열려 내용물이 흘러넘쳤을 때 감당 못 할 상황이 벌어지기도 했지만 그리 자주 일어나는 일은 아니었다. 그러나 사라졌다. 결정적 단점을 갖고 있기보다는 신제품으로 시장에 등장한 고체형 풀이 더 편했고, 다 인기가 좋았기 때문이었다. 조심스럽게 한 가지 더 덧붙이자면 고체형 풀이 사용한 '딱풀'이라는 이름이 소비자의 마음을 딱 움켜잡은 것 같다. 딱딱한 풀이라는 데서 착안한 딱풀이라는 이름은 소비지의 마음에 딱 드는 풀, 사용하기에 딱 좋은 풀의 이미지로 다가왔다. 그래서 불과 수년 사이에 국내 문구용 풀 시장을 싹쓸이했다. 딱풀의 인기는 식을 줄 몰라 벌써 20년 넘게 문구용 풀 시장을 석권하고 있다. 획기적인 제품이 개발되기 전까지는 딱풀의 인기가 한동안 이어질 것 같다.

지금은 웬만한 가정에 문구용 풀이 갖춰져 있지만, 과거에는 학생이 집에 있는 집이라면 모를까 그렇지 않은 가정에서는 갖춰둘 필요가 없었다. 그렇지만 급하게 풀을 사용해야 할 일은 어느 가정에나 있었다. 지금이야 휴대전화와 메신저 서비스가 일반화돼 있어 편지가 사라졌지만, 과거에는 유선전화조차도 가정마다 갖춰져 있지 못하는 형편이다 보니 편지는 가장 보편적인 통신의 수단이었다. 대부분 가정에 편지지와 편지봉투가 갖춰져 있었다. 편지가 보편화 돼 있던 시절에도 문구용 풀이 집마다 있지는 않았다. 각 가정에서 급하게 편지를 부치는 등의 일로 풀이 필요할 때는 밥알을 으깨어 사용했다. 밥풀이라고 했다. 보리나 기타 잡곡이라면 모를까 쌀알은 종이류의 훌륭한 접착제 구실을 했다.

책상에 놓인 노트북 컴퓨터를 열어 글을 한 편 쓰려고 소재를 찾던 중 눈앞에 딱풀이 보인다. 어린 시절 밥알을 으깨어 풀을 대신하던 생각, 등교 전에 문방구에 들러 문구용 풀을 사던 생각, 풀로 친구들과 짓궂은 장난을 했던 생각이 난다. 나와 내 또래가 어려서 주로 사용했던 튜브형 풀은 지금도 어딘가에서 누군가 만들고 있고, 어느 문방구에서 판매되고 있는지도 궁금해졌다. 처음 딱풀을 접했을 때 종전과 전혀 다른 모양과 형태의 풀이라서 반가웠던 일도 기억난다. 언제 딱풀을 능가하는 획기적인 제품이 등장해 종이용 접착제 시장을 장악할지 알지 못한다. 그러나 휴대성, 무독성, 간편성, 안전성 등을 두루 고려할 때 딱풀의 고공행진은 당분간 지속할 것 같다.

밥알을 으깬 밥풀과 액체형 튜브 용기 풀을 주로 사용하다가 20여 년 전부터 딱풀에 익숙해진 아비와 달리 나의 두 아들은 지금껏 학습활동을 하며 대부분 딱풀을 이용했다. 내 아이들이 또 자식을 낳아 기를 때까지 딱풀이 문구용 풀 시장을 석권할지는 누구도 장담할 수 없다. 워낙 빠르게 세상이 변해가고 있으니 지금의 딱풀보다 훨씬 획기적인 장점을 갖춘 제품이 출시될 가능성이 크다. 내가 여생 중 지금의 딱풀보다 획기적인 제품을 사용해 볼 수 있을지도 의문이다. 미래의 아이들은 어떤 문구용 풀을 사용하게 될지 궁금해진다. 풀 하나만 놓고 봐도 세상은 분명 변해가고 있다. 차세대 문구용 풀은 어떤 형태로 언제 우리 삶 속으로 파고들어 올지 자못 궁금해진다. ❧

2018년 10월 08일

선생님

　정규 학력 과정만도 20년 이상 학교에 다녔다. 인생을 통해 적지 않은 시간을 학교에서 보냈다. 학교에서 보낸 시간이 많다는 것은 그만큼 많은 선생님과 만났다는 것의 의미한다. 직접 담임을 맡고 교과를 가르친 선생님이 계신가 하면 직접 가르치진 않았어도 한 학교 안에서 간접적으로 영향을 끼친 선생님도 계신다. 생각해 보니 이렇게 저렇게 인연을 맺은 선생님이 족히 수백 명은 될 것 같다. 정규 학교 이외의 평생학습 시설 등에서 가르치신 선생님을 더한다면 그 수는 더 늘어난다.
　나와 인연을 맺은 그 많은 선생님 중 평생 잊지 못할 몇 분이 계시다. 평생 잊을 수 없는 고마움을 간직하고 있는 선생님은 초등학교 시절에도 있었고, 중학교와 고등학교 때도 있었다. 대학에서도 그런 선생님을 만날 수 있었다. 몇몇 선생님의 남다른 사랑은 내 인생에 커다란 영향을 끼쳤고, 그 영향으로 나는 지금의 길을 가고 있다. 나뿐 아니라 많은 사람이 학교생활을 통해 선생님과의 인연을 통해 삶에 큰 영향을 받는다. 특정 선생님의 영향으로 인생의 행로가 완전히 바뀌는 경우도 허다하다. 그만큼 선생님의 역할은 매우 중요하다. 그런 걸 생각하면 선생님은 아무나 할 수 없고, 아무나 해서도 안 되는 직업이다.

반면 교육자로서 기본적 자질을 갖추지 못했음에도 선생님이란 직업을 택한 이도 있다. 학생을 가르치고 지도하는 일에는 아무런 관심이 없고, 그저 생계의 수단으로 선생님이란 직업을 가진 부류이다. 오랜 학교생활을 통해 그런 부류의 자질 미달 선생님을 꽤 많이 지켜보았다. 그들은 대개 무능했고 폭력적이었다. 노골적으로 학생을 차별하는가 하면 학생에게 전혀 인격적인 대우를 해주지 않았다. 재물을 밝히고 부정을 저지르는 것에 대해 아무런 자책감을 느끼지 않는 선생님도 있었다. 어린 나이에도 그런 이들에게는 전혀 본받을 것이 없다고 생각했고, 모여 앉으면 그런 이들의 자질에 관해 이야기를 나누기도 했다.

과거에는 선생님이란 호칭이 교사라는 직업을 가진 이에게만 국한해 사용되었다. 하지만 이제는 누구에게나 부르는 일반적인 호칭이 되었다. 과거에는 특정한 호칭이 없다 싶으면 '아저씨'나 '아줌마'라고 많이 불렀지만, 요새는 '사장님'이나 '선생님'이라고 많이 부른다. 그래서 요즘 누군가에게 '선생님'이라고 부르면 부름을 받은 사람의 직업이 선생님인지 아닌지 구분하기 어렵다. 그만큼 흔한 호칭이 됐다는 의미이다. 나를 부를 때도 선생님이라고 부르는 이가 적지 않다. 처음에는 선생님이라고 불리는 것 자체가 어색하고 부끄럽더니 이제는 익숙해졌다.

선생님은 현대 한국 사회에서 손가락에 꼽히는 인기 있는 직업이다. 내가 어려서 자랄 때도 선생님이 꿈인 친구들이 많았지만, 지금처럼 많지는 않았다. 지금은 직업 선호도 5위 안에 꼬박 드는 직업이 됐다. 인기 직업인 선생님이 되기 위해 수년간 고시 공부에 매달리는 것이 당연한 시대가 됐다. 그래서 선생님은 학교성적 극상위층이 꿈꿀 수 있는 직업이 됐다. 인기는 날로 상승하고 있어 선생님이 되기 위한 관문은 더욱 좁아질 것으로 보인다. 한 가지 염려스러운 것은 직업적 소명의식을 갖고 선생님이 되고자 하는 이보다 안정적인 직업이라는 이유로 선생님이 되고 싶어 하는 사례가 많다는 것이다. 선생님은 사명감도 없이 안정적이라는 이유만으로 시작하면 견디기 어려운 직업이다.

　내가 초등학생이던 시절에는 초중고를 망라해 남교사의 비중이 월등히 높았다. 그러다 어느새 초등학교의 여교사 비중이 너무 높은 것이 사회적 문제로 지적돼 뉴스에 나오기 시작했다. 그때만 해도 중등학교는 그래도 남교사의 비중이 훨씬 높았다. 그런데 이마저도 어느 시점을 기해 역전되었다. 이젠 유치원은 물론이고 초중고 모든 학교에서 여교사의 비중이 훨씬 높아졌다. 초등학교는 상황이 더욱 심각해져 남교사가 한 학교에 한두 명인 경우가 허다한 상황이 되었다. 초등학교 6년 내내 여교사가 담임을 맡는 반에서 공부하다 졸업하는 초등학생이 부지기수인 시대가 됐다. 특별한 대안이 마련되지 않는 한 이 문제는 쉽게 해결될 것 같지 않다.

　대학에서 학생을 가르치는 분을 교수라고 칭한다. 하지만 그들도 넓게 보면 다 선생님이다. 초중고 선생님이 교과를 가르치고 학생지도 하는 일에 비중을 둔다면, 교수라 불리는 대학의 선생님은 가르치는 일 외에 연구하는 일에 비중을 둔다. 그래서 선생님이라는 이미지보다 학자라는 이미지가 강하다. 대학 선생님은 학생의 사생활에 대해 관대하다. 스무 살이 넘은 성인을 가르치다 보니 그들의 사생활을 간섭할 일이 없다. 교수라는 호칭은 대단히 희소성 있는 호칭이었으나 언젠가부터 이 사회에서 호칭 높여 부르기가 만연하며 평생교육원이나 학원, 연수원 등에서 누군가를 가르치는 일을 하는 모든 사람에 대한 호칭으로 변질하였다.

　내게도 잊지 못할 선생님이 있다. 평생을 두고 고마움을 마음에 간직하고 살아가야 할 몇 분의 선생님이 계시다. 그분들에게 일일이 안부를 여쭙거나 찾아뵙지 못하고 있다. 부모님과 가까운 친척을 제외하면 그분들처럼 내게 많은 영향을 끼친 사람도 없다. 지금껏 연락을 주고받는 분들도 일부 계시지만 연락이 끊긴 분이 더 많다. 일부는 운명하셔서 이 세상에 살지 않는 분도 있다. 초중고 시절 나를 가르친 분들은 대개 현직에서 물러나셨다. 일부 현직에 남아계신 분도 있지만, 정년퇴직을 불과 한두 해 남기고 계신다. 머지않아 나를 가르친 선생님 가운데 현직에 남아있는 분은 없어질 것이다. 세월의 무상함을 실감할 수 있는 대목이다. 그렇게 많은 세월이 내 앞에 흘러간 것이다.

어릴 적 내 눈에는 들어오지 않았지만 지금의 내 눈에는 들어오는 것이 많다. 지금의 내 눈으로 선생님을 바라보면 하나같이 너무도 순진하다. 내가 만나보고 겪은 수많은 직업 가운데 어쩌면 가장 순박하고 고지식한 직업이다. 학교라는 제한된 울타리 속에서 어린 학생들과 일과를 보내니 순수하고 순진할 수밖에 없는 구조이다. 그러나 선생님이 대개의 세상 사람들처럼 이해利害에 밝고 영악하다면, 어린 학생들의 순수를 담보할 수 없다. 선생님이 그토록 순수하니 아이의 순수함이 보장될 수 있는 것이다. 생각할수록 고마운 분들이다. 평생직업으로 선생님을 택한 친구나 선후배도 많다. 그들은 선생님이 된 후 약속이나 한 듯 이전보다 훨씬 더 순수해졌다.

나도 여기저기서 학생을 대상으로 많은 강의를 해봤고 정규 수업도 맡아 진행해보았다. 가르치고 배우는 즐거움도 알고 보람도 안다. 하지만 단순한 지식 전달만 해본 것이다. 학생의 고충을 해결해주기 위해 상담해본 적도 없고, 올바른 인성함양을 위한 생활지도를 해본 적도 없다. 그러니 선생님 흉내만 내본 것이지 제대로 선생님 역할을 해본 것이 아니다. 선생님의 역할은 교과를 가르치는 데서 끝나지 않는다. 아이들과 생활이 동화돼 그들과 같은 위치에서 그들을 바른길로 끌어내는 일까지가 선생님의 임무이다. 네게도 그런 선생님이 계셨다. 그분들이 한없이 고맙다. 나의 선생님들이 늙어가고 있다. 오늘따라 그분들이 늙어가고 있다는 사실이 몹시도 서글프다. ❧

2018년 09월 28일

제3장
계속 읽기만 할 것인가

동자승과 새우젓

어린 시절에 만화책에서 본 한 편의 이야기가 평생 머리에서 지워지지 않는다. 지금도 그 만화의 한 컷 한 컷이 또렷이 기억에 남는다. 매월 발간되는 소년 잡지의 별책부록에 실린 만화였던 것으로 기억한다. 1970년대와 1980년대에 절정의 인기를 누린 어린이 잡지 중 '소년중앙', '어깨동무' '새소년'을 빅3로 구분했다. 어린이 잡지의 경우 다양한 시사교양 정보와 더불어 연재만화가 여러 편 있었다. 특히 인기가 많았던 연재만화의 후속편이 궁금해서 잡지를 사거나 잡지를 산 친구에게 매달려 빌려 보는 것이 흔한 모습이었다. 정확하게 기억은 나지 않지만 내가 또렷이 내용을 기억하고 있는 그 만화는 아마 '소년중앙'에 실렸던 것으로 기억하고 있다.

내용은 이렇다. 어려서부터 절에서 자라 바깥세상을 전혀 경험하지 못하고 산 동자승이 세상 밖으로 나왔다. 절에서만 자란 동자승은 금욕적인 생활을 할 수밖에 없었고, 고기를 먹을 기회도 없었다. 동자승은 고기 맛을 전혀 알지 못했다. 그러던 중 우연한 기회에 새우젓을 맛볼 기회가 있었다. 태어나 한 번도 제대로 육류 맛을 경험하지 못했던 동자승에게 새우젓 맛은 환상적이었다. 동자승에게 세상 최고의 맛은 단연 새우젓이었다. 이후 동자승은 누군가 먹고 싶은 음식에 관해 물으면 생각할 여지도 없이 '새우젓'이라고 말했다. 새우젓은 그가 맛본 최고의 음식이었다.

그러다가 그 동자승이 세상으로 나가 어느 중학교 야구부원으로 합류하게 됐다. 야구부 회식을 하는데 고기 식당에서 다른 모든 학생이 고기를 먹는데 동자승 혼자만 새우젓을 반찬 삼아 밥을 먹었다. 주위에서 고기를 먹어보라고 했지만, 동자승은 끝내 고지를 먹지 않고 새우젓만 먹었다. 그러다가 주변인 모두가 하도 간곡히 청하니 그 청을 받아들여 구운 고기를 먹어보게 됐다. 동자승은 까무러치게 놀라며 고기 맛에 빠져든다. 그리고는 수십 인분의 고기를 즉석에서 먹어치운다. 모두가 동자승의 먹는 모습을 보고 놀라움을 감추지 못하는 모습이 만화에 표현됐다. 그 내용이 너무 재미있어서 몇 번을 또 보고 또 봤던 기억이 난다.

요즘도 가끔 그 만화의 장면이 머릿속에 떠오른다. 대단히 심한 과장이고 현실적이지 않은 설정이지만 어린 시절의 나는 별 거부감 없이 받아들였다. 그 만화를 접했던 때가 대략 초등학생 3·4학년 무렵으로 기억한다. 그 나이의 나는 만화는 액면 그대로의 만화일 뿐 거기에서 다른 무엇을 파생적으로 생각해내기에 역부족이었다. 그래서 어린이가 순수하다고 하는 것 같다. 어린이는 눈앞에 보이는 현상대로만 이해하려 할 뿐 이면에 감춰진 그 무엇을 찾아내려 하지 않는다. 본인이 찾아내려 하지도 않을 뿐 아니라 감춰진 무엇을 찾아내기에 능력도 부족하다. 그래서 아이를 천진난만하다고 표현한다.

성인이 된 나는 어린 시절 찾아내지 못한 그 무엇을 한 편의 만화에서 찾아내려 한다. 아니 찾아내려고 애쓰지 않아도 자연스럽게 찾아낸다. 어쩌면 내가 찾아내는 무엇은 작가가 의도한 내용을 훌쩍 뛰어넘는 것일 수도 있다. 작가는 그저 단순하게 독자에게 웃음거리를 주려고만 했는데 독자인 내가 그 이상의 것을 찾아내고 있는지도 모른다. 내가 독특

해서가 아니라 성인이 되면 너무도 자연스럽게 어떤 현상을 접할 때마다 그 이면에 감춰진 무엇인가를 찾으려고 애쓰는 버릇이 생긴다. 그것은 그만큼 순수에서 벗어났다는 것을 의미한다. 세상을 액면 그대로 보려 하지 않고 이면에 가려진 무엇을 찾으려 애쓰는 습관은 누구랄 것 없이 성인이 되면서 나타난다.

내가 그 만화 속 동자승이 돼 처음 고기 맛을 보는 상상을 해본다. 만화 속 주인공처럼 고기 맛에 화들짝 놀랄 수도 있지만, 난생처음 접하는 식감과 냄새, 맛에 역겨움을 표현했을 수도 있다는 생각을 해보았다. 실상 대부분 사람이 고기 맛을 좋아하는 것은 어려서부터 그 맛에 길들었기 때문이다. 10대 중반이 돼 처음 고기를 먹는다면 아마 쉽게 받아들이지 못할 것이다. 몇 번의 시도 끝에 차차 그 맛을 알아가게 될지는 몰라도 단숨에 고기 맛이 익숙해질 것이라고는 생각하지 않는다. 이렇게 생각하는 것 자체가 순수하지 못한 것일 수 있다. 너무 논리적이고 현실적으로 생각하는 습관이 길든 것이다.

이 만화를 보며 또 하나의 비유를 생각해냈다. 세상엔 아직 고기를 먹어보지도 못했으면서 새우젓 맛이 최고라는 강한 신념을 가진 사람이 너무도 많다는 사실이다. 세상엔 우리가 경험해보지 못한 너무도 많은 일이 있다. 경험의 폭이 넓은 이도 있지만 그렇지 못해 아주 단조로운 경험만 해본 이도 많다. 아주 단조로운 경험만 해봤지만, 그것이 세상의 전부인 줄 아는 사람이 세상엔 너무도 많음을 느낀다. 그들은 더 많은 것을 경험하려 들지 않고, 새로운 것을 배우려고도 하지 않는다. 오직 지금껏 자신이 경험한 범주 내에서만 가치를 찾으려 한다. 안타깝기 그지없는 일이다.

그러한 사례는 너무도 많지만 가장 대표적인 것이 특정 이데올로기나 종교에 지나치게 심취해 있는 경우이다. 특정 이념이나 종교에 함몰된 사람의 경우, 세상의 어떤 가치나 철학도 받아들이려 하지 않는다. 오로지 자신이 마음에 새긴 이념에 사로잡혀 그 외의 어떤 가치에도 벽을 친다. 아주 높은 벽을 쌓는다. 그러면서 스스로가 자신을 그 성 안에 가두어버린다. 성 밖 세상엔 도무지 관심이 없고 성 안의 생활에 만족한다. 그러면서 주변인을 그 성 안으로 끌어들이려고 부단히 노력한다. 자신의 성 안으로 사람을 끌어들이는 데 에너지를 쏟아붓는다.

그래서인지 세상 사람 사이에는 어느 자리에 가더라도 정치와 종교를 대화의 소재로 삼지 말라는 불문율이 존재한다. 한 번 어떤 이념이나 종교에 빠지면 헤어날 수 없고 객관성이나 보편성을 상실해 다른 어떤 가치를 받아들이지 않는다. 오히려 타인을 자신과 동일시하기 위해 부단한 노력을 한다. 세상 어떤 말도 그들에게는 들리지 않는다. 자신의 이념이나 종교를 확산시키려고만 할 뿐 자신이 폭넓은 사상을 받아들여 다양한 사유체계를 가지려고 전혀 노력하지 않는다. 그래서 주변인을 몹시 힘들게 하는 경우도 많다. 한국인은 뭔가에 몰입하면 광기에 가까운 무서운 집중력을 보여 그 정도가 심하다.

세상에는 많은 사상과 가치가 존재한다. 육류라고는 새우젓 한 가지만 먹어본 사람이 세상에서 새우젓이 가장 맛있다고 주장하는 것은 합당하지 않다. 세상에는 몸에도 유익하고 맛도 좋은 음식이 얼마든지 있다. 달랑 새우젓 한 가지만 먹어보고 그것이 세상 최고의 음식으로 알아 새우젓 이외의 어떤 음식도 먹지 않겠다는 생각은 참으로 어리석다. 그것도 모자라 새우젓이 최고의 음식이니, 새우젓을 안 먹으면 큰일 난다고 메가폰을 부여잡고 세상을 향해 소리치는 것은 더욱 안타깝다. 자신이 아는 음식의 한계가 새우젓에 머물고 있음을 그들은 인정하지 않는다. 심지어는 새우젓 외에 다른 음식을 먹는 것 자체를 죄악시하기도 한다.

세상에 태어나 한 번뿐인 생을 살다 가야 하니 주어진 시간에 진귀한 좋은 음식을 많이 먹어보려 한다. 인류에게 큰 깨우침을 안기고 떠난 많은 선현의 생각을 두루 알아보고 그 의미를 찾아보려 한다. 특정 음식만 골라 먹는 편식이 신체 건강에 해롭듯이 특정 가치와 사상만을 외골수로 받아들이는 것은 마음의 건강에 해로우리라 생각한다. 세상의 산해진미를 즐기는 마음으로, 수용적인 자세로 세상의 진리를 두루 살펴보고 깨달아 가며 살고자 다짐한다. 진수성찬을 외면하며 새우젓 밥상을 고집하는 이들이 마음을 바꿔 함께 세상 진미의 향연을 즐겼으면 하는 바람이다. ✒

2018년 09월 19일

'유성문학'의 탄생과 문학의 본질

　글을 쓰는 이유는 크게 둘로 나눌 수 있다. 예외도 있겠지만 둘 중 하나로 보면 된다. 그중 하나는 글을 통해 상대를 설득시켜 나와 같은, 혹은 비슷한 생각을 하도록 하는 것이다. 즉 '설득'을 목적으로 하는 글이다. 설명문, 논설문, 칼럼, 성명서 등의 유형이 여기에 해당한다. 대개는 건조하고 강건한 문체로 쓰는 것이 일반적이다. 또 다른 하나는 글을 통해 상대에게 감동을 안겨주고자 하는 의도로 쓰는 글이다. 이 경우 꼭 타자만이 대상이 되는 것은 아니다. 내가 쓴 글에 내가 감동하는 때도 있다. 이러한 글을 일컬어 '문학'이라고 한다. 문학은 설득이 아닌 '감동'의 전달을 목적으로 한다. 그래서 한결 부드러운 문체를 사용하게 된다.

　문학은 일반적으로 4대 장르라 하여 분류한다. 시, 수필, 소설, 희곡이 그것이다. 평론을 문학의 갈래에 포함하기도 한다. 문학은 인간이 누리는 수많은 유희 활동 중에서 어쩌면 가장 숭고하고 격조 있는 놀이라고 할 수 있다. 누구나 글은 쓰지만 모든 글이 누군가에게 감동을 줄 수 있는 것은 아니다. 상황을 가장 잘 표현할 수 있는 어휘를 선택해 정제된 표현을 하면서도 전하고자 하는 메시지가 정확해 읽는 이로부터 동감을 얻어낼 때 비로소 감동을 줄 수 있다. 덧붙여 시의 경우, 가장 함축적으로 표현해야 하고 어휘 하나하나가 리드미컬하게 연결돼야 하므로 더욱 어렵다.

　인간이 갖는 많은 특성 중 하나는 삶의 족적을 남기고 싶어 한다는 점이다. 이는 다른 동물에게서는 찾을 수 없는 인간만의 특징이다. 그래서 인간은 문자를 만들었고, 그 문자를 통해 기록을 남기게 됐다. 인간이 족적을 남기는 방법은 다양하다. 그림이나 조각 등의 예술작품을 남길 수도 있고, 건축물이나 토목사업 등을 통해 족적을 남기기도 한다. 하지만 기본적으로 가장 보편적인 방법은 문자기록을 통해 흔적을 남기는 일이다. 문자를 통해 남기는 다양한 형태 가운데도 다수에게 감동을 줄 수 있는 문학은 단연 으뜸이다. 인류 전체에게 대대손손 감동을 주는 작품이 있다는 점이 이를 방증한다.

　남에게 감동을 주는 일을 절대 쉽지 않다. 누구나 다 하는 일반적인 생각으로 남을 감동하게 할 수 있을까? 어떤 현상을 바라보는 시각이 남과 같은데 상대에게 감동을 안겨줄 수 있을까? 천만의 말씀이다. 내 눈으로 발견하지 못했던 독특한 관점을 저자가 자신만의 깊은 통찰력을 발휘해 새로운 각도로 제시해 주었을 때 독자는 감동하게 된다. '어쩌면 저런 생각을 했을까?' '저 상황을 어쩌면 저런 언어로 표현해낼 수 있을까?'라는 생각을 하며 무릎을 치게 만들어 줄 때 비로소 제대로 된 문학작품이라고 평가받을 수 있다. 그러니 제대로 된 문학작품 한 편을 쓴다는 것이 얼마나 어려운 일인지 굳이 설명할 필요가 없다.

　온 국민이 풍요로운 삶을 살 수 있게 된 이후 명예 쟁탈전이 벌어지고 있다. 야간대학, 사이버대학, 통신대학 등을 통해 학사 학위를 따는 일이 유행처럼 번지더니 이제는 너도나도 석사와 박사 학위를 따겠다고 대학원을 다니고 있다. 그야말로 초고학력 사회가 됐다. 먹고사는 문제를 해결하고 나면 좀 더 고상하게 살고 싶고, 품위 있게 살고 싶은 욕구가 강해지는 것은 당연지사이다. 그러한 욕구는 문학계로도 파고들고 있다. 재산도 가졌고, 학위도 취득하고 나니 '시인' '수필가' '소설가' '문학인' '작가' 등의 고상한 호칭이 욕심나는 것이다. 그래서 수많은 사람이 등단의 문을 두드리고 있다. 반면 수많은 등단지가 경쟁을 벌이는 가운데 등단은 문턱은 오히려 낮아지고 있다.

그래서인지 문예지를 살펴보면 글자 수나 문단 구분, 전체적 분량은 분명 시, 수필, 소설, 희곡인데 아무런 감동이 없는 글이 부지기수이다. 아무리 천천히 읽어가며 작가가 내면 깊은 곳에서 끌어내 표현하고 싶어 하는 메시지가 무엇인지 찾으려고 애를 써도 찾을 수 없는 작품이 너무도 많다. 감동이 없는 문학은 문학이 아니다. 깊은 고민과 사색을 거쳐 산고라고 표현할 수 있는 혹독한 고통을 이겨내고 탄생시키는 작품이라야 비로소 문학이라는 이름을 붙일 수 있다. 그래야 비로소 감동의 전달이라는 문학 본연의 역할에 충실할 수 있는 작품이 탄생하기 때문이다. 감동이 없는 글은 통찰하지 않고, 사색하는 과정 없이 그저 글자를 연결해 쏟아낸 것에 불과하다.

유성문학회가 탄생해 새로운 동인지가 세상에 출현한다니 반갑고 고마운 일이다. 유성구는 주민의 생활 수준과 의식 수준이 높아 전국적으로 소문이 난 지역이다. 그러니 '유성문학'의 탄생에 거는 지역민의 기대 수준은 한참 높을 수밖에 없다. '유성문학'이 대전뿐 아니라 전국적으로 수준을 인정받는 훌륭한 지역동인지가 되었으면 좋겠다. 정말 수준 높은 문학작품이 배출돼 유성을 문학의 고장, 문화의 고장으로 이끄는 선도적 역할을 했으면 좋겠다. 유성문학에 실리는 모든 작품에서 작가의 혼을 느낄 수 있으면 좋겠다. '대충'이 아니라 '엄선'이란 단어가 연상되는 전국 최고의 동인지로 자리 잡아 나가길 진심 바란다.

문학회를 결성하고 동인지를 발행하는 일을 추진한 집행부의 역할은 참으로 지대하다. 특히 초대 집행부의 역할은 두말할 나위가 없다. 자치단체에서 보조금 받아 때 거르지 않고 책 한 권 발행하는 것을 목적으로 하는 동인지를 목표로 하지 않았으면 좋겠다. 작품 수준은 전혀 고려하지 않고, 양을 채우는데 급급한 동인지는 결코 오래갈 수 없다. 누군가의 스펙이나 채워주는 동인지로 전락하면 추락한 위상을 회복하기 어렵다. 창간부터 올바른 편집 방향을 설정해 권위를 인정받는 동인지가 돼야 한다. '유성문학'이 누구에게나 인정받는 권위지로 성장해나가기를 바라는 것은 나만의 욕심이 아닐 것이다. 중요한 것은 문학의 본질이 무엇인가이다. 그것을 생각하면 답은 의외로 쉽게 찾을 수 있다. ✑

2018년 07월 14일

고대 중국문화의 시작과 끝, 서안

서양의 고대문화를 보려면 로마로 간다. 고대 로마제국의 웅장한 문화가 로마에 그대로 녹아있다. 로마를 다녀오고 나면 유럽의 어느 도시를 가 봐도 그저 시시할 따름이다. 그렇다면 동양의 고대문화를 제대로 만나려면 대체 어디로 가야 할 것인가. 정답은 중국 서안이다. 서안은 서주시대부터 당대에 이르기까지 각 왕조가 수도로 삼은 곳으로 최초의 통일제국인 진秦의 함양성을 비롯해 수당隋唐의 장안성이 있는 곳이다. 궁성은 무너졌다. 하지만 그 유적은 서안 곳곳에 남아있다. 서양의 로마나 콘스탄티노플이 대단한 도시였다고는 하나 중국 장안에 비할 바는 못 된다. 장안은 당시 100만 명의 인구가 사는 세계 최대의 도시였다. 사방팔방 광로가 뚫린 계획도시였다는 점은 더욱 대단하다.

고대의 서안이 대단한 국제도시였다는 사실은 주지의 사실이지만 오늘날의 서안도 인구 870만 명이 사는 손꼽히는 국제도시임을 눈으로 확인하고 왔다. 서안을 향해 출발한 것은 6월 하순이었다. 봄부터 몇몇 대학 학과 동문이 모여 방학 중 서안에 다녀오기로 했고, 최종적으로 6월 하순을 선택한 것이다. 대학에서 수업하는 동문이 많았기에 대학 방학을 시작한 직후를 적절한 시기로 택한 것이다. 대학은 방학하고 초중고

교는 방학하지 않았을 때가 무더위를 피할 수 있고, 비성수기로 분류돼 비교적 저렴한 가격에 여행할 수 있다는 점이 반영됐다. 그래서 12명의 인원이 꾸려져 4박 5일간의 서안 여행이 시작됐다. 12명 중에는 유일하게 미성년으로 초등 6학년인 작은아들 영연이도 포함됐다. 학교에 체험학습 신청을 해서 수업을 빼고 데려갔다.

영연이보다 네 살 위인 큰아들 영유도 아빠와 단둘이 해외여행을 한 경험이 두 번 있다. 중1 때 백두산을 다녀왔고, 이듬해 중2 때 미국과 캐나다 동부를 다녀왔다. 큰아들을 데리고 갔던 둘만의 여행이 얼마나 의미 있고, 오래도록 추억에 남을 일인지를 잘 알고 있기에 작은아들과도 같은 경험을 해야겠다고 마음먹었다. 그래서 함께 하는 동문 일행에게 양해를 구하고 작은아들을 합류시켰다. 사실 어느 가족이든 부부가 여행을 가거나 가족 전체 여행을 가는 경우는 흔하지만, 부모 중 한 명이 자녀 중 한 명만 데리고 여행에 나서는 일은 드물다. 생각만 해도 어색한 일이다. 하지만 누구든 해보라고 권하고 싶다. 예상보다 훨씬 많은 것을 얻고 올 수 있다고 자부한다.

중국 내륙의 중심부에 있는 서안은 사방에 산이라고는 보이지 않는 대평원지대에 있다. 중국 내에서도 가마솥으로 알려진 더위와 습도를 보이는 곳이라고 한다. 그래서인지 6월 하순이었지만 높은 온도와 습도를 보여 여행을 하기에 다소의 불편을 느낄 정도였다. 흔히 고도라고 일컫는 고대국가의 수도가 그러하듯 서안은 볼거리가 넘쳐났다. 5일 일정으로 고도 서안을 모두 구경한다는 것은 어불성설이었다. 하지만 꼭 봐야 할 것 위주로 촘촘히 유적지를 둘러볼 수 있었다. 먼 거리를 이동하면서 숙소를 수시로 옮기는 다른 여행지와 달리 서안은 모든 일정을 한 호텔에서 머물며 주위를 둘러보는 형식으로 진행됐다. 굳이 멀리 옮겨가지 않아도 얼마든지 볼거리가 넘쳐난다는 것을 의미하는 것이다.

볼거리가 너무 많아서인지 서안 관광은 진시황 유적과 당대 유적이

주를 이룬다. 진시황 관련은 황릉과 주변의 병마용으로 압축된다. 당대의 유적은 당 태종이 며느리이자 부인이었던 양귀비와 사랑을 나누는 일화가 숨어 있는 곳이 주를 이루었다. 실상 내가 개인적으로 가장 관심 있는 왕조는 한漢이었지만 한에 대한 유적은 전체 일정에서 소략하게 다뤄졌다. 그 점이 아쉬웠다. 지난겨울부터 봄에 이르는 동안 80편에 이르는 중국드라마 초한지楚漢誌를 모두 시청한 후여서 한나라에 대한 나의 관심은 유별날 수밖에 없었다. 더욱이 한나라가 중국 왕조의 문화적 기틀을 완성한 왕조였다는 사실을 잘 알고 있기에 한나라에 대한 다양한 지식과 정보를 얻어가고 싶었다. 하지만 한나라 관련 유적지 방문은 전체 일정 중 그다지 많지 않았다.

서안에 첫발을 내디뎌 도착한 순간, 이곳이 한 고조 유방과 초 패왕 항우가 패권을 놓고 한판 대결을 벌이던 곳이라고 생각하니 괜한 긴장감이 돌았다. 장건이 무제의 명을 받들어 흉노족을 함께 퇴치할 연맹을 체결하기 위해 대월지국오늘날의 중앙아시아을 찾아 나서면서 개척한 실크로드의 출발점이라고 생각하니 이 또한 가슴을 설레게 했다. 인류 최초로 종이가 발명된 곳이란 사실은 더욱 각별한 의미가 있게 했다. 앞선 진 왕조에서 시황제가 중국 전체를 최초로 천하통일하고 황제로 등극한 역사적 장소라는 사실도 흥미로웠다. 특히 그가 분서갱유를 통해 수많은 유림을 생매장하고 모든 유가 서적을 모조리 불살랐던 뼈아픈 과거가 숨어 있는 곳이란 사실도 내겐 큰 의미로 다가왔다.

진 왕조는 국민을 인과 예로써 다스려야 한다는 유가 사상을 부정했다. 유학자를 모조리 생매장했고, 모든 유가 서적을 불태웠다. 엄격한 법의 잣대로 인정사정 두지 않고 엄하게 백성을 다스리는 법가사상을 수용해 역대 어느 왕조보다 가혹한 정치를 구사했다. 그리하여 그토록 어렵사리 통일제국을 완성하고도 불과 16년 만에 무너지고 말았다. 진의 뒤를 이어 탄생한 한 왕조는 진의 멸망을 타산지석으로 삼아 덕치로 백성을 다스렸다. 학문과 예술을 진작시키고 과학기술을 발달시켰다. 그 결과 중국 역대 왕조 가운데 가장 긴 426년의 역사를 유지한다. 극명한 대조를 보인 두 왕조의 모습을 한 곳에서 볼 수 있는 곳이 서안이다.

신라의 고도라고 하는 경주를 꼼꼼히 둘러보는데도 5일은 부족한 시간이다. 하물며 쟁쟁한 역대 중국 왕조가 수천 년 수도로 삼았던 서안 관광을 5일 만에 한다는 것이 무리이다. 역사 속의 인물 한 명 한 명을 떠올리며 그들의 발자취를 찾아가는 일정을 제대로 밟는다면 수년이 걸려도 다 돌아볼 수 없는 곳이 서안이 아닐까 싶다. 서안은 명明 왕조 때 현재의 이름으로 불리기 시작했다고 한다. 아쉽다. 그때의 로마가 지금의 로마이듯이 서안도 함양이나 장안이란 이름을 그대로 갖고 있었다면 역사적 가치가 더욱 컸을 것이란 생각을 혼자 해본다. 5일이란 적지 않은 시간을 둘러봤지만 돌아오는 발걸음은 아쉬움으로 가득했다. 그래서인지 언제가 꼭 또 가보겠다고 다짐해본다. 서안은 그런 도시이다.

2018년 07월 08일

매사 조심하는 버릇

인권 강사 일을 하고 인권에 대해 조금씩 눈을 떠가며 내게 생긴 변화 중 가장 바람직한 것은 매사 조심하는 버릇이 생겼다는 점이다. 무심코 말하고 무심코 행동하는 일이 그만큼 줄어들었다는 것이다. 돌을 던지는 이는 무심코 던지지만 맞는 개구리는 죽을 수도 있다는 사실을 깨달았다. 나만 깨닫는 데서 그친 것이 아니라 누군가 무심코 내뱉은 말이나 무심코 행한 행동이 다른 이에게 상처가 되는 것이라면 그것을 인지할 수 있게 됐고, 나아가 그것을 지적할 수 있게 됐다. 남에게 상처를 주는 말이나 행동은 의도적으로 행해지는 때도 있지만, 대개는 인지의 부족으로 그것이 상처가 되는 말이나 행동인지 모르고 하는 경우이다.

아주 친한 친구 사이, 또는 편하게 대할 수 있는 아랫사람에게 우리는 너무도 흔하게 "병신" "이런 병신" "병신 같은 놈" "병신 같은 소리 하고 있네" 등의 말을 한다. 그렇게 말하면서도 그게 잘못된 말인지, 누구에게 상처가 되는지 등을 꼼꼼히 생각해 보지 않는다. 그러나 조금만 깊이 생각을 해보면 실로 심각한 말이며 타인에게 깊은 상처를 줄 수 있는 말임을 깨닫게 된다. 병신病身은 한자어로 신체나 정신이 불편한 사람을 일컫는 말로 장애인을 낮잡아 부르는 말이다. 그러나 그 의미를 한 글자

한 글자 생각해가며 사용하는 이는 드물다. 말 그대로 무심코 사용한다. 그러나 그 말을 들은 직접 상대가 장애인이라면, 그 말을 들은 여럿 가운데 누군가가 장애인이라면 이는 돌이킬 수 없는 실수가 된다. 면전에서 모욕을 준 꼴이 된다.

얼마 전 대한장애인체육회 권익보호위원 자격으로 워크숍에 참가해 '장애인의 성희롱과 성폭행'에 대한 강의를 들은 적이 있다. 50대 초반쯤으로 보이는 여자 강사분이 강의를 맡았다. 강의를 들은 지 얼마 안 돼 그가 성희롱과 성범죄 전문가인지는 모르겠으나 장애인 전문가는 아니라는 사실을 금세 알아챘다. 그는 한두 번도 아니고 반복적으로 장애인과 비장애인을 설명하며 비장애인을 일반인, 또는 정상인이라고 표현했다. 이후 수업에 집중할 수 없었다. 자꾸 그 말만 신경이 쓰일 뿐이었다. 당장 수업을 멈추게 하고 싶었지만 그럴 분위기는 아니었다. 수강생은 60여 명이었고 그 가운데는 20여 명 남짓 돼 보이는 장애인이 포함돼 있었다. 얼굴이 화끈거렸다. 그 강사의 표현대로라면 장애인은 일반인이 아닌 특수인 이고, 정상인이 아닌 비정상인이라야 한다.

교재를 살펴보니 강사의 연락처가 있었다. 전화번호나 주소는 없었고, 이메일 주소가 있었다. 강의가 진행되는 동안 '장애인과 관련된 강의를 하면서 더구나 장애인이 다수 있는 상황에서 비장애인을 정상인이나 일반인으로 표현하는 것은 대단히 부적절하다. 대단히 조심해야 하는 문제이다. 아무리 강의를 잘해도 그런 용어 실수를 하면 강의는 무용지물이 된다.'라고 간단한 메모를 적어 스마트폰으로 이메일을 즉석에서 발송했다. 이틀이 지난 후에 그가 메일을 열어본 것이 확인됐고 '좋은 지적을 해줘서 고맙다. 다시는 그런 실수를 하지 않겠다.'라는 내용의 답장도 받았다. 답장을 받고 난 뒤에야 비로소 마음이 조금 가라앉았다. 사실 인권에 대해 별 관심을 두지 않고, 별도의 교육을 받지 않았더라면 나도 할 수 있는 실수였다. 이런 실수를 가려낼 줄 알게 됐음이 감사할 따름이다.

구시대부터 관행적으로 사용하던 장애인을 비하하는 용어는 너무도 많다. '벙어리' '귀머거리' '봉사' '장님' '소경' '앉은뱅이' '꼽추' 등의 용어는 분명 장애인을 비하하는 용어지만 너무도 오랜 세월 동안 대체어조차 없이 그대로 사용됐다. 그러나 그러한 용어가 상대를 비하하는 말이어서 절대 해서는 안 되는 말로 규정됐고, 대체어가 만들어졌다. 청각장애인, 시각장애인, 언어장애인, 지체장애인, 지적장애인, 정신장애인 등의 순화된 말로 대체해야 한다. 더불어 벙어리장갑도 주먹장갑 또는 엄지장갑이라는 새로운 이름으로 불러야 한다. 반면 '벙어리 냉가슴' '소경 뒷걸음질' '앉은뱅이 술' 등의 표현은 이제 역사의 뒷길로 사라져야 한다. 누군가에게 아픔을 주는 말이기 때문이다.

세상은 바뀌었고 계속 바뀌고 있다. 모두가 평등하고 공평한 세상으로 바뀌고 있다. 모든 것을 독점하고 누리며 살던 부류에 새로운 변화는 전혀 반갑지 않을 것이다. 남자라고 우대받고, 배웠다고 특권을 누리고, 가졌다고 존대 받던 그런 세월을 그리워하며 사는 사람은 아직도 많다. 여자와 아이를 천대하고, 장애인을 무시하는 삶이 몸에 익은 사람은 여전히 많다. 그들이 외국인 노동자, 외국인 며느리라고 예우를 해줄 리는 만무하다. 하지만 사고의 틀을 조금만 바꿔주면 충분히 바뀔 수 있다. 그들에게 변할 기회를 주는 것은, 그들보다 먼저 인권문제에 관해 관심을 두고 생각을 바꾼 자의 몫이다. 내가 인권교육에 몰입하는 이유이다. 자부심을 느끼는 이유이다. ✎

2018년 07월 07일

나무가 부럽고 숲이 부럽다

세계 각국의 많은 도시를 다녀보고 알게 된 것이 있다. 이 전에는 도시의 규모를 평가할 때 왜 거주 인구수로 평가하는지를 잘 알지 못했다. 하지만 다녀보니 왜 인구수로 도시를 평가하는지 알만하다. 인구수로 도시의 전반을 평가하는 것이 합당하다는 생각을 했다. 아무리 소득 수준, 기술 수준이 낮은 나라의 도시라 해도 각 도시는 인구수에 비례해 적정한 외형을 보인다. 예를 들어 1000만 명이 거주하는 메트로폴리스의 경우, 지하철이 사방팔방 뚫려있지 않으면 교통 수요를 감당할 수 없게 된다. 고가도로와 지하차도 등을 통해 도로를 입체화시키지 않으면 교통 혼잡을 해결할 수 없다. 초고층 빌딩과 고밀도 아파트를 짓지 않으면 공간 부족의 문제도 극복할 수 없게 된다.

소득 수준이 많이 떨어지는 나라라 해도 메트로폴리스에 가보면 앞서 언급했듯이 초고층 빌딩이 즐비하고, 곳곳에 설치된 지하차도와 고가도로가 도로교통의 혼잡 문제를 해결해준다. 지하철이 도심 곳곳을 연결해 차 없이 다니는 일이 가능하게 해준다. 메트로폴리스 외에도 500만 명 인구 도시에 가보면 거기에 맞는 외형을 갖고 있고, 도시 시스템도 갖춰져 있다. 물론 100만 명 도시에 가보면 100만 명 도시에 걸맞은 도시 외형과 시스템이 갖춰져 있다. 눈으로 드러나는 굵직한 것 외에 소소한 분야로 들어가 보면 그 나라의 경제력이나 국민의식 등에 따라 많은 차이를 보이겠지만 일단 겉으로 드러나 보이는 것은 큰 차이가 없다.

세계의 많은 도시를 둘러보고 느낀 것 중의 하나는 공원 조성이 너무나도 잘 돼 있다는 점이다. 그러면서 내가 사는 도시 대전은 공원이 너무 부족하다는 것을 느꼈다. 미국이나 유럽 등의 주요 도시에 조성된 공원은 너무나 아름다워 산책하다 보면 탄성이 나올 지경이다. 가까운 일본이나 중국 도시의 공원도 미국이나 유럽 도시의 공원에 뒤지지 않을 수준으로 잘 가꾸어 놓았고 시민이 아주 잘 이용하고 있었다. 가능만 하다면 세계 주요 도시의 잘 가꿔진 도심 공원을 대전에 옮겨오고 싶다는 생각을 한 것이 한두 번이 아니었다. 공원이 접근성 좋은 곳에 있고 충분한 휴식 기능을 제공하다 보니 계절과 관계없이 많은 시민이 이용하는 모습은 부러움을 사기에 충분했다.

물론 대전에도 공원은 참 많이 있다. 하지만 대전의 공원은 아직 조성된 역사가 짧아 우거진 숲을 연출하지 못한다. 대전을 대표하는 도심 속 공원이라면 둔산대공원을 들 수 있다. 사철 형형색색의 꽃이 바뀌고 주제별 단지가 조성된 둔산대공원은 대전의 명물임이 분명하다. 하지만 이름들이 나무가 없어 제대로 그늘을 즐길 수 있는 조건이 못 된다. 나머지 공원도 수십 년의 역사를 가졌지만, 조성 당시 워낙 작은 나무를 심어서인지 아직도 제대로 녹음을 연출하는 나무숲이 없다. 이 나무가 제대로 자라서 우거진 숲을 만들고 아름드리 숲을 이루려면 아마도 앞으로 100년의 세월은 더 흘러야 할 것 같다. 실제로 뉴욕의 센트럴파크나 런던의 하이드파크 등은 울창한 나무숲을 이루어 공원에서 하늘이 보이지 않을 정도이다. 그 오랜 세월 전에 이런 공원을 조성한 그들 선조의 혜안이 놀랍다.

공원 외에 시가지에 조성된 가수로 숲도 장관을 이루는 도시가 많다.

가로수가 인상적인 도시는 많았지만, 그 가운데도 가장 기억에 남는 도시는 중국의 서안과 남경이다. 두 도시 모두 플라타너스를 모든 주요 도로에 심었다. 심는 데만 그치지 않고 명품으로 가꾸었다. 도시 내 어느 곳을 가도 울창한 플라타너스 숲을 즐길 수 있었다. 차도와 인도는 물론 자전거도로가 구분돼 있었고 그 사이를 플라타너스 가로수가 너무도 조화롭게 배치돼 있다. 보도를 걷는 시민도, 자전거도로에서 자전거를 타는 시민도, 차로에서 차를 운전하는 시민도 우거진 플라타너스 그늘 사이를 여유롭게 지나는 모습이 난 몹시도 부러웠다. 이 도시의 가로수 역시 족히 100년 이상 가꿔온 것이 분명하다. 후대를 위해 이런 멋진 가로수길을 구상한 당시의 선각자에게 머리가 숙어진다.

대전을 비롯해 우리나라 도시 대부분은 공원 숲과 가로수 숲이 빈약하다. 60년대와 70년대를 거치며 진력으로 추진했던 산림녹화 사업이 산림지역에만 치중됐던 모양이다. 산림을 전 세계가 부러워할 정도로 잘 가꾸어 놓은 것은 맞다. 전국 어디를 가 봐도 산림이 우거져 아름다운 산하를 연출할 뿐 아니라 산림자원을 활용해 다양한 이익을 얻고 있다. 하지만 그때 왜 도심 숲 가꾸기와 가로수 가구기를 중점적으로 추진하지 않았는지 개탄스러운 마음이 생긴다. 그때 산림 숲 가꾸기와 더불어 도심 속 공원과 가로수 가꾸기를 역점을 두어 추진했다면 지금쯤 국내 도시 대부분은 세계 어디에 내놓아도 손색없을 수준이 됐을 것이다. 시민은 도시 내에서 나무와 숲이 주는 최고의 선물을 만끽했을 것이다.

어쩌면 나무는 신이 인간에게 준 가장 큰 선물 중 하나가 아닐까 싶다. 인간에게 이렇게 유용한 것이 또 있을까 싶을 정도로 나무가 인간에게 주는 이점은 차고 넘친다. 살아있는 나무는 살아서 인간에게 베풀고, 죽은 나무는 죽어서 인간에게 베푼다. 나무가 모여 숲을 이루면 인간에게 줄 수 있는 것이 더 많아진다. 나무와 숲은 인간에게 깨달음을 준다. 힌두교와 불교의 윤회 철학도 어쩌면 나무를 보고 깨달은 것이 아닐까 생각했다. 도심의 숲이 우거지면 우거질수록 시민의 삶은 풍요로워지고 시민의 의식도 성장한다. 대한민국 모든 도시의 도심 공원과 가로수 숲이 우거져 시민이 숲 사이를 활기차게 걷는 모습은 상상하는 것만으로도 즐겁다. 우리 후대는 세계 최고의 도심 숲과 가로수를 즐기며 살아가기를 진정 바란다. ✍

2018년 07월 07일

사람을 웃기는 일

사람을 웃기는 일은 참으로 어렵다. 자신 혼자 웃기도 어려운데 하물며 남을 웃기는 일이 어디 쉽겠는가. 그래서 사람을 웃길 줄 아는 재주는 동서고금에 칭송받고 인정받았다. 언제 어디서든 적당한 유머를 구사할 줄 알면 환영받았고, 상대와 금세 친해질 수 있다. 모든 조건이 같은 경우 유머가 있는 사람에게 무엇이든 우선권이 주어지는 것은 불문가지이다. 유머란 배워서 익히기도 하지만 타고나는 경우가 대부분이다. 그래서 선천적으로 유머 재능을 갖고 태어난 이는 세상을 살아가는데 더없이 유리하다. 유머가 없는 이로서는 유머러스 보이가 부럽기 짝이 없는 존재이다.

여성이 유머러스humourous 보이에게 호감을 느낀다는 사실은 이미 오래전에 여러 실험을 통해 입증됐다. 대개 여자가 유머러스 남자에게 호감을 보인다고 하지만 반대의 명제도 성립한다. 남자도 유머러스 여자에게 좋은 감정을 갖게 된다. 나를 웃을 수 있게 해준다는 사실은 나를 편하고 행복하게 해준다는 의미와 상통한다. 실제로 인간은 웃는 동안 행복을 느끼고 쌓인 피로도 풀게 된다. 질펀하게 한 바탕 웃고 나면 머리가 맑아지고 기분이 상쾌해진다. 스스로 즐겁기가 쉽지 않은데 누군가가 나를 즐겁게 해준다는 것은 여간 고마운 일이 아니다.

방송 활동을 하는 이들 가운데 개그맨이라는 분야가 있다. 여자에게는 개그우먼이라는 표현을 사용한다. 전에는 코미디언이라고 했는데 언젠가부터 코미디언이란 용어 대신 개그맨이라는 용어를 사용한다. 개그맨은 성인보다 어린이나 청소년이 더 좋아한다. 다수의 초등학생에게 개그맨은 우상이고, 선망의 직업이기도 하다. 실제로 초등학생 가운데 개그맨이 장래 희망직업인 경우가 흔하게 발견된다. 남을 웃기고 싶다는 것은 남에게 행복을 선사하고 싶다는 것이니, 개그맨이 되고 싶다는 그 꿈이 참으로 곱다. 이것만 보아도 어린이가 어른보다 순수하다는 사실은 백번 옳다.

곰곰이 생각해 보면 개그맨의 경우 참으로 어려운 직업이다. 타고난 재능이 없으면 절대 할 수 없는 일이 사람을 웃기는 일이다. 더구나 웃음을 폭발하는 시점은 부류마다 또는 개인마다 다르다. 웃음을 맞는 인식과 문화가 다르기 때문이다. 물과 기름, 알코올이 각각 끓는점, 어는점이 다르듯이 남녀와 노소가 각각 웃음을 맞이하는 각도와 정도가 다르다. 그러니 어느 장단에 맞춰 웃음을 구사해야 할지를 생각해 보면 무척 어려운 일이다. 쉽게 말해 여성은 웃는데 남성은 미동도 안 할 수 있고, 어린이는 우습다고 데굴데굴 구르는데 성인은 뻘쭘한 표정을 지어 보이는 경우도 많다.

같은 연예인이지만 가수는 노래 한 곡을 히트시키면 단숨에 대박을 맞는다. 어느 무대에 가든 그 노래만 불러주면 모두가 열광하고 좋아한다. 새로운 노래를 부르는 것보다 익숙한 히트곡을 불러줄 때 더 환영받는다. 하지만 개그맨은 어디선가 한 번 선보인 개그를 다른 곳에서 다시 재현할 경우, 결코 환영받지 못한다. 한 번 남을 웃기는데 사용한 개그 소재는 재사용이 불가능하다. 노래는 들을수록 맛이 새롭지만, 개그는 두 번 세 번 되풀이 되면 지겹고 식상하다. 계속해서 새로운 것을 요구

한다. 개인적으로 개그맨이 정말 어려운 직업이라고 생각하는 것이 바로 이 점이다.

그래서 개그맨은 하나의 아이템으로 비교적 웃음의 수명을 연장하기 위해 유행어라는 것을 만든다. 가수가 히트곡을 통해 인기를 구가한다면 개그맨은 유행어를 개발해 인기를 영속시키고자 한다. 하지만 너도 나도 유행어를 개발하고 남발하다 보니 희소성이 떨어지게 마련이다. 그러니 유행어를 개발해 전 국민에게 전파한다는 것도 그리 녹록한 일이 아니다. 히트곡도 수명이 있듯이 유행어 또한 수명이 있다. 세상이 급변하면서 모든 것의 수명이 짧아지듯 히트곡이나 유행어의 수명도 점차 짧아지고 있다. 그 또한 개그맨을 어렵게 만드는 요인이다.

이보다 더한 어려움이 있다. 남을 웃길 수 있는 소재가 실상 제한적이라는 점이다. 우리의 생활 주변에서 웃음을 유발하는 이들과 방송을 통해 개그맨이라는 직업을 가진 이들을 비교해보면 큰 차이점을 발견할 수 있다. 가장 큰 차이점은 성^{性}·sex을 소재로 삼을 수 있는지다. 천천히 생각해 보면 우리의 생활 주변에서 남을 웃길 줄 안다고 알려진 이들의 상당수는 성을 소재로 한 농담을 하는 경우가 많다. 실상 성은 가장 흔한 웃음의 소재이다. 유머 재료로서의 가치가 무궁무진하다. 그 엄청난 소재를 빼놓고 웃음을 유도한다는 것은 정말 어려운 일이다.

사회 통념상 공개적으로 말하는 것을 금기시하는 문화가 있다 보니 성을 소재로 한 웃음은 방송을 탈 수가 없다. 성은 웃음을 유발할 수 있는 가장 좋은 소재이지만 그 소재를 사용할 수 없다. 이는 개그맨의 손발을 묶어놓은 것이나 다름없다. 반면 방송을 전제로 하지 않는 무대에서는 역시나 성이 가장 흔한 유머의 소재가 된다. 예컨대 시장이나 관광지 등에서 공연을 하는 각설이는 별다른 구애를 받지 않고 질펀한 성적 농담을 풀어내 청중을 웃음으로 몰고 간다. 각설이 공연에서 성을 소재로 한 내용을 뺀다면 무대 주변의 웃음은 반감되고 말 것이다.

각설이가 아닌 일반인도 마찬가지이다. 우리 주변에서 남을 웃기는 재주를 가진 이들을 꼼꼼히 살펴보면 그들이 주로 성적 농담을 통해 남을 웃기고 있다는 사실을 알게 된다. 누가 됐든 성을 소재로 한 어떤 말도 하지 말고 사람을 웃겨보라고 한다면 그것은 결코 쉬운 주문이 아니다. 동서고금의 문학작품도 그러하다. 우리가 흔히 해학이라는 말로 표현하는 작품 속의 웃음도 거의 성을 소재로 한 경우가 대부분이다. 그러니 성적 표현을 금기시하는 방송에서 개그맨이 저마다 웃음의 끓는점과 어는점이 다른 사람을 웃기는 일이 얼마나 어려운지 알만하다.

성적인 표현 외에 웃음의 소재로 한 가지를 추가한다면 그것은 상대에 대한 비하이다. 비하라고 하지만 거기에는 혐오, 무시, 폄하, 학대, 조롱 등이 모두 포함된다. 상대를 궁지로 몰아 대처하지 못하는 지경에 이르게 하는 방법이다. 즉 상대를 얕잡아 대하고 상대의 단점을 들춰내며 공론화하는 것이다. 예를 들면 뚱뚱하고 외모가 뒤지는 사람에게 외모 비하 발언을 하거나 먹는 일만 밝히는 유형의 사람으로 몰고 가는 등이 그 예이다. 그래서 개그 프로그램에는 자주 지적 장애나 정신장애가 있는 사람을 자주 등장시킨다.

날씬한 여자는 도도하고 영리한 이미지, 뚱뚱한 여자는 자존심도 없고 어리석은 이미지로 연출되는 경우가 많다. 이는 엄격한 외모에 의한 사람의 차별이다. 성적 표현보다 더 금기시해야 할 웃음의 소재지만 이러한 장면은 너무도 자연스럽게 전파를 타고 전국의 안방으로 송출된다. 그래서인지 개그 프로그램을 자주 시청하는 어린이의 경우, 뚱뚱하고 외모가 떨어지는 사람은 실제로 지적 능력도 떨어지고 아주 본능적인 사람이라는 편견을 갖는 경우가 많다. 뚱뚱하고 못생긴 친구를 면전에서 약 올리고도 전혀 미안해하는 마음을 갖지 않는 것도 이 같은 방송 유형의 영향과 무관치 않아 보인다.

웃음은 인간의 생활에 활력을 불어넣어 주는 아주 필요한 요소이다.

웃음이 없는 생활은 불행의 연속일 뿐이다. 웃음은 인간을 건강하게 만들어 주고 인생을 윤기 나게 해준다. 어쩌면 인간 삶의 가장 큰 목표가 웃음과 행복이 아닐까 싶다. 웃음과 행복 이상의 가치는 없다. 인간이 돈을 벌고 높은 지위에 올라가려는 것도 따지고 보면 원하는 것을 얻을 때 웃을 수 있고 행복할 수 있다고 믿고 있기 때문이다. 결국, 누구나 인생의 최종 목표는 웃음이고 행복이다.

하지만 나의 웃음을 위해 누군가가 짓밟혀야 하고 상처를 입어야 한다면 그것은 옳지 않다. 진정한 웃음이 될 수 없다. 성을 소재로 한 개그가 방송을 탈 수 없는 것은 누군가에게 웃음을 주고자 하는 그 소재가 누군가에게는 수치심을 안겨줄 수 있기 때문이다. 하지만 그에 못지않게 누군가에게 상처 줄 상대 비하는 공공연히 개그의 소재로 활용되고 있다. 상대를 비하하고 폄하해서 웃음의 소재로 삼는 일은 대단히 위험한 일이다. 누군가에게 큰 상처를 줄 수 있기 때문이다. 내가 그 희생양이 된다고 생각하면 결코 반길 수 없는 일이다.

약한 상대를 비하하고 깔아뭉개는 것을 차별이라고 한다. 차별을 소재로 억지스러운 웃음을 유발하는 것은 옳지 않다. 개그 프로그램을 보면 참으로 불편함을 느낄 때가 많다. 어쩌면 그렇게도 태연하게 외모, 지역, 성별, 인종, 전과, 나이, 학력 등의 차별을 태연하게 웃음의 소재로 삼는지 안타깝기 그지없다. 성적인 내용 외에 누군가를 조롱하고 비하하는 말과 행동으로 웃음을 유발하는 개그 프로그램도 제작 금지해야 한다. 다수의 웃음을 유발하기 위해 소수가 희생을 감내해야 한다면 그것은 잘못된 일이다. 그런 억지가 사라져야 누구도 아프지 않은 웃음을 사회가 공유할 수 있게 된다.

2018년 06월 21일

육회(肉膾)

고기를 먹는 방법은 크게 두 가지이다. 불이나 기타 열을 가해 익혀서 먹는 방법과 생고기 상태로 먹는 방법이다. 지구상에 수많은 동물을 구분하는 방법의 하나는 무엇을 먹는가이다. 초식, 육식, 잡식으로 나누는 방법이 그것이다. 잡식하는 동물은 사람을 비롯해 손에 꼽을 정도이다. 대부분은 초식이든 육식이든 한 가지이다. 잡식인 사람은 못 먹는 것이 없을 정도로 다양한 식성을 보인다. 잡식인 사람은 지구상의 생명체 가운데 유일하게 불을 이용해 음식을 익혀 먹는다. 이런 인간의 음식 먹는 특징을 화식이라고 한다. 인간은 식물이나 동물을 생으로 먹기도 하고 불에 익혀 먹기도 한다. 인류도 불을 사용하기 이전에는 모든 음식을 생식했을 것이다. 그러다가 불을 이용할 줄 알게 되면서 자연스럽게 화식 문화가 생겨났을 것이다.

인간이 먹는 음식의 절대다수는 불을 이용해 조리한 것이다. 완전 생식인 경우도 있지만, 대부분은 불을 이용한 조리과정을 거치게 된다. 조리과정 자체는 열이 가해지지 않는 경우라도 요리재료를 만드는 과정에서 가열의 단계를 거치기도 한다. 채소나 곡물을 먹을 때 생식을 하기도 하지만 대개는 익혀 먹는 것이 일반적이다. 고기류를 먹을 때도 마찬가지이다. 생식하기도 하고 화식하기도 하지만 익혀 먹는 게 대부분이다. 식재료가 신선할 때라면 상관없겠지만 그렇지 않다면 불에 익혀 먹어야 별다른 탈이 없다. 익히지 않은 상태는 그만큼 부패하기 쉽고 각종 균의 침입 가능성이 크다. 그래서 인간은 안전한 섭취를 위해 음식물을 익혀 먹기 시작했고 그것이 습관화됐다.

고기의 경우 익히지 않은 생고기를 회膾라고 부른다. 반대로 열을 가해 익힌 상태의 고기를 자炙라고 부른다. 이 두 글자를 합쳐 회자膾炙란 말이 만들어졌다. 날고기와 익힌 고기가 사람의 입에 오르내리듯 남의 입에서 칭찬이 이어지는 상황을 '회자하다' 또는 '회자되다'라고 표현한다. 생고기든 익은 고기든 눈앞에 있으면 자꾸 입으로 밀어 넣는 인간의 습성에 비유해 입에 오르내리는 상황을 회자라고 표현한 것이다. 이 말은 고기가 맛있다는 것을 의미하고 또 사람이 고기를 좋아한다는 것을 의미한다. 회는 날고기를 총체적으로 일컫는 말이지만 일반적으로 회라고 하면 대개 생선회를 떠올린다. 생선의 경우 살아있는 상태로 운반해 즉석에서 살을 발라내 먹는 것이 일반화됐기 때문이다.

하지만 생선이 아닌 들짐승이나 날짐승의 생고기는 살아있는 상태로 현장으로 운반해 즉석에서 살을 발라내는 데 어려움이 있어 회로 먹기에 제한이 있다. 그래서 들짐승이나 날짐승의 회는 여간해 맛보기가 어렵다. 그래서인지 회라는 낱말은 대개 생선회를 지목하는 말로 사용하는 경우가 많다. 회라는 말이 통칭 생선회를 지칭하는 말로 사용되면서 들짐승이나 날짐승 고기의 회를 생선회와 비교하기 위해 육회라고 부른다. 그러나 또 육회는 가장 보편화 된 형태의 생고기 요리를 지칭하는 제한된 의미로 사용된다. 쇠고기의 연한 부위를 얇게 썰어 고추장, 간장, 마늘 등으로 양념해 먹는 음식을 육회라고 부른다. 실상 어떤 지방에서는 돼지고기나 닭고기 등을 육회로 먹기도 하지만 지극히 한정적이다. 육회의 재료로는 쇠고기만을 인정하는 것이 통념이다. 간을 비롯한 소의 일부 장기를 생식하기도 하지만 이 또한 통상적으로 육회라고 부르지는 않는다.

쇠고기 육회는 홍두깨살, 우둔살 등 지방이 없고 연한 부위를 골라 조리한다. 그러니 질기지 않고 식감이 좋을 수밖에 없다. 연한 살코기에 고추장, 간장과 참기름, 다진 마늘 등으로 양념을 하면 환상적인 맛을 낸다. 배를 채 썰어 곁들이고 계란의 노른자를 넣고 버무린다. 그러니 맛이 안 좋을 수가 없다. 손님을 접대해도 손색이 없을 맛있고 귀한 음식이 육회이다. 다만 신선한 고기를 구하기가 어렵고 여러 양념을 조화롭게 배합하기 역시 쉽지 않아 환상적인 맛의 육회를 맛보기란 호락호락하지 않다. 뷔페식당 등에서 쇠고기 육회를 접할 수도 있지만, 냉동상태의 고기에 아주 기본적인 양념만 넣은 상태여서 제대로 된 육회 맛을 내기에는 역부족이다. 손맛을 더해 제대로 무친 육회라야 환상의 맛을 낸다.

할아버지는 일찍 돌아가셔도 뵙지도 못했다. 할머니만 스무 살 때까지 뵈었다. 할머니는 시골 같은 마을에 있는 큰집에서 사셨다. 한집에 산 것은 아니지만 마음만 먹으면 언제든지 뵈러 갈 수 있었다. 할머니는 한동네에 사는 아들 삼형제 집을 번갈아 다니며 식사를 하셨다. 할머니는 "입맛이 없다."라는 말을 자주 하셨다. 음식을 드시는 양도 적었고, 뭐가 됐든 맛있게 드시는 걸 별로 보지 못했다. 그런 할머니도 아주 좋아하는 음식이 몇 가지 있었으니 내가 기억하는 것은 생굴과 육회다. 생굴이나 육회를 드리면 참으로 맛나게 드셨다. 우리에게도 나눠 주려 하셨지만 어린 나이여서 그랬는지 생고기를 먹는 것이 썩 내키지 않았다. 그저 할머니 드시는 모습을 바라볼 뿐이었다. 평소 음식을 아주 조금만 드시는 할머니였지만 육회는 한 접시를 뚝딱 해치우셨다.

외할아버지는 내가 스물네 살 되던 해에 돌아가셨다. 외할머니는 뵌 기억이 가물가물하다. 내가 서너 살 무렵 돌아가신 것으로 기억한다. 외할아버지는 내 고향 충청도 음성에서 꽤 먼 거리였던 전라도 익산에 사셨다. 그래서 방학 때 한 번씩 뵙는 것이 전부였다. 예닐곱 살부터 열 살 남짓까지 몇 년 외가 근처에서 살았을 때는 외할아버지도 자주 뵈었다. 할아버지는 술을 일절 드시지 않았다. 그러면서 식사는 아주 잘하셨다. 외가 식구도 할아버지께서 뭔가 특별한 음식을 드시고 싶어 할 때 육회를 만들어 드렸다. 외할아버지도 육회를 아주 좋아하셨다. 돌아가시기 얼마 전에도 큰이모에게 "○○식당으로 육회 먹으러 가자."라고 말씀하셨다는 말을 전해 들었다. 하지만 그 육회를 잡숫지 못하고 돌아가셨다.

어머니는 여간해 무엇이 먹고 싶다는 말을 안 하신다. 왜 드시고 싶은 것이 없겠나. 자식들에게 부담 줄까 봐 말씀을 안 하시는 것뿐이겠지. '입맛 없다'라는 말씀을 하실 때마다 '뭘 드시고 싶냐'고 물으면 없다고 대답하시면서도 말끝에 "육회나 한 접시 먹었으면 싶다."라고 말씀하신다. 젊어서는 육회를 드시는 걸 본 기억도 별로 없고, 먹고 싶다는 말씀을 하시는 걸 들어본 적도 없다. 나이가 들면서 '입맛 없다'라는 말씀도 자주 하시고 가끔은 육회 얘기를 꺼내신다. 그러나 정작 쇠고기를 사다가 조리해드려도 자식과 손자에게 양보만 하실 뿐 양껏 드시지 않는다. 언제 기회가 되면 온 식구가 먹고도 남을 넉넉한 양을 사다가 실컷 드시게 해드려야겠다. 내가 스물여덟 살 되던 해에 돌아가신 아버지는 모든 음식을 잘 드셨고, 특히 육류는 익은 것이든 날 것이든 모두 잘 드셨다. 육회에 대한 특별한 기억은 없다.

고등학생인 큰아들이 육회 맛을 알았다. 인터넷에서 한 유명인이 육회를 먹는 화면을 보고 먹고 싶다고 하기에 집 앞 정육식당에서 한 접시를 사줬더니 '너무 맛있다'라며 한 접시를 뚝딱 해치운다. 그러더니 앞으로는 치킨 사주지 말고 육회를 한 번씩 사달라고 한다. 야간자율학습을 끝내고 늦은 시간에 귀가하면 뭔가 먹을거리를 준비해주는데 육회가 먹고 싶다는 말을 한다. 그러나 그 시간에 육회를 구할 수가 없으니 안타까울 따름이다. 초등학교 6학년인 작은아들도 형과 아빠가 육회를 먹는 것을 보고 따라붙어 한 젓가락 분량을 떠먹어보더니 맛있다고 달라붙는다. 대개의 어린아이가 날고기를 먹는 것을 꺼려 작은아들도 역시 꺼릴 것으로 생각했는데 전혀 어색함 없이 육회를 즐긴다. 아내는 생선회를 아주 좋아하지만, 육회는 못 먹겠다며 도무지 입에 대려 하지 않는다.

나는 본디 익은 고기보다 날고기를 좋아하는 식성이다. 생선회를 좋아하는 것은 물론이고 쇠고기 육회도 아주 좋아한다. 전라도 지역에 가면 맛볼 수 있는 닭가슴살 육회도 잘 먹는다. 간과 천엽, 등골 등의 소 부산물 날 것도 즐기는 편이다. 고기류는 누구에게나 익혀 먹는 것이 익숙해서 날고기를 먹는 일이 어색할 수 있다. 하지만 날고기가 익은 고기에 비해 깊은 맛을 내고 먹었을 때 소화도 잘된다. 특히 회 종류는 술안주로 제격이다. 생선회도 그러하고 육회도 그러하고 한국인의 술 소주와 환상의 궁합을 이룬다. 소주 맛을 적당히 즐길 줄 아는 한국의 중년인 나는 술안주로 회 종류만 한 것이 없다고 생각한다. 그래서 누군가 술자리 약속을 잡자고 하면 생선회나 육회를 안주로 먹을 수 있는 곳에서 만나자고 하는 경우가 많다. 아주 가끔은 회 종류를 먹지 못한다며 다른 곳에서 만나자고 하는 사람이 있다. 어떤 이는 생선회는 먹는데 육회는 못 먹기도 한다.

아파트 단지 앞에 정육점과 식당을 함께 운영하는 곳이 있다. 그곳에 가면 여자 주인이 동남아 출신이다. 소위 말하는 다문화 가정이다. 한국에 와서 정착한 지 몇 년이 됐는지는 잘 모르겠다. 한국어를 제법 능숙하게 구사하고 한국의 문화를 잘 이해하고 있다. 이 여주인에게 육회를 주문하면 직접 주방에서 조리해온다. 분명 더운 나라 출신이어서 육회를 먹지 않는 문화 환경 속에서 자랐을 것으로 본다. 하지만 아 여주인이 조리해 주는 육회 맛은 특급이다. 맵지도, 짜지도 않을뿐더러 참기름도 적당히 넣어 고소한 맛이 일품이다. 배를 채 썰어 주고 계란 노른자를 얹어주는 것도 잊지 않는다. 한국 고유 음식을 잘 조리해내는 여주인이 정말 고맙고 반갑다. 육회가 생각나고 소주 한잔이 생각날 때 이 집에 가서 육회 안주에 소주 한 병을 비우고 온다. 그래서 단골이 됐다.

내 할머니가 그토록 좋아하셨던 음식 육회. 외할아버지께서 맛나게 드시던 모습이 생생한 육회. 어머니가 가끔은 드시고 싶다고 말하는 육회. 큰아들 녀석이 반해버린 맛 육회. 작은아들도 한입 맛을 보더니 최고의 맛이라고 칭찬하는 육회. 내가 최고의 술안주로 손꼽는 데 주저함이 없는 육회. 육회는 내게 참으로 사연이 많은 음식이다. 생선회 외에 한국인이 거의 유일하게 먹는 날고기가 쇠고기 육회이다. 한국인이 언제부터 육회를 먹기 시작했는지는 잘 모르겠다. 하지만 유통 시스템이나 냉장 기술 등을 고려할 때 보편화 된 것은 그리 오래되지 않았을 것으로 본다. 육회를 언제라도 맛볼 수 있는 시대에 태어났음을 고맙게 생각한다. 더불어 육회와 환상 궁합이 소주가 지천인 나라에 태어난 것을 감사히 생각한다. 이런 것이 작은 것에 감사하는 마음이 아닐는지.

2018년 04월 09일

신화(神話) 속 세상과 신화 밖 세상

 우리가 모두 그렇게 알고 있고 굳게 믿고 있지만 실상 아무도 합리적이고 보편적인 방법으로 검증해 보이지 못한 일은 너무도 많다. 환인하느님의 아들 환웅이 인간 세상에 내려와 웅녀와 혼인하여 낳은 아들이 단군이고 그 단군왕검은 우리 민족의 시조가 되었다는 이야기는 '삼국유사'라는 역사서에 기록돼 있다. 그래서 우리는 모두가 그렇게 알고 있고, 믿고 있다. 어린아이부터 시작해 노인에 이르기까지 누구에게라도 "우리 민족의 시조가 누구냐?"고 물으면 거침없이 "단군왕검" 또는 "단군 할아버지"라고 대답한다. 그가 실제 하느님의 아들이고 곰이 사람으로 환생한 웅녀의 몸에서 태어났는지는 누구도 확인한 바 없다. 그러나 우리 한민족 구성원 누구라도 우리의 조상은 단군왕검이라고 굳게 믿고 있다.
 김수로왕이나 김알지, 박혁거세 등의 탄생신화도 과학적으로 합리적으로 도저히 납득할 수 없는 난생卵生에 기반을 두고 있지만 모두 그렇게 믿고 있다. 그러한 사실을 증명할 수도 없지만 그렇다고 아니라고 증명할 수도 없기 때문이다. 대개의 사람은 '어차피 검증할 수 없는 일이다.', '그렇다면 그런 줄 알고 사는 게 편하다.' 등의 생각을 하고 있다. 그러니

까 그렇게 믿고 있다. 다들 그렇게 알고 있는데 혼자 아니라고 주장할 만큼 강한 신념도 없다. 이런 구조 속에 신화는 깨지지 않고 수천 년을 이어온다. 아마 앞으로도 수백 년 혹은 수천 년 동안 지금과 같은 형태로 이어져 내려갈 것이다. 아무도 증명해 보일 수 없는 데다가 굳이 부정할 필요도 없기 때문이다. 검증이 되든 되지 않든 민족 탄생의 신화가 없는 것보다는 있는 게 낫다고 생각하기 때문이다.

신화는 한국이나 동양에만 있는 것이 아니다. 서양 사회도 증명할 수 없는 역사 이전의 시대에 대한 기록은 신화에 의존하고 있다. 마찬가지이다. 신화가 믿을 수 없는 허구의 이야기지만 없는 것보다는 있는 게 낫다는 생각을 하고 있다. 도무지 믿을 수 없는 이야기란 사실은 인정하지만 그렇다고 부정할 필요도 없고, 부정했을 때 돌아오는 이익도 없다. 그러니 다들 그렇게 믿고 살아가자는 사회적 합의가 암암리에 이루어진 것이다. 어차피 검증해 보일 능력이 없다면 누구나 믿고 있는 사실에 대해 나 혼자 아니라고 할 필요는 없다는 것이 신화를 대하는 일반인의 기본적인 생각이다.

그리스·로마신화는 믿을 수 없는 허무맹랑한 이야기로 가득하다. 동양의 신화와 비교할 대 훨씬 과장이 심하고 황당한 내용이 많다. 그러나 그리스·로마신화 내용을 세상 사람은 믿고 있다. 신 중의 신이라는 제우스를 중심으로 그 주변에 헤아릴 수 없을 정도로 많은 신의 이야기를 담은 그리스·로마신화는 천지 만물의 창조를 신의 몫으로 돌리고 있다. 그럴듯한 전설을 통해 세상의 이치를 설명하는 한편 인간과 신의 관계에 대해서도 다양한 각도로 설명하고 있다. 논리적이고 과학적인 통찰력을 기반으로 들으면 하나같이 믿을 수 없는 허구투성이지만 그래도 대개의 사람은 별다른 반론 없이 그렇게 믿고 있다. 첨단과학이 지배하는 시대에도 신화에 대한 믿음은 변함이 없다.

전해 내려오는 역사 속 신화가 아니더라도 우리 주변에는 누구나 다 그렇게 알고 지내는 검증되지 않은 이야기가 너무도 많다. 또 무엇인가에 한 번 깊은 정을 주고 나서 그 정이 깊어져 헤어나지 못하면서 각인되는 신화도 있다. 아무리 이성적이고 논리적인 설명을 해도 신화가 마음에 꽂히면 이미 침투할 미세한 구멍조차 없다. 여기에는 맹목적 복종과 조건도 없고 이유도 없는 믿음이 따를 뿐이다. 처음 들었을 때 황당하기 짝이 없는 일화도 자꾸 들으면 믿게 되고 신이거나 인간이거나 마음속 신화의 주인공으로 자리 잡으면 어떤 불신도 용납하지 못하는 마음이 생긴다.

예수께서 다섯 조각의 빵과 두 마리의 생선으로 수천 명의 군중을 배불리 먹였다는 신화는 비 기독교인에게는 말도 안 되는 허구로 들리지만, 신앙심이 깊은 기독교인은 의심의 여지가 없는 사실로 받아들인다. 김일성이 솔방울로 수류탄을 만들어 일본군을 상대로 무장항쟁을 벌였다는 이야기도 마찬가지이다. 우리가 들으면 우스꽝스러운 옛날이야기처럼 여겨지지만, 세뇌 교육을 통해 김일성 사상에 빠져 있는 북한 주민은 의심하지 않고 받아들인다. 사랑하는 마음과 존경하는 마음이 너무 커지면 이성적 판단력을 잃는다. 오히려 그 신화를 믿지 않는 사람이 너무 답답하고 불쌍하게 여겨질 뿐이다.

이런 믿음과 무관한 생활 속의 신화도 있다. 예컨대 일반적으로 화학조미료라고 부르는 글루탐산나트륨의 경우 대부분 사람이 몸에 절대적으로 해롭다는 편견을 갖고 있다. 어떤 성분 때문에, 왜, 얼마나 해로운지에 대한 자세한 설명은 없다. 그냥 몸에 해롭다고 한다. 해롭다는 근거는 대개 섭취한 사람의 경험담을 기반으로 한다. 혹자는 조미료를 먹으면 소화가 안 되고 지속해서 갈증이 난다고 하고 혹자는 혀가 아리고 두통이 밀려온다고도 한다. 하나같이 과학적 근거 없이 그저 자기가 느끼는 몸 상태를 말하는 수준이다. 하지만 대개의 사람은 화학조미료가 인체에 유해하다고 단정하고 있다. 그래서 절대 섭취하지 않는 사람도 있고, 대개는 양을 조절해 미량만 섭취하고자 한다.

화학조미료가 정말 그토록 유해한가, 유해하다면 어디에 얼마나 유해한 것인가에 대한 궁금증이 생겨 인터넷을 서핑하며 각종 자료를 뒤져봤다. 꽤 많은 자료를 찾아봤지만, 개인의 느낌 수준일 뿐 과학적 근거를 가지고 유해성을 입증한 자료는 없었다. 오히려 유해성을 입증할 만한 어떤 근거도 없다는 자료만 많이 찾았을 뿐이다. 어떤 자료는 음식에 화학조미료를 적당량 사용할 경우, 소금의 섭취를 줄일 수 있으므로 되레 유익하다는 의견을 제시했다. 그러나 아직도 대다수 사람은 화학조미료가 인체에 대단히 해롭다는 편견을 갖고 있고 섭취를 꺼리거나 두려워하고 있다. 이것이야말로 생활 속의 신화라 할 수 있다. 검증 없이 맹신하고 있으니 신화가 분명하다.

우리는 누구도 붉은색으로 자신의 이름을 쓰지 않는다. 자신뿐 아니라 실상 모든 이름을 붉은색으로 쓰는 것을 금기시하고 있다. 이뿐 아니라 밤에 휘파람을 불지 않는 것으로 알고 있다. 남의 집에 가서 손톱이나 발톱을 깎지 않는 것도 생활 속의 불문율이다. 검증되지 않았지만, 관행적으로 그렇게 하지 않는 것, 그렇게 해서는 안 되는 것이 참으로 많다. 베개를 세우지 말라고 배웠다. 왠지는 모른다. 할머니는 베개를 세우면 집에 도둑이 든다고 하셨다. 그 말을 대체 어찌 믿으란 말인가. 그러나 지금도 베개를 세우지 않고 있다. 문지방을 밟고 서지 말라는 것도 오래전부터 관행이다. 왜 그러는지 이유도 알 수 없다. 이런 것들이 모두 검증 안 된 생활 속 신화이다.

곰곰이 짚어보면 우리는 객관적 검증 없이 맹목적으로 그렇다고 믿는 많은 신화를 가지고 있다. 그것이 옳은지 그른지에 대해 검증하고 실증적으로 확인해보려는 노력도 하지 않은 채 오랜 세월 믿어온 일이 너무도 많다. 검증할 길이 없는 고대 신화야 어쩔 수 없다지만 생활 속에서 아무런 비판의식조차 없이 맹목적으로 받아들이는 신화는 걸러내야 한다. 편견을 정당화하고 이성을 마비시키기 때문이다. 황당한 신화가 만연하는 가운데 인간의 어리석음은 깊어진다. 아름답게 간직해야 할 신화가 있음을 인정한다. 그러나 그 범주를 벗어난 생활 속의 신화는 제거돼야 한다. 편견과 맹목적 믿음의 산물로 인간의 판단력을 무너뜨리는 요인이기 때문이다. ✎

2018년 03월 12일

돌잡이 소회

아기가 태어나 처음 맞는 생일을 돌이라 한다. 그래서인지 돌이란 말 앞에 '첫'자가 붙어 '첫돌'이라고 부른다. 두 번째 맞는 두 돌, 세 번째 맞는 세 돌과 의미 구분을 하기 위해 그런 것 같다. 태어난 지 1년이 지나 돌이 되면 아이는 앞니가 나고 일어서 걷기 시작한다. 돌 전에 걷는 아이가 있고 돌이 지나 서야 걷기 시작하는 아이가 있다. 대개는 돌을 기준으로 앞뒤 한두 달이 걷기 시작하는 시점이다. 돌이 되면 아이는 젖과 이유식을 떼고 밥을 먹기 시작한다. 환하게 웃을 줄 알게 되고 제대로 성질을 부리기 시작한다. 아울러 이 무렵부터 간단한 말을 시작하고 말귀를 알아들으며 본격적으로 재롱을 부리기 시작한다. 부모의 애간장을 녹일 만큼 훌륭한 재롱이 이때부터 본격화한다. 누군가 "돌 무렵부터 너덧 살까지 재롱을 부려 부모에게 기쁨을 주는 것이 평생 최고의 효도이다."라고 한 말은 백번 옳다.

이런저런 이유로 돌이 되면 크게 잔치를 벌인다. 태어나 무사히 1년의 세월을 지낸 아이에게 축복과 축하를 주기 위해 친척과 친지가 모여 기쁨을 나눈다. 잔치에 참석한 하객은 아이를 낳아 키운 부모에게 축하와 덕담을 보내고 아이에게는 사랑과 격려를 보낸다. 예부터 돌잔치 선물로는 순금 반지가 유행했다. 인류가 가장 오랜 세월부터 가장 귀하게 가치를 부여한 보물인 황금으로 만든 반지를 선물해 아이가 건강하고 행복하게 살 수 있도록 희망을 전한다. 요즘에는 금값이 많이 올라 금반지를 선물하는 것이 큰 부담이 되면서 아주 가까운 친척을 제외하고는 반지를 대신해 현물이나 현금 선물을 한다. 돌잔치의 전통적 선물인 금반지가 사라지는 것은 아쉬운 대목이다. 돌잔치의 초대범위가 축소되고 있는 것도 최근의 사회변화상이다. 과거에는 직장동료, 부모 친구 등이 대거 참석해 다소 요란하게 치렀지만, 언제부터인가 초대범위를 대폭 축소해 가족 위주로 진행한다. 그 점은 잘 방향을 잡아가는 것 같다.

돌 반지가 자취를 감춰가고, 잔치의 초대범위가 축소되는 등등의 변화 외에도 돌잔치를 둘러싼 변화는 또 있다. 돌잔치에서 최고의 볼거리라 할 수 있는 돌잡이의 변화이다. 첫돌 무렵이면 아이는 눈에 보이는 물건에 호기심을 갖기 시작하고 그것을 움켜쥘 줄 안다. 이런 아이의 발육상황에 맞는 재미있는 놀이가 바로 돌잡이이다. 돌잡이는 예나 지금이나 돌잔치 최고의 볼거리이자 부모는 물론이고 모든 하객의 관심사이다. 쟁반 위에 아이가 호기심을 가질 만한 여러 가지 물건을 진열해놓고 아이가 어떤 물건에 관심을 보이며 그것을 움켜줄까를 관찰하는 돌잡이를 통해 잔치 하객은 아이의 장래에 대해 희망을 나누고 덕담을 주고받는다. 돌잡이 쟁반에 올리는 물건은 하나같이 상서로운 것이다. 흉하거나 불길한 것은 전혀 없다. 아이가 훌륭하게 성장해 행복하길 바라는 마음이 반영된 물건만 진열된다.

전통적으로 돌잡이를 위한 물건은 명주실 뭉치와 지폐, 필기구와 노트 등이 기본을 이루었다. 명주실은 실의 긴 특성을 반영해 장수를 상징하는 물건이다. 이 물건에 아이가 관심을 보이면 장수할 운명이라고 모두 기뻐하고 축하해준다. 지폐는 부의 상징으로 거상이 돼 큰 부를 누리며 살아갈 수 있을 것이라는 의미 부여를 한다. 지필묵은 학자를 상징한다. 그래서 아이가 필기구나 노트 등을 집으면 학계에 진출해 훌륭한 학자가 될 것이라고 좋아한다. 이런 전통적 물품 외에 산업사회로 접어든 이후 일반적인 가정에서 가장 선호도가 높은 직업인 법관과 의사를 상징하는 의사봉과 청진기가 등장했다. 지금도 인기가 여전하지만, 과거에는 거의 모든 부모의 아이 직업에 대한 소망은 법관과 의사가 절대적이었다.

사회가 다변화하면서 부모의 선호하는 직업군도 다양해지고 있다. 과거에는 법관과 의사에 대한 선호도가 절대적이었다면 근래 들어서는 꼭 그렇지 않다. 그런 사회의식의 변화가 돌잡이 쟁반에 그대로 반영됐다. 우선은 요새 부모가 가장 선호하는 직업으로 부상한 연예인을 상징하는 마이크가 새로운 물품으로 등장했다. 또 인기 스포츠 스타를 상징하는 골프공이나 야구공 등도 단골 물품이 됐다. 과학기술계 전문가를 상징하는 컴퓨터용 마우스나 휴대용전화기가 등장하기도 한다. 이밖에도 부모의 의지를 반영해 치과의사를 상징하는 칫솔, 예술인을 상징하는 악기 등이 진열되기도 한다. 돌잡이 쟁반에 오르는 물품의 변화만 살펴봐도 시대의 변화를 짐작할 만하다. 과거에 선호하던 직업과 오늘날에 선호하는 직업 간의 격차가 확연히 존재한다.

가장 큰 변화는 전통적인 사농공상士農工商 서열에 입각한 직업의식이 바뀌었다는 점이다. 과거에는 오로지 공부를 해서 법관이 되고, 의사가 되고, 학자가 되는 것이 최고의 가치라고 여겼다. 바뀔 것 같지 않던 그 철옹성 같은 가치관이 바뀌고 말았다. 돈과 인기를 동시에 거머쥘 수 있는 연예인이나 스포츠 스타 등이 최고의 인기 군으로 부상하고 있는 점이 그 예이다. 예체능인은 과거에 다소 천대받던 직업이다. 그러나 이제는 최고의 인기 직업군으로 부상해 있다. 기능인이라 할 수 있는 과학기술 엔지니어에 대한 선호도도 크게 상승해 역시 최고의 인기 직업군에 합류했다. 불과 반세기 전만 해도 상상하기 어렵던 의식의 변화가 현실로 나타나고 있다.

 돌잔치를 다니면서 돌잡이 이벤트를 진행할 때마다 '진정 저 부모가 원하는 아이의 직업은 무엇일까?' '저 부모는 돌잡이 쟁반 위에 놓인 여러 가지 물품 가운데 아이가 어떤 물품을 움켜쥐길 가슴 졸이며 바라볼까'를 생각한다. 벌써 십 년 하고도 수년이 지난 우리 두 아이의 돌잡이 때 내가 가슴 졸이며 집기를 바랐던 물건과 확연히 달라진 것은 사실이다. 잘 기억은 나지 않지만, 우리 아이의 돌잡이 때는 골프공이나 마이크 등은 진열하지 않았다. 화려한 예체능인으로 살기보다는 묵묵히 공부하면서 평범한 사회인으로 살아가기를 바라는 부모의 마음이 반영됐던 것 같다. 그때와 비교해 내 마음은 여전한 것 같다. 꽤 오랜 세월이 흘렀고, 세상은 아주 많이 변했건만 내 마음은 많이 바뀌지 않은 것 같다. 여전히 학자가 되길 바라는 마음이 간절하다. 아이가 마이크를 잡는 것을 보고 까무러치게 기뻐하는 부모를 보면서 시대의 변화를 느낀다. 모두가 변했다. 나도 언젠가는 변하겠지.

 P. S. 우리 집 두 아들은 같은 물건을 잡았다. 두 녀석 모두 아빠가 원하는 물건을 잡았다. 그 물건이 무엇인지는 굳이 밝히지 않으련다.

2018년 01월 13일

나는 미치지 않는다

어떤 일에 비정상적으로 열중하고 몰입하는 상황을 '미친다'라고 표현한다. 정신 이상이 생겨 정상적이지 않은 상태가 되는 것도 '미친다'라는 표현을 쓴다. 한국인이 좋아하는 사자성어 중에 '불광불급不狂不及'이란 말이 있다. 미치지 않으면 다다를 수 없다는 말이다. 이는 무언가에 열중하고 몰입해서 푹 빠져 보라는 의미이다. 그래야 원하는 목표에 이를 수 있다는 것이다. 열정이 넘치는 한국인은 무엇이든 열중하고 몰입하기를 좋아한다. 타고난 자질도 우수한 데다 몰입까지 곁들이니 한국인이 모든 분야에서 탁월한 재능과 솜씨를 보이는 것은 어쩌면 당연한 일이다.

내가 미쳐본 일이 무엇인가 생각해 보았다. 언뜻 떠오르지 않는다. 곰곰이 생각해봐도 내가 무엇인가에 미쳤다는 평가를 받을 정도로 몰입해 본 일이 없다. '그래도 있겠지'라며 골똘히 생각해봤지만 역시 떠오르지 않는다. 결국, 없는 것으로 결론을 내렸다. 미쳐본 일이 없다는 것은 내가 그만큼 열정적이지도 않고, 무엇인가에 몰입하지 않는다는 것을 의미한다. 그렇다. 나는 타고난 성격상 무엇에 지나칠 정도로 집중하지 않는다. 미쳐야 이를 수 있다는 강한 신념을 가지고 있는 한국인은 보편적으로 나 같은 성격을 일컬어 의욕도 없고, 열정도 없다며 부정적으로 인식한다. 생각해 보면 늘 무엇인가에 미쳤다는 말을 들을 정도로 열중하라는 주문 속에 지금까지 살았다.

내가 무언가에 미치지 않는 것에 대해 원인을 생각해 보았다. 그것은 욕심이 없기 때문이다. 욕심이 없다는 것은 승리욕이 없다는 것을 의미하기도 한다. 내가 이기고자 하는, 앞서고자 하는 집념이 없는 것은 사실이다. 나는 무엇인가 승부를 겨루고, 서열을 매기는 일을 몹시 싫어한다. 주위를 살펴보면 승부 자체를 즐기는 사람도 많다. 그러나 나는 승부가 주는 스트레스를 잘 알고 있다. 그 스트레스는 나에게 공포의 대상이다. 서열을 매기는 것도 마찬가지이다. 나도 이기면 즐겁고, 1등 하면 재미있다. 하지만 인생이 언제나 승리만 있고, 1등만 하며 살 수는 없는 일이다. 그렇다고 내가 패배를 무서워하는 것은 아니다. 패배를 무서워하기보다는 승부 자체가 주는 스트레스를 무서워한다.

내 인생에 존재하지 않는 말이 여럿 있다. 그 가운데 하나가 도박이다. 소액의 판돈을 가지고 벌이는 심심풀이라 할지라도 도박을 하지 않는다. 할 줄도 모른다. 도박뿐 아니라 무엇이든 승부를 가르는 일 자체를 즐기지 않는다. 승부는 곧 스트레스라고 인식하고 있다. 인생에서 승부를 피해 다닐 수만은 없다. 어쩔 수 없는 승부야 참여하지만, 결코 나 스스로 승부를 찾아 나서지 않는다. 승리욕이 강해서 그것을 즐기는 이들로서는 이해할 수 없는 일이다. 강한 집념의 소유자는 승부가 없는 세상은 전혀 흥미가 없는 세상이라고 말한다. 그것이 스트레스라고는 절대 생각하지 않는다. 나와는 전혀 다른 생각의 틀을 가진 것이다.

승부에 집착하고 그것을 즐기는 이들은 이겼을 때의 짜릿함만을 생각한다. 졌을 때의 쓰라림은 크게 염두에 두지 않는다. 순위를 매기는 일도 그러하다. 듣자 하니 전 세계에서 학생의 성적으로 1등부터 꼴찌까지 서열을 매겨 공개적으로 발표하는 나라는 대한민국과 일본밖에 없다고 들었다. 일본과 단 둘뿐이라는 것은 성적 서열화가 일제를 통해 건너온 폐단임을 짐작하게 한다. 성적을 서열화해 발표하는 것은 대단히 비교육적 일이지만 오랜 세월 간 거기에 길든 한국인은 당연하게 받아들인다. 오히려 무엇이든 서열화하고 발표하지 않으면 궁금해서 못 견디는 습성까지 갖고 있다. 그리고는 그것을 열정이라고 표현한다. 학교성적 서열에 따라 인생 서열이 정해지는 것도 당연하게 수용한다.

난 무엇인가를 새롭게 시작할 때도 그것에 집착하지 않는다. 미치지 않는다. 아무리 재미가 있다 해도 적당한 선까지만 간다. 그리고는 더 깊이 빠져들기 전에 스스로 제자리를 찾는다. 지금까지 내가 했던 일의 대부분이 그러했다. 공부도 미친 듯이 해보지 않았고, 사랑도 남처럼 열병을 앓아가며 해보지 못했다. 미치지 않는 탓에 진정한 재미를 모른다고 말할 수 있겠지만 그렇지는 않다. 미치지 않아도 재미는 느낀다. 충분히 재미를 알고 즐기고 있다. 어쩌면 무섭게 빠져들었다가 이내 식어버리는 사람보다 더 진정한 의미의 재미를 느끼고 있다고도 말할 수 있다. 미쳐야만 재미있고 즐겁다는 것은 큰 오해이다. 미치지 않고도 얼마든지 재미있게 어떤 일을 즐길 수 있다. 적어도 내 경험에 의하면 그러하다.

중학생 때 처음으로 기타를 배웠다. 미쳐본 적이 없어서인지 지금도 늘 그 수준이다. 하지만 즐겁게 내가 좋아하는 노래를 반주에 맞춰 부를 수 있으니 그것으로 만족한다. 고등학생 때 친구를 따라 당구장에 가서 당구를 배웠다. 심하게 빠져드는 친구가 있었지만 나는 그러지 않았다. 그냥 하는 방법만 알았다. 승부 근성이 없는 삶은 지금도 여전히 지속하고 있다. 문단 활동을 시작한 지 10년이 넘었다. 승리욕이 없다 보니 많지 않은 작품을 쓸 뿐이고 몇 년 간격으로 개인 출판을 할 뿐이다. 글을 쓰면서 쓰는 과정을 즐기고, 그것을 책으로 엮어내는 즐거움을 느낄 뿐이다. 백일장 등 대회에 나가본 일도 없다. 그저 혼자만의 즐거움을 찾는 편이다. 예술 활동을 하면서 느끼는 행복감과 자기만족이 나의 목표이다. 나도 인간인지라 욕심이 생기기도 하지만 그것을 억누르고 마음의 평정을 찾기 위해서 부단히 노력한다. 나만의 즐거움에 빠져 보면 과정을 즐기라는 말이 무엇인지 느끼게 된다.

이제 만 3년을 넘긴 서각 활동도 그러하다. 그저 나 혼자만의 즐거움에 초점을 두고 있다. 다른 동호인도 다 내 마음 같은 줄 알았다. 그런데 그렇지 않다는 것을 안 것은 한참 뒤였다. 승리욕이 강하고 집념이 강한 이들의 속마음을 몰라 즐기는 예술을 하다가 눈총을 먹은 일도 있다. 서각 동호인 활동을 하면서 많은 동호인을 겪었다. 그들 가운데 일부는 무서울 정도로 빠져들어 밤과 낮의 구별 없이, 또는 평일과 주말의 구별 없이 나무에 글자나 그림을 새기는 일에 열중했다. 그러나 그들 대부분은 일정 기간 미친 듯이 빠져들다가 스스로 재미를 잃고 동호인 모임을 떠났다. 그런 모습을 보면서 지나치게 몰입하기보다는 천천히 그리고 오래 즐기는 나의 방식이 낫다는 생각을 했다. 적당히 짬을 내어 틈틈이 즐거움을 느끼며 각刻의 세계를 충분히 즐기자는 것이 내 생각이다.

이런저런 예술집단의 동호인 활동에 참여하면서 몰라도 될 것을 알게 됐다. 정작 인생 행복과 품위의 결정체인 예술이 사회에서 제대로 대접받지 못하는지 이유를 알게 된 것이다. 왜 뭇 사람이 예술 세계를 향해 썩었다고 비난하는지 알 듯하다. 이 모든 비난이 모두 지나친 욕심에서 비롯된다는 것을 알게 되기까지는 그리 오랜 시간이 걸리지 않았다. 예술 활동을 하는 과정이 공정하지 못한 것이 그 출발점이다. 특히 각종 대회의 권위 없는 시상이 예술과 예술인을 나락으로 빠뜨리고 있다는 것을 알게 됐다. 욕심이 많고 집착이 강한 이들은 부정을 통해서라도 상을 받고 타이틀을 거머쥐고자 한다. 그것이 하나둘 용납되면서 예술계는 비리의 온상 취급을 받게 됐다. 가장 순수해야 할 예술 세계가 가장 혼탁한 곳으로 전락한 지 오래다.

한 차례 대회나 시상식이 있고 나면 예술계는 이내 사분오열된다. 편을 가르고 뒷이야기를 쏟아내고 상대를 공격하는 일이 비일비재하게 일어난다. 그 현상이 오래가고 심해지면 분열이 시작된다. 분열은 서로를 등지게 하고 적을 만드는 일로 연결된다. 분명히 이 모든 일이 욕심에서 비롯되지만 스스로는 그것을 깨닫지 못한다. 깊은 아픔을 겪고 난 뒤에야 자신을 되돌아보게 된다. 지나친 승리욕을 접으면 되는 일이지만 욕심을 부리는 일이 습관화된 이들은 그게 마음대로 안 된다. 자신이 마음을 비우지 못해 겪는 고통이지만 남 탓으로 돌린다. 원망만 키워간다. 이런 과정을 되풀이하면서 예술계는 사회 전반으로부터 따가운 눈초리를 받는다. 밖에서는 제대로 알지 못했지만, 예술계 내부로 들어와 보니 세상이 예술을 천대하는지 알 듯하다.

난 내가 승리욕이 없어 무언가에 미치는 일이 없음을 참으로 다행스럽게 생각한다. 지금 이 모양으로 살아가는데도 감당 못 할 스트레스를 접하게 되는데 설상가상 승리욕까지 강했더라면 어떠했을까를 생각하면 아찔하다. 승리욕이 없다고 해서 지는 것이 좋고 지는 것을 즐긴다는 것은 절대 아니다. 승부로 인한 스트레스가 싫어 이를 피해간다는 의미이다. 논어 말씀에도 즐기고, 좋아하는 자를 당할 수 없다고 했다. 정열이 많아 승리욕이 강한 한국인은 과정을 즐길 줄 모른다. 여행을 갈 때도 이동하는 도중에는 잠을 자거나 전자기기를 만지작거린다. 도착지에서 사진만 찍고 별미만 맛보면 된다는 목표 지향적 여행을 한다. 목적지로 행해 가는 도중에 경험할 수 있는 진정한 과정의 멋을 즐길 줄 모른다. 오로지 목표를 세우고 그것을 달성하는 데만 의미를 둔다. 안타깝다. 나는 살아가는 내내 행복해하고 싶다. 그래서 승리욕 없는 천성이 얼마나 감사한지 모른다. ✿

2017년 12월 12일

대전학과 유성학

수년 전부터 지역마다 지역학이라는 이름으로 각 고장 주민을 대상으로 한 내 고장 바로 알기 학습 프로젝트가 경쟁적으로 진행되고 있다. 어디서부터 시작됐는지는 잘 모르겠다. 언제부터 시작됐는지도 잘 모르겠다. 지역학을 외면하는 지역이 없고 경쟁을 하듯 적극적으로 진행되고 있다는 사실은 잘 안다. 지역학은 말 그대로 내가 사는 이 지역이 어떤 역사를 갖고 있고, 어떤 인물을 배출했나부터 시작해 기후, 풍토, 산업, 전통 등에 이르기까지 다양한 분야에서 이루어지고 있다.

대개는 지자체가 중심이 돼 해당 지역학을 보급하기 위해 노력하고 있고, 대학이 거들기도 한다. 지역민이 나서 지역학을 활성화하기 위해 전력하는 때도 있다. 지역학의 시작은 학계에 의뢰해 관련 자료를 수집하고 정리하는 일부터 시작된다. 책을 출간하기도 한다. 그리고는 분야별 전문가를 선발하거나 전문 강의 인력을 확보해 양성하고 이들을 중심으로 정기 강의 또는 특별 강의를 진행하는 형태로 이루어진다. 지역학도 학문인 만큼 연구와 강의가 주된 육성 과정이다. 전국은 지역학 열풍이다.

지역학은 광역 행정 단위인 시도와 기초 행정단위인 시·군·구를 기반으로 투 트랙 형태로 운영된다. 즉 대전학, 충남학, 충북학 등 시·도 단위로 연구와 학습이 이루어지기도 하고 유성학, 대덕학, 천안학, 홍성학, 청주학, 음성학 등 시·군·구 단위로 연구와 학습이 진행되기도 한다. 대개는 지자체가 각기 예산을 수립해 지역학에 관한 연구와 보급 기능을 맡는다. 대부분의 지자체는 대학이나 연구소와 연계해 지역학의 자료를 발굴하고 강의를 통한 보급에 나선다. 평생교육 기관을 통해 이러한 기능을 수행하기도 한다.

내가 사는 대전도 예외 없이 지역학인 '대전학'이 시작됐다. 대전학의 시작은 다른 지역보다 1~2년 정도 늦었다. 그러나 상대적으로 1~2년 먼저 또는 늦게 시작된 것은 큰 의미가 없다. 얼마나 충실하게 지역학에 관한 연구가 이루어지고 있는가와 얼마나 충실하게 지역민에게 보급되고 있는가가 중요할 뿐이다. 하지만 아쉽게도 지역민은 자신이 사는 지역에 대한 학문적 지식을 갈구하지는 않는다. 떠밀려서라면 모를까 스스로 지역학을 찾는 일은 드물다. 그저 생업과 생계가 중요하기 때문이다.

대전에서 대전학이 본격화된 이듬해인 2016년, 대전시민대학에서 대전학 강좌에 동참해달라는 의뢰를 받았다. 언론을 기반으로 대전의 역사를 짚어달라는 주문이었다. 강좌의 제목은 '언론을 통해 바라본 대전의 역사'로 정해졌다. 일주일에 두 시간 강좌 수강을 신청한 시민을 대상으로 강의를 진행해달라고 했다. 기꺼이 승낙했고 곧바로 자료를 찾아 구축하기 시작했다. 언론과 관련된 대전학 자료를 찾는 일은 녹록지 않았다. 인터넷과 책자를 뒤적여 시민이 흥미를 느낄만한 자료를 발굴하기가 쉽지 않았다.

어렵게 자료를 찾고 강의 준비를 하면서 또 하나의 문제가 생겼다. 어렵게 강의자료를 준비하고 있지만 정작 수강생이 모집되지 않으면 강좌는 개설될 수 없게 규정돼 있었다. '대전학'이란 이름으로 개설된 강좌는

10여 개로 이 가운데 수강 신청을 한 인원이 10명 미만인 강좌는 폐강된다. 최대 수강인원은 20명이다. 힘들게 강의 준비를 해놓았더라도 수강생이 외면하면 그만인 구조이다. 그래서 강의를 위한 자료 준비를 하는 동안 '애써 강의 준비를 했는데 폐강되면 어쩌나?' 싶은 불안한 마음이 가시지 않았다.

다행스럽게 10명 넘는 인원이 수강 신청을 해서 강의가 진행됐다. 나름 성심껏 준비했고, 액면 그대로의 사실만 전하기보다는 수강생이 흥미를 느낄 만한 관련 이야기를 많이 풀어냈다. 많지 않은 인원이었지만 수강생은 아주 성의 있는 자세로 강의를 경청해주었다. 수강생이 열심히 따라 주니 강의자도 성심을 다할 수밖에 없었음은 당연하다. 그래서 3개월의 일정으로 진행된 강의는 아주 의미 있고, 보람되게 마칠 수 있었다. 수강생도 만족스러운 반응을 보였다.

3개월 과정이 마무리될 무렵 다음 학기의 수강생 모집이 시작됐다. 첫 학기에서 수강생 모집에 애를 먹었던 것이 나름의 트라우마로 남았다. 그래서 시민 누구나 더 재미있게 접근할 수 있고, 흥미를 느낄 수 있는, 그래서 수강생 모집이 수월한 강의를 개설하고 싶었다. 시민대학 측과 협의하는 과정에서 대전의 맛에 대한 강좌로 전환해줄 것을 요청했고 시민대학 측이 이를 받아들였다. 그래서 '대전 맛집의 비결'이란 이름으로 강좌를 개설해 수강생을 모집했다.

대중이 관심을 보이는 분야인 만큼 예상했던 대로 수강생 모집 첫날 20명의 정원이 모두 채워졌다. 수강생 모집 만료 기간까지 어렵게 10명의 수강생을 채운 언론 관련 강좌와는 확연히 비교됐다. 맛집 관련 강좌다 보니 내용도 부담 없이 가벼웠다. 대전의 기후조건, 교통여건 등을 기반으로 음식 문화 전반에 관해 설명해주고 대전 음식의 특징을 정리해주니 모두가 수긍했다. 총론적인 검토를 마친 후 각론으로 들어가 유명식당의 특징과 음식 맛에 관해 이야기를 꺼내니 수강생들이 앞다퉈 한마디씩 거든다. 참여식 수업이 진행되니 더욱 흥미롭고 분위기가 고무된다. 그러니 모두 강의에 높은 만족도를 보였다.

대전학 강좌를 맡아 진행하는 동안 내가 사는 대전에 대해 많은 것을 배웠다. 자료를 찾고 강의 준비를 하는 과정에서 많이 배웠고, 강의를 직접 진행하는 동안 또 많이 배웠다. 언론과 음식을 주제로 하는 강연이 진행됐지만 '대전학'이라는 큰 주제에 맞게 강의가 진행되는 동안 수시로 대전의 역사와 문화에 관한 이야기가 이어졌다. 그러다 보니 자연스럽게 대전의 역사와 지형, 기후, 인물 등에 대해 더 많은 사실을 알 수 있게 됐다. 수강 초기에는 큰 관심을 보이지 않던 수강생도 점차 대전에 대해 많은 것을 알게 됐고 더불어 대전에 대한 더 큰 관심을 두게 된 것이 사실이다.

모든 강의가 그러하듯이 이번 강의를 진행하면서 '가르치면서 배운다'라는 말을 거듭 확인했다. 그래서 수업을 맡아 진행하는 내내 즐겁고 행복했다. 그러던 중 유성문화원에서 연락이 왔다. 문화원에서 진행되는 각종 교양강의를 맡은 강사를 대상으로 유성지역의 역사와 문화에 관해 설명해주는 '유성학' 강의를 해달라고 요청했다. 그래서 흔쾌히 수락하고 곧바로 자료 찾기에 나섰다. 자료를 찾고 정리하는 데 많은 시간이 소요되지만, 정리해두면 언제고 다시 쓸 수 있는 내 것이 된다는 생각에 이 또한 기뻤다.

강의는 잘 끝났고, 수강생 모두 높은 만족도를 보였다. "많은 것을 배울 수 있던 좋은 강의였다"라며 저마다 칭찬을 아끼지 않으셨다. "대전에 살면서도 대전에 대해 너무 몰랐고, 유성에 살면서도 유성에 대해 너무 몰랐는데 많은 것을 알게 해주어 고맙다."라는 반응도 이어졌다. '고작 두 시간 남짓한 시간에 얼마나 다양한 지식이 전달됐을까?' 싶기도 했지만 그래도 후하게 덕담을 해주시니 진심 고마웠다. 강의를 주관한 유성문화원의 관계자도 흡족해하며 더 많은 주민을 초청해 다시 한번 좋은 기회를 마련하자고 제안했다.

그 후 얼마 지나지 않아 내가 사는 아파트 단지 주민들로부터 유성학을 특강 형태로 두 시간 강의해달라는 의뢰를 받았다. 이들은 단지 내 주민 가운데 인문학 공부에 뜻을 두고 자체적으로 스터디그룹을 결성해 운영하는 분들이었다. 이미 확보한 자료가 있어 단지 주민을 대상으로 한 강의는 한결 쉽게 진행할 수 있었다. 주민들 역시 유성문화원에서 수강했던 강사들과 비슷한 반응을 보였다. 이분들도 강의 내내 강의에 집중하는 모습을 보여주셨다. 이날 강의도 스스로 만족스러움을 느꼈다.

몇 차례 지역학 강의를 맡아 진행하면서 내가 사는 지역에 대한 다양한 지식이 축적됐다. 그러면서 나도 모르게 이 지역에 관한 관심과 애정이 커지는 것을 느꼈다. '이래서 지자체들이 앞다퉈 지역학 강좌를 진행하고 각별한 애정을 쏟는구나.' 하고 스스로 깨달았다. 강의를 듣고 나서 만족스러워하는 주민 모습을 지켜보며 지역학 강좌가 필요하고 유용하라는 점을 느꼈다. 그러나 홍보 부족과 관심 부족 탓에 많은 이들이 참여하지 못하는 것이 현실이다. 그래서 안타까운 마음이 크다.

누구랄 것 없이 자신이 사는 지역에 대해 애정과 자부심을 느끼게 된다. 하지만 체계적인 지식을 갖기란 쉽지 않다. 지역학을 통해 내 고장에 대한 보다 다양한 지식과 정보를 접할 수 있다. 지역학도 분야가 워낙 다양하다 보니 넓고 깊게 공부하자면 끝도 없다. 하지만 지역학 강좌를 통해 기본 지식을 쌓고 인터넷과 각종 문헌 등을 뒤적이면 생각보다 많은 자료를 찾을 수 있다. 내가 사는 고장에 대해 다양한 지식과 정보를 갖는 일은 생각보다 훨씬 재미있는 일이다. 누구든 시간 내 지역학 공부를 해보라고 권하고 싶다. ✑

2017년 10월 22일

계속 읽기만 할 것인가

 가을을 독서의 계절이라고 한다. 쾌적해서 책을 읽기 좋은 날씨가 이어지기 때문인 것 같다. 실상 가을은 무엇을 해도 좋은 계절이다. 여행하기에도 좋고, 운동하기에도 제격이다. 어울려 놀기에도 가을만 한 계절이 없다. 일하는데도 가을은 적합하다. 고통스러운 한여름의 무더위가 지나고 나면 가을이 찾아온다. 혹독한 추위를 이겨내고 맞는 봄과 더불어 가을은 누구나 가장 반기는 계절임이 분명하다. 그래서 가을에는 결혼식도 많고, 체육대회도 많다. 각종 모임도 집중돼 있다.
 독서의 계절이라고 알려진 가을을 맞아 좀 이채로운 제안을 해보고 싶다. 누군가를 지목하기보다는 불 특정인에게 부담 없이 해보는 제안이다. 그 제안은 글을 써보자는 것이다. 쾌적해서 기분이 좋고, 몸도 최적의 상태를 보이는 것은 물론이고 자연의 풍광도 가장 완숙미를 드러내는 가을에 인간의 감수성은 최고조에 달한다. 그 감수성을 그냥 흘려보내기엔 너무나 아깝다는 것이 개인적인 생각이다. 글을 읽기에도 좋은 계절이지만 글을 쓰기에도 가장 좋은 계절이라는 것이 나의 생각이다.
 글을 읽는 일 못지않게 쓰는 일이 중요하다. 글을 읽는다는 것은 내 머릿속에 무엇인가 데이터를 입력한다는 것을 의미한다. 반복적인 읽기를 통해 우리는 뇌에 무한한 정보와 지식을 축적한다. 머릿속에 지식과 정보를 채우는 방법은 다양하지만, 책을 비롯한 문서를 읽는 일이 가장 일반적이다. 독서는 새로운 지식을 축적할 뿐 아니라 잘못 저장된 정보를 새롭게 리셋 해주는 역할도 한다. 그래서 인간은 꾸준히 독서를 해야 한다. 계속 새로운 지식과 정보를 받아들여야 하기 때문이다.

하지만 한 가지 더 생각해 볼 일이 있다. 언제까지 지식과 정보를 축적만 할 것이냐의 문제이다. 우리가 머릿속에 무엇인가를 열심히 주워 담고 저장하는 것은 언젠가 그것을 꺼내어 유용한 곳에 쓰고자 하는 목적이 있다. 즉 머릿속에 무엇인가를 계속 주입하는 것은 입력에 해당하는 행위이다. 입력은 출력을 전제로 한다. 우리가 무엇인가를 머릿속에 담아 저장하는 것은 어떤 형태로든 그것을 꺼내 쓰기 위한 선행 작업이다. 출력은 머릿속에 담아있는 내용을 어떤 형태로든 표출하는 것을 의미한다. 대표적으로는 말하기와 글쓰기가 출력에 해당한다.

말하기는 일상 속에서 자연스럽게 이루어진다. 특별한 자리에서 발표하거나 강연을 하는 등의 상황이 전제되기도 하지만 대개는 일상을 통해 자연스럽게 이루어진다. 평소 책을 많이 읽고, 마음의 양식이 될 만한 이야기를 귀담아들었다면 세련된 어휘를 구사해 말할 수 있고, 논리적으로 말하는 것도 가능해진다. 평상시의 말하는 습관을 통해서 그 사람의 지적 수준이나 교양 정도가 표출되는 것은 당연하다. 길지 않은 대화를 나눠 봐도 상대의 수준을 가늠할 수 있는 것은 바로 이러한 이유 때문이다.

말하기보다 더 명확하게 그 사람의 지적 수준을 파악할 수 있는 가늠자가 바로 글쓰기이다. 말은 즉흥적으로 이루어지는 경우가 많지만, 글을 정제되고 다듬어지는 과정을 통해 표출되는 것이 일반적이다. 그래서 그가 쓴 글을 읽어보면 아주 쉽게 그러나 정확하게 작성자의 지적 수준 및 의식 수준을 평가할 수 있다. 글을 통해 글쓴이의 어휘력은 물론 이려니와 논리를 전개하는 수준도 가늠할 수 있다. 그래서 논술시험을 통해 응시자의 실력을 평가하려는 시도가 곳곳에서 이루어지고 있다.

그런데 글쓰기는 말하기처럼 일상 속에서 행해지지 않는다. 글을 쓰는 것이 직업이거나 생활 속 습관으로 자리 잡은 사람이 아니라면 평상시에 글을 쓴다는 것은 쉽지 않다. 특정한 목적이 있거나 개인적으로 자기 생각을 정리해 기록할 필요가 있다고 여길 때 비로소 붓을 잡게 된다. 그러다 보니 글쓰기는 말하기처럼 생활화돼 있지 않다. 그래서 대개의 사람은 글쓰기에 대해 익숙하지 않고 그런 만큼 약간의 두려움을 갖고 있다. 말로는 얼마든지 할 수 있는 자기주장도 글로 쓰라면 두려워하는 게 일반적이다.

글쓰기를 두려워하는 것은 전적으로 훈련의 부족에 기인한다. 말을 많이 하면 할수록 언변에 자신감이 생기듯이 글쓰기도 수시로 연습하고 실행할 때 비로소 실력이 늘고 자신감이 생긴다. 또 한 가지 중요한 사실은 글쓰기 연습에 앞서 충분한 입력과정이 선행돼야 한다는 점이다. 입력이 있어야 출력이 있는 것은 당연한 일이다. 충분한 지식이 머릿속에 가지런히 정리돼 있을 때 글쓰기를 통한 출력은 가능해진다. 선행조건이 완비됐다면 꾸준한 훈련으로 실력을 쌓아야 한다.

가을을 맞아 여기저기서 책을 읽자는 제안이 쏟아진다. 책을 읽는 것은 동서고금의 권장 사항이다. 탐구하고 배우려는 인간의 본능을 채워줄 뿐 아니라 새로운 지식을 쌓아가는 기쁨을 맛볼 수 있게 해주기 때문이다. 이 밖에 책을 읽는 입력의 과정은 말하고 글 쓰는 등 출력행위를 하기 위한 전제조건이라는 의미가 있다. 책을 읽고 남의 이야기를 귀담아듣는 일이 말을 하고 글을 쓰기 위한 목적만을 갖는 것은 아니지만 절대적 이유가 되는 것은 사실이다.

생체의 흐름을 볼 때 음식물을 섭취하면 일상에 필요한 에너지로 사용하고 그 나머지는 배설의 과정을 통해 체외로 배출하게 된다. 섭취와 배설이 조화롭게 이루어질 때 신체는 건강한 상태를 유지할 수 있다. 우리 사회는 책 읽기와 남의 말 듣기만을 일방적으로 중시하는 경향이 있다. 즉 입력섭취만 중요시하고 출력배출에는 큰 가치를 두지 않는 것이다. 출력은 정말 중요한 인간의 학습활동이다. 나의 출력물이 누군가에게는 입력의 대상이 되기 때문이다. 지식과 정보의 선순환은 이러한 입력과 출력의 반복에서 비롯된다.

입력과 출력이 선순환하면서 인류는 끝없이 발전해왔다. 지식을 축적하기만 하는 것은 선순환적 측면에서 볼 때 부족함이 있다. 내가 알고 있는 지식과 정보를 제3자에게 전달해 주어 그가 유용하게 활용할 수 있도록 해주는 활동이 필요하다. 말을 통해 출력하는 것은 대단히 지엽적이고 비체계적일 수 있지만, 글을 통한 출력은 더 체계적일 뿐만 아니라 광범위하고 영속적이어서 시공의 한계를 극복할 수 있다는 장점을 지닌다. 그래서 글쓰기는 대단히 이타적인 활동으로 분류할 수 있다.

가을은 책을 읽기에 좋은 만큼 글을 쓰기에도 좋은 조건을 갖춘 계절이다. 그래서 독서의 계절 못지않게 작문의 계절로 자리를 잡아야 한다는 것이 나의 주장이다. 지식을 쌓아만 가는 것은 큰 의미가 없다. 축적한 지식을 머릿속에서 융합해 새로운 지식으로 창출해내고 그것을 말하기와 글쓰기라는 출력의 과정을 통해 배출하고 타인이 깨닫거나 활용할 수 있도록 해야 한다. 그러자면 글쓰기 자체가 말하기처럼 자연스럽게 이루어져야 한다. 그것은 지속적이고 반복적인 훈련을 통해서 가능하다.

'더도 말고 덜도 말고 한가위만 같아라'라는 말은 추석 전후가 1년 중 물질적으로 가장 풍성하고 날씨도 쾌적함을 우회적으로 일컫는 말이다. 가을은 그만큼 모두가 좋아하는 계절이다. 가을에는 책을 읽는 일뿐 아니라 어떤 행위를 하기에도 좋은 계절이다. 책을 읽는 일보다 더 적극적인 자기계발의 과정이 글쓰기라고 할 수 있다. 글을 쓰는 과정을 통해 인간은 내면적 성숙을 이루고 생각의 크기를 키울 수 있다. 되돌아볼 겨를 없이 살아온 자신의 일상을 되돌아보는 성찰의 시간도 가질 수 있다.

  너무도 좋은 계절, 가을을 맞아 마음에 담아두었던 시 한 편을 써보자고 권하고 싶다. 이 좋은 감정을 한 편의 수필로 남겨보자고 제안하고 싶다. 그동안 자신만의 노하우를 축적한 분야의 글을 논리적으로 써보는 것도 좋겠다. 가을은 독서의 계절뿐 아니라 작문의 계절이어야 한다. 한껏 달아오른 풍부한 감수성을 멋진 글로 남겨보는 가을이 되길 바란다. 가을을 맞아 사색의 결실이 곳곳에서 주렁주렁 열리기를 간절히 소망한다.

2017년 09월 26일

제4장
가가례례

아들의 성적표

우리나라 웬만한 가정의 행복 기준은 크게 세 가지로 압축된다. '가족 구성원 모두가 건강한가'가 첫 번째이다. 다음은 '궁색하지 않을 만큼의 재물이 있어 체면 유지를 할 수 있는가'의 여부이다. 나머지 한 가지는 '자녀가 공부를 잘하는가'이다. 세부적으로는 '유명 대학에 진학했는가' 와 '전문직에 종사하는가' 또는 '안정적 직장에 소속돼 있는가'이다. 이 세 가지 조건을 갖추고 있다면 적어도 대한민국 사회에서는 행복한 사람에 속한다. 남 앞에서 기죽을 일 없고, 약간의 자랑을 해도 주변인이 받아줄 정도가 된다.

물론 이 기준은 대한민국의 기준이다. 건강이야 만국의 공통 관심사이며 행복의 조건이겠지만 물질적 부^富에 대한 기준은 문화권마다 다른 것 같다. 헐벗고 굶주릴 정도가 아니라면 물질에 집착하지 않으면서 행복을 추구하는 사람은 얼마든지 많다. 그러나 대부분 나라 사람이 물질적 부를 행복의 조건에 포함하는 것은 맞다. 이와 달리 자녀의 성적과 진로가 부모 행복의 기준이 되는 경우는 지극히 이례적이다. 한국은 그 정도가 너무 심해 감히 병적이라고 표현하고 싶다.

나도 한국인이니 자식의 학업 성적이 늘 관심이다. 남처럼 집착하는 정도는 아니지만, 관심을 두고 있다. 아직 초등학생인 둘째 아들의 성적은 아직 관심을 두기에는 이르다고 판단해 무관심한 수준이다. 첫째 아들의 성적에 관심을 두기 시작한 것도 불과 1~2년 전이다. 아주 성적이 좋은 극상위권이거나 바닥권이라면 오히려 마음이 편할 텐데 첫째 아들의 성적은 아주 애매한 정도이다. 본인이, 더불어 부모가 관심을 가지면 일정 수준에 도달할 수 있는 위치로 보면 된다.

전국 동 학년 전체를 대상으로 하면 중간보다 위에 있지만 그렇다고 상위권으로 분류되지 못한다. 소외 말하는 중상위권이란 표현을 쓰기에도 부족함이 보인다. 며칠 전 받아본 첫째 아들의 성적표는 전체 11개 과목 중 3개 과목을 제외하고 모두 A등급이었다. 언뜻 보면 우수한 성적처럼 보이지만 자세히 살펴보면 지극히 부진한 성적이다. A등급이 아닌 3개 과목 중에는 영어와 수학이 있다. 수학은 C등급, 영어는 D등급이다. 나머지 하나는 기술가정으로 B등급을 받았다.

부모인 나는 이 성적표에 별 불만이 없다. 오히려 잘했다고 칭찬해주고 싶다. 그러나 영어와 수학이 중간 이하 수준이기 때문에 큰아들은 소위 말하는 명문대학에 진학하기 어렵다. 지금과 같은 성적을 지속한다면 대입에는 치명적이다. 아버지인 내가 중요시하는 국어와 한국사, 한문은 100점 또는 100점에 가까운 점수를 받았다. 하지만 큰아들을 성적 우수자라고 인정하는 사람은 아무도 없다. 영어와 수학이 평균 이하 점수이기 때문이다. 이런 성적이라면 적어도 한국의 입시제도 하에서 명문대학에 입학하는 것은 불가능하다.

아버지인 내가 수험생일 때도 그랬다. 명문대학에 진학하고 싶다면 영어와 수학의 점수관리가 잘 돼야 했다. 다른 과목을 아무리 잘해도 영어와 수학 두 과목이 부진하면 결코 성적우수자 반열에 오를 수 없었고, 더불어 원하는 대학에 갈 수도 없었다. 지금은 그런 현상이 더욱 심해진 것 같다. 그러니 큰아들은 겉으로 드러나는 성적표만으로는 성적우수자일지 몰라도 자세히 분석해보면 전국 같은 학년 대비 중간을 약간 웃도는 수준이라고 평가할 수 있다.

이점이 너무도 애석하다. 내 아들이 그런 경우라서 애석하다기보다는 왜 하고많은 과목 중에서 영어와 수학에 그리도 높은 비중을 두어서 10대의 피 끓는 청춘이 그 두 과목을 공부하는데 그토록 많은 에너지를 쓰도록 유도하는지 그것이 애석하다. 영어와 수학을 모든 학생이 사회인이 돼서도 유용하게 쓸 것이라면 애석할 것도 없다. 하지만 소수 엘리트 집단을 제외하면 영어와 수학을 업무와 관련해서 사용할 일은 지극히 드물다. 그렇지만 대한민국의 모든 청소년은 영어, 수학과 사투를 벌이고 있다.

고등학교 과정에서 영어와 수학 두 과목은 중학교 과정보다 난도가 급상승한다. 꾸준히 공부하는 학생과 시험 기간에 날벼락 치기 공부를 하는 학생 간의 격차는 영어와 수학에서 벌어진다. 실제 대학입시에서도 영어와 수학이 점수 비중이 워낙 높은 데다 문제도 지극히 어려워 여기서 승패가 갈린다. 전통적으로 대한민국의 대입 시험은 이 두 과목을 통해 사실상의 변별력을 가늠한다. 그러니 본인이 좋아하고 싫어하고를 떠나 대학에 진학하고 싶다면 조건 없이 영어와 수학에 매진해야 한다.

대입 제도가 다양해져 다채로운 방법으로 전형을 시행한다고는 하지만 여전히 소위 명문대학이나 전문직종 관련 학과는 영어와 수학을 잘해야만 관문을 통과할 수 있다. 이들 두 과목이 아닌 다른 과목을 아무리 잘하고 모두 100점을 받는다고 해도 대입 경쟁에서 승자가 되기는 어렵다. 이 사실은 대한민국 사회에서 진리로 받아들여지고 있다. 이 사실을 잘 알고 있는 나로서는 아들의 성적표를 받아볼 때마다 대한민국 사회에 대한 원망이 싹 튼다.

큰아들은 예체능이 만능이다. 학교 운동회에서 매년 달리기 1등을 도맡았고, 반 대표 계주선수로 선발되지 않은 적이 없다. 학교 대표로 대회에 출전하기도 했다. 운동신경이 탁월해 구기종목에서도 탁월한 기량을 뽐낸다. 음악적 재능이 뛰어나 리코더나 오카리나 등을 며칠만 만지작거리면 뛰어난 연주를 한다. 가창 실력도 뛰어나 능숙하게 노래를 잘 부른다. 미술 분야에도 재능이 있어 그림 솜씨가 빼어나다. 아주 어렸을 적에 그린 그림이 성인이 아비의 그림보다 월등했다. 모두 감탄할 정도의 그리기 실력을 갖췄다.

언어 능력도 뛰어나 또래와 비교하면 비교적 다양한 어휘력을 구사한다. 무엇인가 주제를 주고 또래에게 A4용지에 작문하라고 하면 앞장을 못 채우는 아이가 대부분이지만 큰아들은 앞장을 너끈히 채우고 뒷장에도 주제에 맞는 글을 쓸 수 있을 정도의 문장력을 갖고 있다. 역사의식도 있어 동서양의 문화 차이를 논리 있게 말하고, 한·중·일의 역사적 관계에 대해서도 정확히 알고 있다. 한반도를 둘러싼 국제정세에도 편협하지 않은 식견을 갖고 있다.

도대체 이런 아이가 열등생으로 분류된다니 한국교육 제도에 대해 분통이 터진다. 사회에 나와서 평범하게 살아가는 다수의 사람에게 정작 아무런 보탬이 되지 않는 영어와 수학을 가지고 실력을 평가하고, 그 기준으로 대학의 진학 수준을 가르고, 우등생과 열등생을 구분하는 지금의 교육 방식에 너무도 큰 저항감이 생긴다. 다양한 체험활동을 통해 진선미眞善美의 가치를 추구해야 할 나이에 학원에서 평생 써먹지도 않을 영어와 수학 공부를 하는 대한민국 청소년을 생각하면 열불이 난다.

큰아들은 초등학교 중학교를 거치는 동안 대부분의 또래 아이들이 섭렵한 영어학원, 수학학원을 한 번도 다녀본 적이 없다. 초등학생 때는 학교에서 진행하는 방과후학교 프로그램을 통해 영어 학습을 했지만, 중학교에 진학한 이후에는 그나마 방과 후 학습에도 참여하지 못했다. 학교에서 참가 신청을 받아 수강 신청을 하지만 신청 인원이 너무 적어 폐강되기를 반복했다. 모든 아이가 영어와 수학학원에 등록하니 학교

방과 후 프로그램에는 접수하지 않는 것이다.

　학원은 문제 풀기와 찍기 기술을 가르친다고 들었다. 집중적으로 시험문제 풀기 요령만 주입한다고 들었다. 그래서 당장 학원에 다니면 성적이 좋아진다고 한다. 성적이 오르지 않더라도 부모는 아이를 학원에 보낸다. 당장 내 눈앞에서 빈둥거리는 아이의 모습을 보지 않기 위해서다. 아이가 책상에 앉아있지 않고 게임을 하거나 TV 시청을 하면 부모는 극도의 불안감을 느낀다. 다른 집 아이는 같은 시간 공부를 하고 있을 거라고 착각한다. 그래서 그 불안감 해소 차원에서 학원을 보내는 경우도 많다.

　큰아들이 영어와 수학 점수가 부진한 것이 학원을 보내지 않았기 때문이라고 변명하고 싶어 장황하게 이 글을 쓰는 것은 아니다. 학교 교육이 입시를 위한 수단으로 전락하는 것이 너무도 안타깝다. 정작 극소수만 활용할 영어와 수학이라는 과목에 매달려 청춘을 보내는 대한민국의 아이들이 너무 불쌍하다. 정권이 바뀔 때마다 이 같은 모순을 지적하며 개선의 목소리를 높이지만 수십 년째 영어와 수학에 끌려다니는 교육 행태는 전혀 바뀌지 않고 있다. 그래서 분통이 터진다.

　큰아들도 지쳤고 나와 아내도 지쳤다. 결국은 큰아들에게 "너도 학원을 알아봐라. 이제 학원에 다녀야 할 것 같다."라고 말했다. '영어와 수학에 목매지 않아도 얼마든지 재미있고 알차게 살 수 있다'라는 알량한 나의 신념이 현실의 벽 앞에서 무너지니 자존심이 상한다. 내년이면 고등학생이 되는 아들은 3년 내내 영어, 수학과 사투를 벌여야 한다. 대한민국 땅에서 대학에 진학하려면 어쩔 수 없는 일이다. 내가 아무리 '소모적이다' '불공평하다' '불합리하다' 외쳐도 소용이 없음을 잘 안다. 그래서 씁쓸하다.

　아내가 "둘째 아들은 중학교에 입학하면 바로 영어와 수학학원에 등록시켜 대입을 준비하겠다."라고 말한다. 큰아들을 통해 학원에 가서 문제 찍기 기술을 가르치지 않으면 성적이 오르지 않고, 원하는 대학에 진학할 수 없다는 사실을 충분히 학습했다. 그러한 사실을 몰랐던 것은 아니지만 더욱 뼈저리게 실감했다. '절이 싫으면 중이 떠나라'라는 속담은 대한민국에서는 진리로 통한다. 대한민국 교육제도가 싫으면 다른 나라로 떠나라는 식이다. 내 나라 떠날 수 없고, 입시제도 내 뜻대로 바꿀 수 없으니 이래저래 울화통이다.

2017년 07월 27일

고향이 사라졌다

실향민失鄕民이란 말이 있다. 고향을 잃어버린 사람이란 의미이다. 한국 사회에서 대개는 현재의 북한 땅이 고향인데 해방 이후 월남했거나 한국전쟁으로 남한에 내려와 터를 잡은 이후 휴전협정으로 고향으로 되돌아가지 못하는 이들을 일컫는 말로 주로 사용한다. 어려서는 실향민이란 낱말이 주는 묵직한 어감을 느끼지 못했지만, 나이가 들어가면서 고향, 혈육에 대한 개념이 생기면서 그들의 고통을 조금씩 알아가겠다. 전쟁을 통해 어처구니없이 고향을 잃어버린 사람들. 외국은 다니면서 막상 자기 고향을 가보지 못하는 사람의 고통을 조금은 알 것 같다.

북녘에 고향을 둔 사람 못지않게 서글픈 실향민도 있다. 강물을 막아 댐을 만드는 과정에서 고향 땅이 수몰된 이들이다. 이들은 "북한에 고향을 둔 사람은 통일이 되면 가볼 수 있지만, 마을이 수몰된 사람들은 고향을 곁에 두고도 가볼 수 없다"라며 고향을 잃은 자신들의 아픔을 표현한다. 신도시개발로 고향을 잃은 사람도 부지기수이다. 그들은 도시로 바뀐 자신의 고향을 가볼 수 있지만 어디가 어딘지 방향조차 잡을 수 없는 지경을 맞는다. 그러니 물속에 고향을 수장한 이들에 비하면 사정은 좀 낫다.

내 경우 북에 고향을 두고 남하한 피난민도 아니고, 고향을 물속에 가둔 이주민도 아니다. 신도시가 개발되면서 고향이 형태를 잃어버린 것도 아니다. 그렇지만 누군가 만나 이야기를 나누면서 고향을 잃었다고 말한다. 내 고향은 여전히 그대로 있는데 나는 고향을 잃은 실향민이라고 주저 없이 말한다. 내가 실향민이라는 말을 처음 듣는 이들은 당혹스러워하지만 내 설명을 듣고는 '그럴 수도 있겠다'라며 수긍을 한다. 아직 쉰 살이 안 된 내 나이에 실향민이란 표현을 쓰는 것이 얼마나 어색한지 모른다. 그러나 나는 실향민이 맞다.

내가 나서 자란, 아니 내 아버지와 할아버지 그리고 삼촌과 사촌들이 수십 년 터전을 잡고 살아온 고향은 충청북도 음성군 대소면 오산리 오미골이다. 나와 내 형제들 모두 이곳에서 태어나 어린 시절을 보냈다. 아버지 형제는 모두 고향을 떠나지 않고 그곳에서 터전을 잡았다. 그러나 우리 형제와 사촌들까지 우리 세대는 거의 고향을 떠나 도시에서 학교에 다니고 이후 직장을 잡고 결혼을 해서 가정을 꾸려 살아가고 있다.

내 고향은 오지 중의 오지마을이었다. 적어도 내가 어려서 초등학교와 중학교에 다닐 때까지만 해도 그랬다. 고추와 담배 농사를 많이 짓는 전형적인 시골 농촌 마을이었다. 음성 고추, 음성 황색 연초는 전국적 특산물이었고 내가 나서 자란 마을이 바로 그 특용작물의 중심 재배지였다. 끝도 없는 고추밭과 담배밭을 보면서 자랐다. 마을에서 사방으로 연결되는 모든 도로는 비포장이었고, 웬만한 거리는 걸어서 다녔다. 중학교를 마칠 때까지 병원이라고는 가보지도 못하고 자랐다. 그 어떤 문화생활도 경험해보지 못하고 살아야 했다.

우리 동네에 엄청난 변화의 바람이 불어온 것은 대략 80년대 후반에서 90년대 초반이다. 1987년 12월 개통된 중부고속도로는 짧은 시간에 엄청난 변화의 바람을 몰고 왔다. 경부고속도로의 과밀로 통행량 분산을 목적으로 건설된 중부고속도로는 바로 우리 마을을 통과했다. 통과만 한 것이 아니라 음성나들목2013년 7월 대소나들목으로 명칭 변경이 생겨 삽시간에 교통의 요지가 됐다. 온종일 몇 대나 되는 차를 봤을까 싶던 시골 마을에 나들목이 생기며 엄청난 변화의 물결이 찾아왔다.

대소나들목은 서울과 대전의 정확히 중간 지점에 있다. 지금이야 많은 고속도로가 새롭게 개통됐고, 나들목도 많이 생겼지만, 중부고속도로가 처음 개통됐을 때는 서울에서 충북 동북지역과 경북 북부지역으로 이동하는 차량이 모두 대소나들목을 이용했다. 엄청난 교통량이었다. 교통이 발달하면서 마을 전체의 변화가 성큼성큼 다가왔다. 모두가 예상 못 한 깜짝 놀랄 만한 변화였다. 그러한 변화가 찾아올 것이라곤 그 마을 사람 누구도 예측하지 못했다.

교통여건이 좋아지면서 가장 먼저 생긴 변화는 대규모 국가 및 지방 산업단지가 생겨났다는 점이다. 산업단지가 개발되는 것과는 별도로 엄청나게 많은 공장이 개별 용지를 마련해 입주하기 시작했다. 공장이 생겨나면서 인구가 갑작스럽게 늘어났다. 땅값과 집값이 급등했고 대형 아파트가 건설되기 시작했다. 상점도 하루가 다르게 들어섰다. 마을의 모습은 하룻밤 자고 나면 바뀌었다. 길거리에는 고향 사람보다 외지 사람이 더 많아졌다. 외국인 노동자도 그 수를 헤아릴 수 없을 정도로 눈에 띄기 시작했다.

대소면 인구가 늘어나면서 음성군 인구가 수십 년 만에 10만 명을 회복했다. 특히 대소면 인구는 2만 명에 육박하면서 음성읍 인구를 따돌리는 파란을 일으켰다. 음성군은 전국의 군 지역에서 서너 번째로 많은 인구를 갖게 됐고, 대소면은 전국 면 가운데 가장 인구가 많은 지역이 됐다. 수도권과 바로 인접한 지리적 특성에 기인한다. 입지조건은 수도권 수준인데 수도권은 공장 신설의 장벽이 높지만, 음성지역은 상대적으로 벽이 낮아 기업이 몰려오고 있다.

조용한 시골 마을은 불과 몇 년 사이에 도시도 아니고 농촌도 아닌 이

상한 형태의 마을이 됐다. 난개발을 지속하며 수백 개의 공장이 곳곳에 들어섰다. 다른 시골 마을은 초중학교의 폐교를 걱정하고 있지만 내가 졸업한 초등학교와 중학교는 과밀학급을 걱정해야 할 형편이다. 없던 고등학교도 신설됐다. 땅을 갖고 있던 많은 사람이 일약 부자가 됐다. 도시로 떠났던 사람 중 적지 않은 수가 고향으로 돌아왔다. 2015년에는 평택-제천고속도로가 개통됐고 대소면이 두 개 고속도로의 분기점이 되며 교통여건을 한 쌍의 날개를 더 달았다. 그러면서 음성군 대소면의 발전은 더욱 가속되고 있다.

오지마을이 산업도시로 급성장하면서 얻은 것도 많지만 잃은 것도 많다. 마을 사람들은 부동산 가격 급등으로 근로와는 무관하게 큰돈을 벌었다. 대단위 아파트가 건설돼 주거의 질도 크게 향상됐다. 시중은행이 앞다퉈 입점해 질 높은 금융서비스를 받을 수 있게 됐고, 큰 규모의 마트도 많이 생겨 쇼핑이 편해졌다. 진료과목별 병원과 의원도 많이 생겼다. 아이들이 다닐 수 있는 학원도 많이 생겼다. 1시간 안쪽에 도착할 수 있는 서울행 시외버스도 30분 간격으로 운행돼 교통여건도 크게 개선됐다.

모든 것이 부족하기만 한 일반적 시골 마을 사람이 들으면 부러울 일들이다. 하지만 일찌감치 고향을 떠나 도시에서 생활하고 있는 나로서는 고향의 변화가 반갑지만은 않다. 나와 비슷한 처지의 출향인 모두 나와 생각이 크게 다르지 않을 것이다. 북에 고향을 두어 가볼 수 없는 형편도 아니고 그렇다고 고향이 수몰된 것도 아니다. 언제라도 갈 수 있고 그곳 사람을 만날 수도 있다. 하지만 자신을 실향민이라고 생각한다. 언제든 갈 수 있는 고향을 두고도 실향민이라고 말하는 것은 나름의 이유가 있다.

누구나 일반적으로 가진 고향이란 단어가 주는 푸근함과 애틋함이 없기 때문이다. 내가 놀던 산과 들은 공장과 아파트 단지로 바뀐 지 오래다. 내가 다니던 초등학교와 중학교는 교사를 증축해 무시무시한 규모로 커졌다. 마을 거리에는 외국인 노동자가 고향 사람보다 훨씬 더 많이 눈에 들어온다. 외지에서 이사와 터를 잡은 사람의 수는 헤아리기 어려울 지경이다. 한 번 고향을 방문할 때마다 변화하는 모습에 놀라움을 금할 수 없다. 상점도 수시로 늘어난다.

고향이 내가 자란 옛 모습 그대로 간직하고 있기를 바라는 것은 출향인의 욕심이다. 내가 어려서 만났던 과거의 고향 사람만 살아가는 시골 마을로 남아있기를 바라는 마음도 내 욕심이다. 내 욕심일 뿐 그곳에 사는 고향 사람에게 마을의 발전과 풍요는 축복이고 희망이라는 사실도 잘 안다. 고향 사람들은 고향이 더욱 발전해 도시가 되기를 바라고 있다. 물론 나처럼 옛 모습을 그리워하며 변화하고 발전하는 것을 달가워하지 않는 사람도 있을 것이다.

고향에 사는 사람 가운데도 고향의 변해가는 모습이 싫은 부류는 분명히 있을 것이다. 하지만 내가 보기에는 대부분이 더욱 발전하고 더욱 성장하기를 원하는 것 같다. 내 고향이 발전하고 내 고향 사람이 풍요로워진다는데 반대할 이유는 없다. 다만 푸근한 고향이 사라졌다는 것이 내게 큰 안타까움인 것은 사실이다. 왜 하필 전국의 수많은 시골 마을 가운데 내 고향이 저토록 변해야 했을까 싶은 아쉬움을 갖는다. 옛 모습은 아무것도 남은 게 없다. 다음에 가보면 또 변해있을 것이 분명하다.

내 고향은 지금 사는 곳에서 불과 한 시간 차를 몰고 가면 다다를 수 있다. 교통이 너무 좋아 언제라도 마음만 먹으면 금세 달려갈 수 있다. 친구나 친지로부터 부고^{訃告}를 전해 들으면 당장이라도 달려갈 정도로 가까운 거리이다. 엄연한 고향이 있는데 스스로 실향민이라고 표현하면 고향 사람이 들을 때 무척 서운할 것이다. 하지만 내가 실향민이라고 스스로 느끼는 마음은 어쩔 수 없다. 내가 울적할 때 찾아가 마음을 달래줄 곳이 스스로 정의하는 고향의 개념이다. 그렇게 친다면 난 고향을 잃은 것이 맞다.

전국의 그 많은 시골 마을 가운데 왜 하필 내 고향이 그토록 크게 변한 대상이 되었는지 안타깝다. 내가 자라던 당시의 그 모습은 어디에서도 찾을 수가 없다. 그 자리에는 공장과 사무실, 상가, 아파트가 들어차 있다. 마을에 빼곡했던 은버들나무도, 마을 어귀에 하늘을 찌를 듯이 키가 컸던 미루나무도 이제 단 한그루도 남아있지 않다. 내가 멱 감던 개울도 하천 정비사업을 통해 도시하천으로 변모했다. 내 추억을 자극할 무엇도 없다. 그러니 나는 스스로 실향민이라 부르고 있다. 내 고향 음성군 대소면 오미마을. 그 옛 모습이 너무도 아련하다. ✍

2017일 06월 04일

가가례례(家家禮禮)

　예의란 나의 말과 행동이 상대의 기분을 상하지 않게 하는 데서 출발한다. 한 걸음 더 나아간다면 나의 말과 행동이 상대의 기분을 좋아지게 하기 위한 것이다. 예의는 산 사람끼리만 지키고 배려하는 것이 아니라 때로는 죽은 자를 대상으로 하기도 한다. 죽은 자가 무엇을 알까싶지만 죽은 자에 대해 예의를 갖추는 것은 죽은 자의 주변인을 위한 배려이기도 하고 나에 대한 자숙이기도 하다.

　예의는 참으로 상대적이다. 나는 예를 다한다고 한 행동이 상대에게 기분 상하는 일일 수도 있다. 시간과 공간을 달리하면 예의 개념도 달라질 수 있다. 외국 여행을 해보면 우리와 다른 문화 속에 살아가는 이들을 목격하게 되고 그들이 우리와 다른 예에 대한 기준을 갖고 있음을 알게 된다. 그래서 제대로 예의를 갖추기란 참으로 어렵다. 예의에는 정답이 없으니 어려울 수밖에 없다. 정답은 없지만 그래도 지키기 위해 최선의 노력을 다해야 하는 것이 예다.

　국가마다, 지역마다, 가정마다, 사람마다 예에 대한 기준이 다르다 보니 이로 인해 생겨나는 갈등도 있다. 갈등까지는 아니더라도 내 기준을 벗어난 상대의 말이나 행동으로 인해 마음에 상처를 입는 일도 자주 겪게 된다. 내가 마음에 상처를 입게 할 목적으로 상대가 의도적으로 예의에 벗어나는 말이나 행동을 할 수도 있지만, 대부분은 상대는 전혀 악의가 없이 한 말이나 행동이 내 기준에 맞지 않아 내가 혼자 상처를 받는 경우이다. 그러니 예의처럼 상대적인 개념이 없다.

내 나이 스물여덟 되던 해 아버지가 돌아가셨다. 당시 아버지의 나이는 쉰여섯으로 청춘 같은 연령이었다. 아버지가 돌아가신 것은 1997년이었다. 당시에도 웬만하면 일흔 살은 넘기는 것이 일반적인 수명이었다. 20년 만에 한국인의 평균수명은 크게 연장됐으니 지금 시점을 기준으로 삼는다면 내 아버지의 죽음은 요절夭折이라고 말해도 무리가 없을 듯하다. 갑작스러운 아버지의 죽음으로 스물여덟 살의 나는 상주의 신분으로 장례를 치러야 했다. 지금 스물여덟 살 후배들을 보면 어린애처럼 여겨지는데 말이다.

어린 나이에 장례를 치르려다 보니 정말 막막했다. 한편으로는 내가 도시 출생이 아니라 시골 출생이라는 사실이 다행으로 여겨졌다. 당시만 해도 시골 마을의 경우 별도의 장례식장으로 옮겨 장례를 치르는 일이 거의 없었다. 각 가정에서 장례를 치르며 문상객을 맞았다. 당시 우리 집은 마을회관 바로 옆이었다. 집이 좁아 장례를 치르기에 불편했지만, 마을회관을 이용해 장례를 치를 수 있었다. 남자는 남자대로 여자는 여자대로 마을 사람이 모두 찾아와 정성껏 도와주었기에 장례를 무사히 치를 수 있었다. 마을공동체란 말을 실감할 수 있던 경험이었다.

아버지의 친구이면서 같은 종친이었던 분에게 장례의 호상護喪 역할을 맡겼다. 호상을 중심으로 마을 어른이 모여 장례절차를 도와주셨다. 그런 와중에 장례절차나 방식을 놓고 크고 작은 의견충돌이 수시로 발생했다. 사소한 것은 상주인 내가 직접 결정권을 행사했고 내가 판단하기 어려운 것은 마을 어른들과 협의해 결정했다. 누군가에게 피해를 주는 일이 아니라면 호상의 결정에 따라 달라고 마을 어른들에게도 부탁드려 큰 갈등 없이 장례를 치를 수 있었다.

아주 무탈하게 장례가 진행된 것은 아니었다. 중간에 멀리 호남지방에서 찾아온 먼 친척분이 장례절차 진행을 놓고 마을 어른들과 언쟁을 높이기도 했다. 그분의 표현은 아주 노골적이었고 마을 분들의 마음을 상하기에 충분했다. "충청도가 양반 동네라더니 와서 보니 형편없네. 아니 이런 식으로 장례를 하는 게 어디 있답니까?" 대화의 방식은 대충 이런 투였다. 그러니 마을 분들과 다툼이 발생한 것은 어쩔 수 없었다. 내가 중재해 가까스로 충돌은 막았지만 아찔한 순간이었다.

친척분은 자신이 알고 있는, 자신이 사는 지역의 장례절차를 기준으로 삼아 우리 마을의 장례절차를 평가했다. 그러니 자신이 알고 있는 바와 다를 수밖에 없었다. 마을마다 전통적으로 내려오는 장례절차가 다르다는 점을 인정하고 묵묵히 지켜봐 주었더라면 좋았을 것을 그분은 그걸 참지 못하고 자신이 아는 장례절차를 설명하며 자신이 옳다는 주장을 했다. 문화의 상대성이란 측면을 이해해 주었더라면 좋았을 것을 그러하지 못했다.

어렵게 장례를 치르고 나서 삼우제, 사십구재 등등의 제례를 모셨다. 젊은 나이의 나는 그런 절차에 대해 제대로 알지 못했기 때문에 그저 어른들이 시키는 대로 따랐다. 장례를 한 번 치러보고 나니 하나하나의 절차가 갖는 의미를 조금씩 이해할 수 있었다. 장례절차를 치르는데 발생하는 차이점은 지역성도 있지만 가장 큰 부분은 종교적 차이라는 점도 알았다. 내가 치른 장례절차가 유교적이면서 약간의 불교식이 가미된 형태임을 알았다. 지역적으로는 충청도 내륙지역 방식이라는 사실도 알았다.

장례를 치를 때까지는 내가 처음 경험한 절차였기 때문에 아무런 의식이 없었다. 그저 동네 어른들이 시키는 대로 따랐을 뿐이다. 그 후 1년이 지나 기제사를 올려야 하는 날이 왔다. 첫 기제사라서 그런지 많은 친척분이 참석했다. 어색한 분위기 속에 내가 제주가 되어 첫 기제사를 치렀다. 제사를 치르는 동안 큰 외숙이 계속 절차에 관해 설명해주며 따르기를 권했다. 어른의 말씀이라서 따르기는 했지만, 마음이 편치 않았다. 내가 어려서부터 큰집에 가서 제사를 모시며 배웠던 절차와 확연히 달랐기 때문이었다. 하지만 시키는 대로 했고 무사히 첫 제사가 끝났다.

제사가 끝난 후 큰맘 먹고 큰 외숙에게 말씀을 드렸다. "장례절차를 치르는 동안 경험이 없어 어른들이 시키는 대로만 했습니다. 하지만 이제 기제사와 명절 차례를 지내는 일은 제가 어려서부터 큰집에 가서 배웠던 대로 따르겠습니다. 가가례례家家禮禮라고 들었습니다. 바로 이웃집과도 다른 것이 제사 지내는 풍습이라고 들었습니다. 제 아버지 제사는 그냥 제가 배운 대로 지내겠습니다." 큰 외숙께서 오해하지 않으시도록 아주 정중하게 말씀을 드렸다. 큰 외숙께서도 인정해주셨다.

그 후에도 큰 외숙께서는 거의 빠짐없이 아버지 제사에 참석하셨지만 단 한 번도 제사 지내는 절차에 대해 말씀하지 않으셨다. 나 역시도 외가댁 제사에 참석해보면 우리 집안과 제사 지내는 방식이 확연히 다른 것을 확인했지만 단 한 마디도 절차에 대해 언급하지 않았다. 처가 제사도 마찬가지로 우리 집안과는 전혀 다른 절차로 진행됐다. 하지만 역시 처가 제사에 참석해서도 그저 시키는 대로만 했을 뿐 아무런 언급을 하지 않고 그 집안의 방식에 따라 예의를 다했다.

이것이 바로 가가례례이다. 예의를 표시하는 절차나 방법은 차이점이 발생할 수밖에 없다. 해외여행을 다녀보면 생소한 문화를 접하게 된다. 한국 사회에서는 일상적으로 받아들여지는 행동이 다른 문화권 나라에서는 큰 결례가 되는 일이 다반사이다. 그 반대인 경우도 허다하다. 서로 다른 문화권은 말할 나위 없고 같은 마을에서도 집안마다 예의를 표하는 절차를 달리하는 경우가 많다. 이는 문화적 상대성에 기인한다. 상대성을 인정하지 않으면 갈등이 생긴다. 서로 불편해진다.

처가가 됐든, 외가가 됐든 그 집안의 관혼상제 절차는 분명 내가 알고 있는 것과 상이하다. 궁금하기도 하고 따져 묻고 싶기도 하다. 타지방을 방문했을 때, 외국 여행을 갔을 때도 그런 유사한 경험을 하게 마련이다. 하지만 참아야 한다. 따져 묻는다면 문화적 상대성을 이해 못 하는 사람임을 스스로 인정하는 꼴이 된다. 문화는 우열도 없고 정답도 없음을 우리는 잘 알고 있다. 내가 알고 있는 상식은 내 기준일 뿐이다. 가가례례라는 짧은 말 한마디에 문화와 예의의 상대성이 잘 표현돼 있다. '가가례례'란 말을 꼭 기억해야 한다.

2017년 05월 18일

문사철(文史哲)로 진선미(眞善美)를

중학교 다닐 때까지는 그런대로 수학을 곧잘 했다. 고등학교에 진학한 후 내 수학 실력은 바닥을 쳤다. 중학교와 비교하면 난도가 급상승한다는 사실을 전혀 알지 못했고 대처도 못 했다. 그러면서도 수학 공부를 잘하기 위한 노력을 게을리했다. 영어도 마찬가지여서 중학교 때는 90점 이하 점수를 받아본 적이 없었지만, 고등학교 가서는 실력이 형편없이 떨어졌다. 그래도 수학처럼 절벽은 아니었다. 우리 집안 가족들 면면을 살펴보면 친가와 외가 모두 다분히 인문계열 혈통이라고 생각했다. 나 자신도 자연계열 공부는 엄두가 나지 않았다. 재능도 없었다. 그래서 아무런 갈등 없이, 주저함 없이 인문계로 진로를 결정했다. 대학 진학도 취업이 안 되는 전공인 줄 뻔히 알면서도 당연히 어문계열을 선택했다.

당시 내가 다니던 고등학교는 60명씩 열 개 반을 운영했다. 이 중 3개 반을 인문계열로 하고 나머지 7개 반을 자연계열로 했다. 제조업 국가인 대한민국은 현장에서 일할 많은 근로자가 필요했고, 그런 만큼 다수의 학생을 자연계열로 몰아세웠다. 하지만 자연계열 공부를 하기엔 내 뇌가 지나치게 인문계열 형이란 사실을 너무 잘 알고 있었다. 그래서 끝까지 내 주장을 관철해 인문계를 선택했다. 대학에 진학해 인문계열 공부를 시작했지만 그렇다고 그 분야에 탁월한 재주가 있던 것도 아니었다. 1학년과 2학년 때는 놀기에 바빴고, 3학년과 4학년 때는 취업 준비에 몰입했다. 제대로 전공을 공부할 기회가 없었다. 그저 무늬만 인문계열, 어문계열 학생이었다.

그러나 내가 인문학도라는 사실에는 큰 자부심을 느꼈다. 취업도 안 되고 사회에서 활용도도 낮은 학문이란 사실을 잘 알았지만, 인문학이 인간에게 가장 근본이 되는 학문이고 가장 높은 가치를 지향하는 학문이라는 사실에 대해 혼자만의 자부심을 느꼈다. 제대로 공부를 하지 않아 정확한 실체를 알 수는 없었지만 막연하게 인문학이란 정말 배울 만한 학문이고, 품위 있는 학문이란 생각을 했다. 대학에서는 제대로 공부하지 못했지만 언제든 다시 기회가 되면 인문학을 제대로 배우고 싶다는 생각을 했다. 4년이란 짧지 않은 세월을 투자했지만, 대학 수업을 통해서는 별다른 것을 배우지 못했다. 내가 공부를 게을리하기도 했지만 명쾌한 강의가 없었다. 실망의 연속이었다.

전공과 관련해 단 한 권의 책이 기억난다. 영남대학교 홍우흠 교수가 지은 '한시론'이란 책은 내가 대학 4년간 읽은 책 중 가장 유익했다. 가장 기억이 나는 책이었다. 한시를 짓는 배경 지식과 관련 이론에 관한 내용을 정리한 책이었는데 단순히 한시와 관련된 내용만 다루지 않았다. 문학에 대해, 문학과 철학에 대해, 문학과 역사에 대해 폭넓은 이해의 길을 터주었다. 이 책을 통해 문학과 역사와 철학이 맞물려 간다는 사실을 알았다. 터널 속에서 헤매다가 환한 빛줄기를 발견한 양 눈이 번쩍 떠졌다. 책 내용을 차분히 읽으며 노트 한 권을 빼곡하게 채워 스스로 필기를 하며 내용을 정리했다. 처음으로 공부라는 맛을 알게 해준 책이었고, 인문학에 대해 구체적으로 이해할 수 있게 해준 책이었다. 종전까지의 수업은 머릿속에 전체 그림을 그려주지 못한 채 부분만을 가르치려 했다. 그래서 답답했는데 이 책을 통해 윤곽을 잡을 수 있었다.

'한시론' 책을 읽고 인문학이란 학문에 대해 그림이 그려지고 난 뒤에도 많은 인문학 관련 책을 읽고 강연을 들었지만, 역시나 조각난 지식을 쌓아갈 뿐이었다. 그러던 중 2016년 대전시민대학에서 '인문고전'이란 제목으로 1년간 강좌를 맡아 진행할 기회가 생겼다. 얼떨결에 수락은 했지만 좀처럼 자신감이 붙지 않았다. 이후 짧은 기간이었지만 몇 권의 책을 선택해 독파했다. 그러던 중 독일의 문화인류학자인 야스퍼스가 주장한 '축軸의 이론'에 대한 내용을 접하고 뭔가로 머리를 얻어맞은 듯한 충격을 받았다. 이 이론을 통해 인문학을 거시적으로 이해하는 안목이 생겼다. 총론에 해당하는 큰 그림이 그려졌으니 각론에 해당하는 조각조각의 이론을 이해하는 일이 한결 쉬워졌다.

'축의 이론'을 이해하고 나서 인문학 관련 서적을 읽으니 한결 이해가 쉬웠다. 온라인과 오프라인을 통해 다양한 관련 강연을 들어도 내용이 스펀지처럼 빨려 들어왔다. 더불어 과거에 강연을 듣고도 이해하지 못했던 내용이 일시에 이해됐다. '이 이론을 일찍 이해했더라면 그동안 얼마나 즐겁게 인문학을 공부하고 이해했을까'를 생각하니 아쉬움이 컸다. 1월 시민대학 강좌의 개강을 앞두고 읽은 몇 권의 책은 머리에 쏙쏙 들어왔다. 그러면서 공부가 인간에게 즐거움을 준다는 사실을 새삼 깨달았다. 1년간 진행할 강의의 교안을 만들면서 다시 한번 복습을 하니 책 내용 상당 부분이 완벽한 내 것이 됐다. 그래서 기뻤다. 공부를 통해 얻는 행복의 의미도 깨달았다.

강의 후 3개월 단위로 학기가 바뀌어 모두 4학기의 대장정이 이어졌다. 수강생의 대부분은 직장을 정년퇴임을 한 어르신들이었다. 성인은 스스로 지적 욕구충족을 위해 자신이 선택해 강의장을 찾기 때문에 학생보다 월등히 높은 집중도를 보였다. 나이 어린 내게도 깍듯이 교수자로의 예우를 해주셨다. 같은 관심사를 가진 분들이었기에 교감하기가 좋았다. 짧은 기간이었지만 수강생들과 더불어 친해질 수 있었다. 몰입해서 수강하는 학습자들 덕에 신명 나게 강의를 할 수 있었다. 강의하는 동안에 허술했던 지식체계가 더욱 공고해지는 것을 느꼈고, 인문학에 관한 관심과 애정이 더욱 깊어졌다. 시민을 대상으로 장기간 인문학 강의를 했다는 자부심도 커졌다.

1년간 인문학 강의를 하면서 인문학에 대해 더 많은 애정을 갖게 됐다. 그러면서 뭔가 명쾌하게 나만의 방식으로 인문학을 정의하고 싶었다. 일반적으로 인문학이 무엇이냐고 물으면 '사람 되는 학문' '삶의 지표가 돼주는 학문' '가장 본질적인 학문' 등등으로 뜬구름 같은 정의를 내린다. 이러한 내용보다 훨씬 함축적이고 간결하면서도 울림이 있는 정의를 내리고 싶었다. 그래서 생각한 것이 '문·사·철文史哲을 통해 진·선·미眞善美를 추구하는 학문'이었다. '문학, 사학, 철학을 통해 인간이 근본적으로 접근하고 싶어 하는 참되고 착하고 아름다운 것에 대한 길을 안내하는 학문'이 인문학이라고 생각했다. 나의 좌표를 인식해 '과연 내가 삶의 방향을 제대로 설정해 잘 가고 있는지'를 파악하는 학문이라고 스스로 정의 내렸다.

그러한 정의를 내리고 나서 매우 기뻤다. 나름 명료한 정의라고 생각했기 때문이다. 앞으로 글을 쓰거나 강연을 할 때 내가 내린 나름의 정의로 대중에게 인문학을 소개할 수 있다고 생각하니 더욱 기뻤다. 실제로 인문학은 물질적 풍요나 발달을 목적으로 하는 학문이 아니다. 오히려 지나치게 물질주의로 흘러가는 사람의 마음을 바로잡아 주고, 한숨 돌려 여유를 갖게끔 해주는 학문이라고 할 수 있다. 실제로 현대인은 속도에 민감할 뿐 좌표에 둔감하다. 즉 자신이 남과 비교해 얼마만큼 빨리 가고 있는지에 관심이 많지만, 자신이 가고 있는 방향이 옳은지는 별 관심을 두지 않는다. 어디로 가는지도 모르고 그저 빨리만 가려고 하는 것이다. 한참 잘못된 길을 가고서야 자신이 원치 않는 엉뚱한 방향으로 가고 있음을 깨닫는다.

인문학은 삶의 방향성을 제시해 주는 학문이다. 내가 지금 어디에 서 있고, 어디로 가려고 하는지에 대해 점검 해주는 학문이다. 내가 하는 일이 과연 진실한가, 정의로운가, 아름다움을 추구하고 있는가에 대해 돌이켜보게 하는 학문이다. 자본주의가 도입된 이후 한국은 전 세계에서 가장 빠르게 달려가고 있는 나라이다. 온 국민이 성공을 향해 미친 듯이 달려가고 있다. 그러나 자신이 왜 그토록 성공하려 하는지 제대로 알지 못한다. 성공 이후 자신이 원하는 삶이 무엇인지 별 관심이 없다. 맹목적으로 달려가고자 할 뿐, 왜 가는 것인지, 어디로 가는 것인지 잘 모른다. 한 마디로 철학의 부재이다. 그러니 진리와 정의, 아름다움에는 관심이 없고 오로지 이익에만 관심이 있다.

흔히 인문학을 '문·사·철'이라고 일컫는다. 개인적으로 '철·사·문'이란 표현이 맞는 것 같다. 철학이 기본이고, 역사를 통찰하고 감정의 기록을 남기는 것은 다음이라고 생각한다. 2010년대 이후 이 나라에 인문학 바람이 불고 있지만, 대부분 국민은 이해 부족 단계이다. 인문학 역시 성공을 위한 학문이라고 오인하고 있는 이가 적지 않다. 이 사회가 순수를 잃었으니 이 같은 엄청난 오판이 어쩌면 당연한 결과이다. 인문학 열풍이 불었다고 하지만 각 대학은 전체 취업률을 갉아먹는 존재로 규정하고 인문학과를 줄줄이 폐과하는 쌍칼을 휘두르고 있다. 이보다 더한 모순이 있을까 싶다. 생활 수준은 선진국에 이르렀음에도 여전히 정의롭지 못하고 후진적 부패가 만연한 것은, 인문학을 등한시하는 풍토가 철학의 결핍을 불렀고, 그로 인해 국민 개개인이 삶에 대한 성찰과 통찰을 할 수 있는 능력을 상실했기 때문이다.

내 삶이 철저히 진·선·미를 추구하고 있는가를 내게 물으면 할 말이 없다. 진선미에 가까운 삶을 살고자 하고, 문·사·철을 가까이하고자 노력하고 있지만 그렇다고 속된 욕심을 모두 버리고 순수함만을 쫓으며 사는 것은 아니기 때문이다. 열심히 책을 읽고, 글을 쓰고, 강연하거나 듣기도 하며 읽기, 쓰기, 듣기, 말하기 학습에 방점을 두고 사는 것은 맞다. 조금이라도 더 순수해지고자 노력하며 사는 것도 맞다. 부족함은 많지만 스스로 말한 대로 '문·사·철을 통해 진선미를 추구하는 삶'을 살고자 한다. 인문학! 그 아름다운 이름을 마음에 깊이 간직하며 살겠노라고 거듭 다짐한다. ✒

2017년 04월 12일

건강보조식품 스트레스

까마득한 나이로만 보이던 지천명이 목전이다. 내게는 절대 오지 않을 것 같던 나이가 실제로 다가오고 있다. 장유유서의 문화가 확실한 한국 사회에서 늙는다는 것 외에 나이를 먹어 불리할 일은 거의 없다. 나이를 먹은 만큼 예우를 받고 만사에 발언권도 강해지는 곳이 한국 사회이다. 그래서 나이를 속여 한 살이라도 더 많은 나이인 양 행세하여 대접을 받으려 하는 해프닝이 곳곳에서 벌어지곤 한다. 나이를 먹는 일처럼 서러움이 없다. 노쇠해지는 것도 서러운 데다 그만큼 사는 날이 줄어간다는 것은 누구에게나 두려움이다. 어쩌면 공포일 수도 있다.

특히 물질적으로 풍요롭고 편리한 세상이 구현되며 생활 속 고통이 줄어들고 있어 삶에 대한 애착은 더욱 강해지고 있다. 한 마디로 '이 좋은 세상을 두고 어딜 가랴는 것이냐'가 현대인의 삶에 대한 인식이다. 춥고 배고팠던 모진 시절에도 삶에 대한 애착은 강했는데 하물며 요즘같이 풍요롭고 편한 세상에야 생명 연장에 대한 욕심이 오죽하겠는가. 세상이 좋아지는 만큼 삶에 대한 집착은 오히려 강해지고 있다는 것을 느낀다. 그러면서 건강에 관한 관심도 날로 커지고 있다. 건강 관련 정보도 넘쳐난다. 그 많은 정보 가운데는 검증된 것도 있지만 황당한 내용도 있다.

건강을 챙기는 방식은 저마다 다양하다. 철저하게 검증된 과학적 근거를 가지고 전문가에 의존하는 예도 있는가 하면 자신만의 독특한 건강 유지법을 가진 경우도 많다. 건강에 관심이 많은 이들 가운데는 소위 '건강염려증'을 우려할 만한 이들도 많다. 지나치게 건강에 신경을 쓰다 보니 도대체 할 수 있는 일이 없고, 먹을 음식이 없는 부류이다. 그들의 머릿속에는 온통 건강을 유지하고 오래 살겠다는 일념만 있어 보인다. 음식도 가리고 환경도 가리니 주변인이 불편해지기에 십상이다. 대화의 주제도 대개는 건강과 관련된 것이고, 자신만의 건강만 챙기는 이도 있지만, 타인의 생활습관이나 섭생에 대한 간섭을 많이 하는 이도 있다.

반면 자신의 건강에 너무 무심한 이도 있다. 자신의 몸을 아끼지 않고 함부로 관리해 주변인으로부터 안타까움을 사는 이도 의외로 많다. 음주나 흡연도 과하게 하고 건강에 해롭다는 것을 알면서도 설탕이나 소금의 과다한 섭취를 두려워하지 않는다. 몸을 챙기기 위한 운동도 절대 하지 않고, 건강검진을 비롯해 몸 상태를 파악하는 일에도 전혀 신경 쓰지 않는다. 그러니 주변인의 안타까움이 클 수밖에 없다. 하지만 정작 당사자는 무관심으로 일관하며 주위의 충고를 잔소리로만 치부할 뿐 귀담아듣지 않는다. 먹고 싶은 것 먹고, 하고 싶은 일 하며 편하게 살다 가겠다고 하니 주변인들은 할 말을 잃는다.

과유불급過猶不及이라 하지 않았던가. 지나치게 건강에 신경을 써 오히려 정신병을 우려해야 할 정도도 문제가 있고, 너무 건강문제에 무심해 주변인을 안타깝게 하는 것도 문제가 있다. 스스로 자신의 건강을 적당한 선에서 챙겨 주변인이 염려하거나 불편해하지 않도록 하는 것이 최선이겠다. 나의 경우 건강문제에 관한 관심이 적당하다고 스스로 생각하지만, 객관적인 시각에서 볼 때 다소 무관심한 편이 아닐까 스스로 평가한다. 몰라서 못 챙기는 부분도 많지만 때로는 알면서도 챙기지 못하는 부분이 많기 때문이다.

지천명에 이르니 몸 상태가 이전보다 쇠약해진 것은 당연하다. 그러나 어쩔 수 없는 일이라고 생각할 뿐, 이를 극복해보고자 적극적으로 나서지 않고 있다. 금연은 하고 있지만, 음주는 하고 있다. 스스로는 적당한 음주량이라고 생각하지만, 전문가가 권하는 와인 한두 잔, 맥주 한 병의 수준은 크게 넘어서고 있다. 운동도 게을리하는 편이다. 틈나는 대로 걷기를 실천하려고 할 뿐 그 외 별다른 운동량이 없다. 음식도 가려먹지 않는 편이다. 저염식을 해야 한다는 사실은 잘 알고 있지만, 간이 맞는 음식의 유혹을 떨치지 못하고 있다. 그러니 대체로 건강에 무관심한 편이라고 평가받을 만하다.

내가 스스로 건강문제에 대해 대체로 무관심하다고 평가하는 기준 중 하나는 건강보조식품과 영양제 등에 대한 관심도에서 비롯된다. 지천명에 이르면 누구나 자신의 몸에 맞는 건강식품이 하나둘 있게 마련이다. 그리고는 그 식품에 대해 맹신에 가까운 믿음을 보이며 섭생한다. 그것도 모자라 주변인에게 자신이 즐기는 건강식품에 대해 홍보하며 복용할 것을 권유한다. 누구는 홍삼, 누구는 양파, 누구는 알로에, 누구는 도라지 등등 그 종류를 일일이 거론할 수 없을 지경이다. TV 프로그램에서 소개라도 되면 한동안 특정 식품이 품귀를 빚는 일도 다반사이다.

그래서 유행을 심하게 탔던 건강보조식품도 많다. 개똥쑥이 얼마나 인기몰이를 했던가. 또 기와에서 자란다는 와송은 또 어떠했는가. 이러한 인기 식품은 복용하는 방법도 다양하다. 환으로 만들기도 하고 엑기스나 즙으로 만들어 파우치에 담기도 한다. 직접 가공하는 예도 많지만, 제약회사나 건강식품 제조회사가 가공해 판매하는 예도 허다하다. 과연 어떤 식품이 진짜 내 몸에 이로운지, 어떤 식품이 가장 효과가 좋을지 알 수 없다. 아무튼, 건강식품은 세상에 넘쳐나고 있고, 그 종류는 점차 늘어나고 있다. 경제 성장으로 인한 구매력 향상과 무관하지 않을 것이다.

내 경우 건강식품이나 영양제 등에 대해 전혀 관심이 없다. 나 스스로 관심을 두고 구매하거나 얻기 위해 애 써본 일이 없다. 약이나 건강식품은 효과에 대한 확실한 믿음을 갖고 성실하게 복용해야 효과를 볼 수 있음이 당연하다. 플라세보효과(거짓 약을 진짜 약이라고 속여 복용시켰더니 효험이 나타나더라는 실험 결과도 있을 진데 '약이나 식품에 대한 신뢰를 갖지 못한 상태로 복용한들 무슨 소용이 있겠나?' 스스로 반성하지만 없는 믿음을 억지로 생기게 할 수는 없는 노릇이다. 흔한 말로 음식을 골고루 먹고 밥을 잘 먹는 것이 곧 최고의 건강 섭생법이라고 생각한다. 보조식품에 대해서는 별 관심 없다.

이런 무관심에도 불구하고 집에는 늘 건강보조식품과 영양제가 쌓여 있다. 파우치에 담긴 갖가지 보조식품이 냉장고에 가득하고 제약회사에서 제조해 파우치에 담고 박스로 포장한 보조식품도 몇 박스가 있다. 서랍에는 각종 비타민과 영양제가 잔뜩 있다. 다단계 마케팅 사업을 하는 주변인이 구매를 요청했을 때 거절하지 못하고 구입한 경우가 있을 뿐 단연코 나 자신의 의지로 구매한 적이 없다. 선물을 받은 것도 있지만 대개는 친가나 처가에서 건강원에 의뢰해 일시에 달여서 파우치 포장을 해서 박스에 담아 보낸 것이다. 지금 현재 집에는 배즙, 양파즙, 홍삼즙, 돼지감자즙 등의 파우치형 건강보조식품이 있다. 선물 받은 비타민도 여러 종류로 수백 정 있다.

보내 주신 분의 성의가 고마운 데다 버릴 수 없어 먹기는 먹는다. 그러나 달가운 마음으로 먹는 법이 없다. 목표를 채워나가듯 하나씩 소진해 나간다. 대개의 건강보조식품은 쓴맛이 나거나 비위를 상하게 하는 역겨운 맛을 낸다. 그래서 먹는 일이 더욱 고통스럽다. 시간 맞춰 일일이 챙겨 먹어야 한다는 사실도 내겐 스트레스다. 어렵게 한 박스를 열심히 비우고 나면 또 다른 한 박스가 나를 기다린다. '이것이 과연 내 몸에 맞고 정말 효과가 있는 것인지'에 대한 고민은 뒷전이다. 쌓여 있는 분량을 소진하는 것이 일차적 목표이다. 제발 보내지 말라고 사정을 해도 어느새 보내 먹어도 먹어도 양이 좀처럼 줄지 않는다.

  이런 이유로 건강보조식품에 대해서는 거부감이나 부담감이 크다. 긍정적 사고로 먹어야 효과가 있을 터인데 이렇듯 부정적 사고로 가득한 상태에서 해치우듯 복용을 하니 효과가 있을 리 만무하다. 그러나 어떤 재료이며 어떤 효능이 있는지, 내 체질과는 잘 맞는 것인지, 내가 가진 증상에 부합하는 것인지 전혀 알지 못하고 그저 쌓여 있는 양을 소진해야 하는 의무감만 느끼고 있으니 긍정적 이미지를 가질 수가 없다. 심지어는 '내가 실험용 마루타도 아닌데 이렇게 아무런 검증절차 없이 이런 걸 먹어도 되나' 하는 마음을 갖기도 한다.

  비단 건강식품뿐 아니라 무엇이든 각자 자신이 자기 일을 알아서 챙기자는 것이 나의 소신이다. 온정주의가 만연해 있는 우리 사회는 지나치게 주변인에 관한 관심과 배려가 넘친다. 그것이 정이라고 생각하며 살았기 때문에 상대가 나의 지나친 관심과 배려로 불편해하거나 부담스러워하는지에 대해 살피는 일은 언제나 뒷전이다. 전통적 사고방식으로 오랜 세월을 살아온 고령층의 경우 이 같은 의식은 더욱 심하다. 그 마음을 알기에 거절할 수도 없고, 외면할 수도 없다. 하지만 합리성이란 잣대를 들이대면 검증되지 않은 식품을 그저 몸에 좋다는 막연한 정보만을 갖고 누군가에게 대량으로 복용하도록 강권하는 일은 비합리적이다.

  이전에도 그랬고 지금도 그러하다. 아마도 앞으로도 그러할 것이다. 평소 음식을 통해 모든 영양소를 섭취하고 만약 이상이 생겼을 때는 전문가에게 제대로 약을 처방받아 복용해야 한다는 것이 내 생각이다. 건강보조식품이나 영양제에 대해서는 별 관심이 없다. 아니 관심이 없다기보다는 내 의지와 상관없이 자구만 쌓여가는 것이 오히려 내게 큰 스트레스를 안긴다. 목표량을 채우듯 어렵게 한 박스를 비우고 나면 어느새 또 한 박스가 쌓여 있다. 특히 설과 추석 때는 또 건강식품 선물이 들어올까 봐 지레 겁을 먹는다.

 우리의 선물 문화는 상대를 생각하는 마음보다 주는 내 마음을 더 중시하는 경향이 있다. 상대가 진정 필요한 것인지, 좋아하는 것인지를 따지는 일은 뒷전이다. 환자를 방문할 때 묻지도 따지지도 않고 설탕이 가득한 음료수나 드링크 박스를 가져간다. 타인의 가정이나 사무실을 방문할 때도 앞뒤 가리지 않고 음료 박스를 들고 간다. 상대가 좋아하는지 싫어하는지도 모르고 화분과 축하란 세례를 퍼붓는 경우도 다반사이다. 그가 쌓인 화분을 처리하는데 얼마나 스트레스를 받을지는 생각하지 않는다. 어디 이뿐이겠는가. 주는 사람 위주의 선물 공세는 비일비재하다. 남에게 베푸는 일도 중요하지만 내 관점이 아닌 상대 관점을 생각하며 베푸는 자세가 중요하다. 꼭 생각해봐야 할 일이다.

2017년 04월 01일

달력

　연말에 달력을 구하는 일이 매년 어려워짐을 느낀다. 혹자는 이 같은 현상에 대해 경기가 어려워진 방증이라고 분석한다. 각 기업이 경기불황을 이유로 달력 생산을 포기했거나 생산 수량을 대폭 줄였기 때문에 그만큼 달력 구하기가 어려워진 것이라고 보고 있다. 연말 무렵에 보도되는 뉴스도 대부분 같은 분석을 하고 있다. 지켜보노라면 같은 보도 내용이 매년 되풀이된다. 하기야 국내 경기가 호황이라는 뉴스를 접해본 것이 언제인가. 기억도 잘 나지 않는다. 마냥 불황이란다. 그래서 불황이란 뉴스가 실감 나지 않는 것 같다.
　달력을 구하기 어려워진 것이 과연 경기불황과 기업의 수지 악화 때문일까. 내 생각은 조금 다르다. 달력이 줄어들어 눈에 잘 띄지 않고 구하기도 어려워진 것은 달력을 대체할만한 그 무엇인가가 등장했기 때문이다. 달력을 보아야만 해결할 수 있는 과거의 기억이나 미래의 계획을 확인할 수 있는 물건이 생겼기 때문에 그만큼 달력의 수요가 줄어들어 생산도 줄었다는 것이 나의 생각이다. 나는 그 해답을 스마트폰에서 찾는다. 스마트폰이 달력의 역할을 대신 해주면서 달력은 설 자리를 잃어가고 있다.

스마트폰을 통해 달력의 역할을 대신한다고는 하지만 실상 폰에 설치된 달력을 활용하는 것이다. 그러니 좀 더 구체적으로 표현하자면 전자달력이 종이달력의 역할을 대신하고 있다고 하는 것이 맞겠다. 나의 생활을 봐도 전자달력이 종이달력의 역할을 대신하고 있음은 확연하다. 기억해야 할 날짜 메모는 모두 스마트폰의 일정표를 활용한다. 누군가와 약속 날짜를 잡을 때도 서로 마주 앉아 나란히 스마트폰 일정표를 살펴보며 일정을 조율하는 모습은 더는 낯설지 않다. 지극히 일상적인 생활이 됐다.

스마트폰을 비롯한 전자기기의 사용이 보편화 되면서 과거 수십 년 또는 수백 년 동안 우리의 삶을 지배했던 물건이 시나브로 사라져 가고 있다. 이 같은 변화는 더욱 속도를 내고 더욱 확대할 것이다. 엄청나게 많은 도구가 부지불식간에 우리 곁을 떠날 것이다. 100년 넘게 우리의 눈과 귀 역할을 해주었던 종이신문도 이제는 전자신문의 기세에 눌려 언제 종적을 감춰버릴지 모르는 처지가 됐다. 불과 몇 년 안에 학교에서 사용하는 교과서도 태블릿 PC를 활용한 전자교과서로 교체될 것이라고 한다.

내가 기억할 수 있는 최근 40여 년을 돌이켜 보더라도 우리의 생활은 너무도 빠르게 변했다. 달력 한 가지만 놓고 보더라도 40년간 수없이 많은 변화를 동반했다. 현재 보편화 돼 있는 달력의 디자인이나 색상, 재질 등은 과거의 것과 비교했을 때 너무도 세련되고 고급스럽다. 내가 어렸을 때 보았던 달력은 지금과 비교했을 때 정말 촌스러웠다. 그림이나 사진이 없는 달력도 많았고, 있다고 해도 예술성이 떨어지는 경우가 허다했다. 한복을 단아하게 차려입은 미모의 여인이 등장하는 달력이 유난히 많았다. 정반대로 비키니 수영복이나 핫팬츠 등을 입은 여인이 주인공으로 등장하는 예도 많았다. 자연스러운 풍광을 소재로 한 달력보다는 자사 제품을 노골적으로 홍보하는 광고성 짙은 사진이 많이 등장했던 것도 기억난다.

지금은 선거법 등을 이유로 제작하지 않는 국회의원 달력도 참 많이 목격된 것으로 기억한다. 지역 국회의원 사진이 가운데 있고 주위에 12달 달력이 디자인된 낱장 달력이 곳곳에서 눈에 띄었다. 현대인이라면 절대로 붙이지 않을 국회의원 달력을 과거에는 대개의 집이 집안 곳곳에 붙였던 것 같다. 풀을 발라 벽면에 붙이는 이 달력은 쉽게 떨어지지도 않을뿐더러 떨어져도 보기 흉하게 흔적을 남기기 일쑤였다. 그래도 당시에는 그런 것에 아랑곳하지 않고 낱장 달력을 벽에 많이 붙였던 것으로 기억한다.

일반적으로 달력이라고 불렀지만, 실상은 일력인 인쇄물도 기억난다. 벽에 부착해 하루에 한 장씩 종이를 떼어내는 일력이 있었고, 탁상용 메모지를 겸해 좌에서 우로 종이를 넘기는 형태의 일력이 있었다. 지금은 모두 자취를 감춘 물건이다. 특히 벽걸이용 일력은 종이가 귀했던 그 시절에 유용하게 사용했다. 신문지나 노트 등을 화장실 뒤처리용으로 사용하던 시절에 얇은 종이 일력은 하루에 단 한 장만 구할 수 있는 얇고 보드라운 종이였기에 가족 구성원 간 쟁탈전도 심했다. 탁상용 일력도 아무나 가지지 못하는 귀한 존재였다. 그래서 탁상용 일력은 권위나 지위의 상징이기도 했다.

달력은 인류가 만든 위대한 유산 중 빼놓을 수 없는 한 가지이다. 제작 원리를 생각해 보면 정말 기막힌 작품이 아닐 수 없다. 달력이 어느 시절에 누구에 의해서 처음 제작됐는지는 정확히 알 수 없으나 그는 분명 인류 발전에 지대한 공을 세운 것이 맞다. 지금 달력이 없는 삶은 상상조차 할 수 없다. 더불어 달력이 없었다면 인류는 지금과 같은 문명의 발전을 이루어내지 못했을 것이라고 확신한다. 달력이 처음 만들어진 시기에 노벨상이 있었다면 달력을 창안한 인물은 분명 노벨상 수상감이다. 이에 대해 아무도 다른 의견을 내놓지 못하리라 생각한다.

종이신문을 만드는 일에 내 청춘 20년을 바쳤다. 그리 길지 않은 20년의 세월 동안 신문업계의 흥망성쇠를 지켜보았다. 내가 처음 신문업계에 발을 내디딘 1995년도 당시 신문의 위상은 실로 대단했다. 더불어 신문을 제작하는 신문기자의 위상도 지금과는 비교도 되지 않을 만큼 막강했다. 내가 신문업계에서 발을 뗀 2016년 신문의 위상은 많이 추락했다. 종이신문을 통해 새로운 세상 소식을 접하는 사람은 나이가 많은 일부 식자계층으로 대폭 축소됐다. 종이신문은 명목상 제작을 할 뿐 실상 열독률은 무척 낮아졌다. 윤전기라는 고가의 귀한 기계를 보유해야만 했던 과거 신문사는 희소성이 있었다. 하지만 컴퓨터 한 대만 갖추면 등록이 가능한 인터넷신문이 우후죽순 생겨나며 신문사와 기자의 권위는 급락했다.

물론 신문에 수록된 기사는 여전히 그 가치를 인정받고 있다. 그 기사를 접하는 매체가 종이가 아닌 컴퓨터나 스마트폰 등으로 바뀌었을 뿐 내용물은 종이신문과 같다. 기자가 텍스트 형태의 콘텐츠를 생산하지 않으면 전자신문이나 모바일신문도 존재할 수 없다. 매개 수단을 종전의 종이 인쇄물에서 온라인 콘텐츠로 옮겨가고 있을 뿐 신문은 아직도 살아있다. 신문은 비단 종이에 인쇄된 형태만을 일컫지 않는다. 새로운 소식을 논리적 문구로 정리해 설득력 있게 작성한 콘텐츠의 집합을 신문이라고 할 수 있다. 그래서 전자신문도 신문의 범주에 포함된다.

같은 논리로 달력도 비단 종이로 인쇄해 벽에 걸거나 탁상 위에 비치할 수 있도록 한 형태만을 달력이라고 정의할 수 없다. 컴퓨터나 스마트폰에 있는 일정표 역시 달력의 범주에 포함해야 한다. 달력은 줄어들고 없어진 게 아니라 형태를 달리해 우리 일상 속으로 좀 더 깊숙이 파고들어 왔다. 종이 달력은 사라져가고 있지만, 삶의 통제는 전자달력 형태로 더욱 밀접하게 우리 곁으로 다가왔다. 결코, 우리의 곁을 떠난 것이 아니다. 오히려 종전보다 더 가까이서 우리 삶을 통제하고 있다. 신문이 그러하고 달력이 그러하듯 수십 년 또는 수백 년간 우리 삶의 동반자 역할을 해온 많은 것들이 스마트폰 속 가상의 공간으로 쉼 없이 빨려들어가고 있다. ✑

2017년 02월 04일

평생교육 현장에서

2016년 1월부터 12월까지 꼬박 12개월간 매주 2시간씩 운영된 평생교육 프로그램에 참여했다. 대전시평생교육진흥원 산하 '대전시민대학'이 운영하는 평생교육 과정에 개설된 '인문고전'이라는 강좌를 맡아 강의를 진행했다. 3개월 단위로 학기가 변경돼 모두 4학기가 진행됐고, 한 학기당 수업은 12주 동안 이루어졌다. 12주 동안 매주 2시간씩 강의가 진행됐으니 한 학기당 24시간씩의 수업이 이루어졌다. 합산하면 1년간 96시간의 수업이 이루어진 것이다. 먹거나 자지 않고, 기본적인 배설도 하지 않은 채 꼬박 4일간 수업만 한 것과 같은 시간이다. 계산해보니 적지 않은 시간임을 알겠다.

3개월 단위로 학기가 변경될 때마다 신규 수강생을 모집해 새로운 학습반을 꾸렸다. 4학기 연속 수강을 한 수강생도 있었지만, 대개는 상반기와 하반기로 나누어 6개월 단위로 수강생이 교체됐다. 수강생 모집은 온라인을 통해 공개적으로 이루어졌다. 강좌마다 설강을 위한 최소 수강인원은 10명이었다. 강좌는 인문학을 비롯해 직업교육, 외국어, 음악, 요리, 미술공예, 공연 등 13개 분야로 구분됐다. 인문학은 40여 개의 과목이 개설됐지만, 매번 절반 이상의 강좌가 수강생 모집에 실패해 폐강

되는 아픔을 겪었다. 주중 낮에 유료로 개설되는 인문학 강좌를 수강할 대상을 10명 확보한다는 것이 절대 쉽지 않은 일이다.

내가 진행한 '인문고전'강의는 매번 11~13명의 수강생이 모집됐다. 마지막 4학기 때는 9명에서 수강생 접수가 멈춰서 내가 지인에게 접수를 부탁하기도 했다. 10명이 채워지지 않으면 나머지 9명이 수강을 할 수 없는 처지가 된다는 점이 너무도 애석해 수강인원을 억지로 채워야 할 상황이었기 때문이다. 직장생활을 정리하고 뚜렷이 소일거리를 찾지 못하고 있는 분에게 수강 신청을 부탁드리니 흔쾌히 수락해 주셨다. 그분은 결석하지 않고 매 수업에 참석해 종강 때까지 전체 수강생 중 가장 열심히 수업에 임하셨다. 교육에 열심히 참여하시는 것은 물론 수강생과 사귀고 인적 교류를 하는데도 가장 적극적이서서 내 마음이 좋았다.

1년간 '인문고전'이라는 강좌를 이끌어오면서 내가 얻은 가장 큰 깨달음은 '교학상장敎學相長'의 의미였다. 1년 동안 '인문고전' 수업에 참여한 전체 인원은 40명이 조금 못 된다. 이 중 나보다 나이가 적은 수강생은 불과 몇 안 되는 소수였다. 대개는 나보다 나이가 많았다. 공공이나 민간 부문 직장에서 정년퇴임을 하신 분들이 일부였고, 그 밖에 다채로운 직업군을 보였다. 연령대와 직업군이 아주 다양한 분포를 보였고 학력도 저마다 각양각색이었다. 남녀 성비도 대개는 5대5로 비슷했다. 나보다 고학력자이면서 특정 분야 전문가인 분들이 많았다. 하지만 수업을 진행하는 것은 내 몫이었다. 학력의 고저를 떠나 수강생 모두는 저마다의 전문 분야를 가진 분들이었다. 그러나 수업 진행자인 나를 모두 인정해 주셨고, 예우해 주셨다. 그 덕에 무사히 강좌를 마칠 수 있었다.

외형상 배운 것은 수강생이고 가르친 것은 나였지만 실상 내가 더 많은 배움과 깨달음을 얻었다. 가르치면서 배운다는 말을 뼈저리게 실감한 1년이었다. 평소 인문학, 고전에 관심을 두고 있었다고는 하지만 추념적이고 견고하지 못한 지식임을 스스로 느꼈다. 하지만 '인문고전'이라는 강의를 맡으면서 엉성했던 지식이 체계화됐음을 스스로 느낄 수 있었다. 가르치기 위해 공부할 수밖에 없었고, 그것이 내게 큰 도움이 됐다. 평소 공부하고 싶은 분야가 있기 마련이지만 막상 책을 손에 잡기란 쉽지 않다. 그러나 내가 가르쳐야 할 상황이 되면 공부를 안 하고는 배길 수 없게 된다. 그래서 내게 참으로 많은 도움이 된 1년이었다.

공부가 의무인 학생 신분일 때, 공부는 참으로 부담스러웠다. 내가 배우고 싶은 과목을 선택할 권리도 없었고, 좋든 싫든 의무적으로 배정된 시간을 채워야 했다. 배우고 나면 반드시 시험이란 관문을 통과해야 했고, 시험결과에 따라 석차와 서열이 매겨졌다. 석차와 서열은 진학으로도 연결돼 장차 직업을 결정짓는데 중대한 척도 노릇을 했다. 그러니 어린 나이에 공부로 인해 받은 스트레스는 참으로 컸다. 그러나 평생학습이라 불리는 성인교육은 너무도 즐거운 공부이다. 내가 원하는 과목을 원하는 시간에 수강하면 된다. 시험을 보는 일도 없고 석차를 매기지도 않는다. 수강은 즐거움으로 연결될 뿐 내게 스트레스를 주지 않는다. 이로 인해 불이익을 받을 일이 없다. 그러니 모든 과정이 행복할 뿐이다.

가르치는 자로서도 평생학습은 즐겁다. 배우는 자의 태도가 적극적이고 여유가 있다. 수업이 이루어지는 동안 자연스럽게 토론이 진행되고 서로의 다양한 의견과 견해가 만나 새로운 앎의 길이 터진다. 또한, 성인의 평생학습은 배움 그 자체만을 목적으로 두지 않는다. 배움을 매개로 한 교류와 친교가 반드시 동반된다. 어쩌면 교류와 친교가 배움 자체보다 더 큰 목적이 되기도 한다. 다른 어떤 모임을 통해 사람을 사귀는 것보다 같은 공간에서 무엇인가를 함께 배운 사람이 갖는 동질감은 무척 크다. 그래서 한 학기 같은 과정을 수강한 동기생은 금세 친구가 된다. 친구라고는 하지만 나이나 성별, 학력 등을 초월한다. 회식이라도 한 번 하고 나면 친밀도는 급상승한다.

그동안 여러 형태의 평생학습 프로그램에 참여해 보았다. 또 직접 강의를 맡아 진행해 본 것도 여러 차례이다. 대전시민대학에서 1년간 '인문고전'을 이끈 것은 내가 가장 장기간에 걸쳐 진행한 평생학습 프로그램이다. 나 스스로 많은 공부가 됐고, 많은 좋은 분들과 사귈 기회를 얻었다. 내게 평생학습을 처음 시작한 것은 2013년 1월 회사 근무를 위해 낯선 땅 홍성에 발령이 났을 때이다. 아는 사람도 없고 퇴근 이후 할 일도 없는 곳에서 무료하게 지낼 수 없다는 판단 아래 홍성도서관이 운영하는 '직장인 한문서예'라는 평생교육반에 등록해 동호인과 어울리며 서예를 배웠다. 이후 꾸준히 다방면에 걸쳐 평생학습에 동참하고 있다. 급기야는 평생교육을 전공으로 하는 대학원 박사과정에 입학했다. 평생교육의 매력에 단단히 빠진 것이다.

박사과정에 입학한 것만으로도 만족하지 못해 나는 20년간 몸담았던 회사에 사직서를 쓰고 나와 평생교육을 주제로 하는 개인 연구소를 개소했다. 연구소는 평생학습의 기회를 확산시키기 위한 다양한 프로그램을 개발하고 진행하는 일을 할 것이다. 우연히 참여한 평생교육 프로그램으로 인해 내 인생이 바뀌었다. '배우는 즐거움'이란 말이 있다. 예전에는 그저 흘려들었던 이야기지만 지금은 절대 동감하는 말이다. 인간이기 때문에 새로운 것을 배우고 익히는 일이 즐거운 것이다. 누구든 아직도 이 즐거움을 경험해보지 못했다면 불행한 일이다. '인문고전' 수업을 1년 이끄는 동안 참여한 수강생 중 고희를 훌쩍 넘긴 분이 적지 않았다. 그 연세에도 새로운 것을 알아가며 즐거워하시는 모습을 보며 평생교육의 참맛을 깨달을 수 있었다.

2016년은 평생교육과 함께해 즐거운 한 해였다. 내가 개소한 연구소의 이름은 '한국안드라고지연구소'이다. 십중팔구는 안드라고지라는 말의 뜻을 알지 못한다. 생소한 교육학 전문용어이니 모르는 것이 어쩌면 당연하다. 안드라고지는 '성인의 학습을 돕기 위해 성인교육의 이론, 과정, 기법 등을 연구하는 학문 분야'로 정의돼 있다. 안드라고지라는 용어를 알고 그 용어를 연구소 이름으로 결정한 뒤 크게 만족스러웠다. 학교를 떠나며 배움도 끝났다고 여기는 것은 한참 잘못된 생각이다. 학교를 벗어난 현장에서 이루어지는 성인교육이야말로 진정한 배움의 즐거움을 안겨주는 참 교육이다. 중년 이후 나의 삶을 평생교육과 함께 하게 돼 즐겁고 가슴 설렌다. 누굴 만나든 성인교육의 세계에 빠져 보라고 권하고 싶다.

2016년 12월 24일

내 필명은 '유성거사'

장대동, 궁동, 관평동, 봉명동은 대전에서, 그중에서도 유성지역에 내가 거주했거나 현재 사는 곳이다. 대전에 처음 와서 정을 붙인 곳이 유성이었고 현재 사는 곳도 유성이다. 그래서 내게 유성은 아주 각별한 곳이다. 정겹고 사랑스러운 지역이다. 앞으로도 유성을 떠나지 않고 이곳에서 살 생각이다. 유성은 '선비 유儒'에 '성 성城'을 사용한다. 즉 선비가 살던 고장이란 의미이다. 왜 이곳이 선비의 고장이란 이름이 지어졌는지는 잘 알지 못하겠다. 이 고장을 대표할 만한 큰선비가 탄생한 곳도 아니고 그렇다고 선비와 관련된 유서 깊은 공간이 있는 것도 아닌데 이곳 지명이 유성이란 사실은 다소 이채롭다.

대전 외 지역에서 누군가 내게 "어디 사느냐?"고 물으면 나는 "대전"이라고 답한다. 그런데 대전 시내에서 내게 똑같은 질문을 하면 "유성"이라고 답한다. 구체적으로 "봉명동" 또는 "도안신도시" 등으로 대답해도 될 터인데 굳이 유성이라고 답한다. 그것은 내가 유성에 대한 각별한 애정이 있어서이다. 유성이라는 지명이 참으로 마음에 든다. 이 지역의 풍수가 좋고 생활여건이 좋다. 곳곳에 내 추억을 끄집어낼 장소가 산재해 있다. 그래서 유성에 사는 것에 자긍심을 갖는다. 그래서 내가 인터넷상에서 사용하는 필명이 '유성거사儒城居士'이다. 그냥 유성에 사는 선비라는 뜻이다.

유성은 대도시인 대전의 5개 구區 중 하나인 구의 명칭이다. 그런데도 전국적으로 이름이 알려져 있다. 대전이라는 이름에 가려져 인지도가 낮을 법도 한데 유성이라고 하면 외지인도 대부분 잘 안다. 첫 번째 이유는 유성온천이 있어서이다. 온천관광이 예전과 같이 성황은 아니라지만 여전히 유성은 전국에서 손꼽히는 온천지역이다. 특산물인 유성 배가 유성을 널리 알리는 역할을 한 것도 사실이다. 유성에서 출발하는 고속버스와 시외버스가 수시로 전국의 주요 고속도로와 국도를 달리다 보니 그 또한 유성을 외부에 알리는 역할을 한다. 이런저런 이유로 유성은 지엽적 지명이지만 전국에 알려져 있다.

인터넷을 통한 사이버 공간의 만남이 일반화되다 보니 멀리 떨어져 사는 사람과도 자연스럽게 교류할 수 있는 길이 열려있다. 인터넷을 통해 만나는 사람은 필명을 사용하는 경우가 많아 본명을 잘 모르고 그저 필명으로만 서로의 존재를 알고 지내는 일이 허다하다. 앞서 밝힌 대로 인터넷에서의 내 이름은 '유성거사'이다 유성에 사는 사람이란 정도의 뜻인데 나는 이 필명이 너무도 마음에 든다. 누군가 내게 '유성거사'라고 불러주면 참으로 만족스럽다. 내가 그만큼 유성을 좋아하고 유성이란 지명을 좋아하기 때문이다. 내가 유성거사라는 필명을 사용하면서 외지에 있는 많은 사람이 유성을 더욱 잘 알게 되고 유성에 더 많은 관심을 두게 된다는 사실이 기쁘다. 유성거사라는 필명도 항구적으로 사용하려고 한다. 유성을 떠나 살고 싶은 마음이 전혀 없지만, 혹시 떠나게 되더라도 유성거사란 이름을 바꾸지 않으려 한다. 이미 내 제2의 이름이 되었기 때문에 함부로 바꿀 수도 없다.

내가 처음 대전에 발을 붙인 1988년을 돌이켜보면 유성은 대선 도심에서 한참 떨어진 변두리였다. 과거 대덕군 유성읍의 모습을 그대로 간직하고 있었다. 1989년 대전이 직할시로 승격되면서 유성이 독립된 구로 자리 잡았지만 타 구와 비교하면 세勢가 너무도 초라했다. 충남대학교와 카이스트, 대덕연구단지 등이 개발됐지만 주변은 대부분 허허벌판이었다. 편의시설이 지극히 빈약했고 시골 모습 그대로였다. 그렇지만 그때의 유성 모습도 내겐 무척 푸근하고 정겹게 다가왔다. 도시 속의 시골 같은 모습이었기 때문이다. 지금도 매 4일과 9일에 펼쳐지는 유성 5일장은 대도시 속의 시골 정취를 느낄 수 있는 명물이다.

유성에서 나는 어른이 됐고, 유성에서 사랑도 했고, 가정도 꾸렸다. 유성 시가지 곳곳은 내 추억의 보물창고이다. 2000년 이후 유성은 대전의 5개 구 가운데 가장 활발하게 도시 성장이 이루어지고 있는 곳이다. 신도시가 속속 개발되면서 최고의 주거지가 됐고, 교통이나 교육 등의 환경이 압도적으로 좋은 지역이 됐다. 앞으로도 대전 발전의 축은 유성을 중심으로 진행될 것이란 사실에 반기를 드는 이는 없을 것이다. 유성은 대전의 변두리이지만 가장 왕성한 성장 잠재력을 지닌 곳이다. 그러면서 가장 푸근한 옛 정취가 남아있는 곳이기도 하다. 시가지를 벗어나면 곧 시골 마을이 펼쳐지는 도농복합도시이기도 하다.

대전은 내게 아무런 연고가 없는 도시였지만 이제는 내가 가장 오래 살았고, 가장 익숙한 도시가 됐다. 내가 태어난 이후로 알게 된 수많은 사람 가운데 대전 사람이 80~90%는 될 것이다. 대전 이곳에서 평생을 살아가기로 이미 마음을 굳혔다. 덧붙여 한 가지 더 조건을 건다면 대전 중에서도 유성에 적을 두고 살아갈 것이다. 유성은 이제 내 고향이나 다름없는 곳이다. 앞으로도 변함없이 유성을 사랑하며 유성거사로 살아갈 것이다. 스무 살의 내가 지었던 '유성流星이 떨어지는 유성儒城'이란 제목의 시를 읽으며 이 밤 유성과 나의 인연을 되짚어 본다.

2016년 12월 08일

자랑, 자랑질

한국인의 고질병 중 하나가 자랑질이다. 마치 자랑을 하기 위해 태어난 사람인양 한국인은 늘 자랑거리를 찾아 헤매고 기회만 되면 수시로 자랑을 늘어놓는다. 대부분 한국인이 그러하다. 어떤 특별한 마음이 있어서라기보다 그저 습관적이다. 그래서 특별한 눈을 뜨고 관찰해보면 한국인의 만남과 대화는 자랑질의 연속이다. 타인을 만나는 것 자체가 무언가를 자랑하고 싶은 마음이 가장 큰 것 같다. 자랑질하지 않으면 못 견디는 것이 한국인의 특징 아닌가 싶다. 한국인에게 자랑은 생활 일부가 돼 있다. 너무도 생활 깊숙이 파고들어 있어 자랑의 골이 얼마나 깊은지 알지도 못하는 것 같다.

나라고 다르겠는가. 나도 한국에서 태어났고 자란 세월이 반세기이다. 그러니 자랑을 하는 것이나 남의 자랑을 들어주는 것에 아주 익숙한 처지가 됐다. 때로는 나 자신도 모르게 습관적으로 자랑질을 하는 나를 발견하게 된다. 아차 싶지만 이미 자랑질은 끝난 상황이어서 주워 담을 수 없는 지경이다. 후회하고 반성을 하지만 이내 또 부지불식간에 누군가에게 무엇인가를 자랑하고 있는 나를 발견하게 된다. 한국의 자랑질은 하나의 문화로 인식해야 할 듯싶다. 그래서인지 한국인의 모임 장소는 자랑질 경연대회장과 같다. 어떤 만남은 처음부터 끝날 때까지 자랑질의 연속이 되기도 한다.

자랑에 대해 국어사전은 '자기 자신 또는 자기와 관계있는 사람이나 물건, 일 따위가 썩 훌륭하거나 남에게 칭찬받을 만한 것임을 드러내 말함'이라고 정의하고 있다. '썩 훌륭하거나 남에게 칭찬받을 만한'이라고 명시한 사전의 규정대로 라면 우리의 자랑문화가 한참 잘못됐음을 알 수 있다. 우리가 일상적으로 자랑하는 대상은 그리 훌륭한 일이 아닌 것도 많고 더구나 칭찬받을 만한 일이 아닌 경우가 허다하기 때문이다. 자랑거리의 면면을 살펴보면 대단히 유치한 내용인 경우가 있고, 때로는 자랑은커녕 비난을 받아야 할 내용일 때도 있다. 그렇지만 대한민국에서는 이러한 본질은 외면한 채 생활 속에서 끊임없이 자랑이 오간다.

자랑하는 방법이나 내용은 성별에 따라 큰 차이를 보인다. 연령대별로도 많은 차이를 보인다. 시대의 흐름에 따라 변천하는 자랑거리가 있는가 하면 세월이 흘러도 좀처럼 바뀌지 않는 자랑거리도 있다. 때로는 도무지 저런 유치한 자랑질을 하지 않을 것 같은 인물이 여느 필부필부처럼 유치한 자랑을 늘어놓는 모습을 보고 실망스러움을 느끼기도 한다. 반대로 그 유치한 자랑질에 인간미나 친숙미를 느끼기도 한다. 자랑하지 않고는 못 견디는 우리의 문화가 만든 소산이니 개인을 탓할 일은 아닌 것 같다. 그저 우리의 문화가 그러하다고 이해하고 넘어가는 것이 가장 편할 것 같다.

남성이 학력 불문, 나이 불문, 소득 불문 흔히 하는 자랑거리 중 하나가 주량이다. 도저히 믿을 수 없는 수량을 들먹이며 술 마신 사실을 자랑한다. 새벽 몇 시까지 몇 명이 몇 병의 술을 마셨다는 것이 가장 일반적인 주량 자랑이다. 얼마만큼 귀하고 비싼 술을 마셨는지도 빠지지 않는 자랑거리이다. 듣는 사람의 경우, 그 말을 사실로 받아들이지 않으면서도 맞장구를 치며 들어준다. 언제든 자신이 그런 유형의 자랑질을 할 때 당신도 맞장구치며 호응해달라는 주문이 깔려있다. 어느 지점에서 어느 지점까지 차를 몰고 얼마의 시간에 주파했다는 과장도 남성 사이에 흔히 하는 자랑거리이다. 이 또한 믿지 않지만 받아들여 준다.

흔히 남성은 허풍을 곁들인 자랑하기를 좋아한다. 남성이 하는 자랑거리 중 백미는 인맥 자랑이다. 누구와 알고 지내고, 누구와 자별하고, 누구와 호형호제하는 사이라는 자랑이 가장 흔하고 가장 일반적인 자랑이다. 때로는 그 자랑질이 허언이 아님을 과시하기 위해 즉석에서 전화연결을 하거나 현장으로 누군가를 불러 도착하게 하는 적극적인 자랑질도 흔하게 이루어진다. 많은 사람을 알고 지내는 것도 자랑거리이지만 그보다는 높은 지위에 있는 사람과 알고 지내는 것이 자랑거리이다. 그게 왜 자랑거리가 되는지는 잘 모르겠지만 한국 사회에서는 많은 인맥을 확보하고 있고, 높은 지위에 있는 사람과 잘 알고 지내는 것이 남성의 가장 일반적인 자랑이다.

여성의 경우, 연령대별로 다른 양상을 보이지만 주로 자신이 지닌 재물이나 가족의 재능을 가장 일반적인 자랑의 대상으로 삼는 것 같다. 재물의 경우, 자신의 몸에 치장한 액세서리나 옷을 시작으로 집이나 차량 등에 대한 자랑이 주를 이루는 것 같다. 그러나 여성 사이 자랑의 백미는 뭐니 뭐니 해도 자식 자랑이다. 특히 자식의 성적에 대한 자랑은 곧 여성의 자존심과 직결된다. 학교성적이 좋고 명문대학에 진학한 자녀를 둔 여성이라면 그 자랑질은 해도 해도 끝이 안 보인다. 공부 잘하는 자녀를 둔 것 이상의 자랑거리는 찾기 어려울 정도이다. 반대로 성적이 떨어지는 자녀를 둔 여성은 다른 무엇을 가졌어도 자랑질 대회에서 기가 죽기 마련이다.

한국은 전 세계 여러 나라 국가 중 사치품의 소비가 최고를 기록하고 있는 나라이다. 한국은 먹고사는 문제를 해결하고 선진국 대열에 발을 들여놓은 이후 줄곧 사치품 소비에서 세계 수위를 달리고 있다. 모피 수입 세계 1위, 명품 양주 수입 세계 1위, 고가 화장품 소비 세계 1위. 고급 외제차의 수입도 날로 늘어 지금은 도로에서 서너 대에 한 대꼴로 고급 외제차를 만나게 된다. 좋은 품질의 제품을 사용하고 싶은 마음도 물론 있겠지만 한국인에게 자랑이 생활 속 일부라는 점을 생각하면 자랑하고 싶은 마음이 소비로 연결된 부분이 클 것이란 생각을 해본다. 심한 비약일 수도 있지만 자랑하고 싶은 마음과 고가 상품의 소비는 분명 어떤 함수관계가 있다고 보는 것이 나의 생각이다.

자랑에 대해 곰곰이 생각해봤다. 도대체 자랑은 왜 하는 것이며 자랑을 하는 것은 부끄러운 일임에도 불구하고 한국 사람은 왜 자랑하는 것을 부끄럽게 여기지 않는 걸까. 겸양과 겸손을 그토록 강조하는 유교주의적 사고가 전 국민의 뇌리에 깊이 박힌 한국사회지만 자랑을 하는 일만큼은 겸양지덕의 예외가 된다. 더욱이 한국에서 자랑질하는 대상은 대개 자랑거리라기에는 너무도 유치한 것이다. 비싼 차를 타고, 비싼 양주를 마시는 게 왜 그토록 자랑거리가 되는지 나는 잘 모르겠다. 어찌 생각하면 오히려 부끄러워해야 할 일이다. 사치스러운 치장을 하는 것이 자랑거리인 것도 이유를 모르겠다. 자식이 공부를 잘하는 것이 무어 그리 대단한 자랑거리인지 진심 이해하기 어렵다.

단순히 남이 경험해보지 못한 일을 경험했고, 남이 가져보지 못한 것을 가져본 것이 자랑거리라면 그 발상은 좀 유치하다. 성숙한 사회라면 "우리는 상대적으로 많은 것을 가지지 못했지만 행복하다." "우리 아이는 공부를 못하지만 정말 착한 일을 많이 한다." 등등이 진정한 자랑거리가 돼야 한다고 생각한다. 그러나 그런 자랑은 거의 들어보지 못했다. 남 보여주기에만 급급하고 자랑질하는 데만 열중할 뿐 실제의 삶은 심각한 갈등과 부실로 병들어가고 있는 경우를 많이 보았다. 그 사정을 뻔히 아는 대도 여전히 가면을 쓰고 자랑질에 열중인 사람도 자주 보게 된다. 불쌍하다. 자랑질이 지나친 사람은 거짓말도 서슴지 않는 경우가 있다. 더 불쌍하다.

  자랑이 보편화 돼 있는 한국의 문화는 서로를 몹시 피곤하고 지치게 한다. 자랑을 위해 형편에 걸맞지 않은 무리한 비용을 지출해 자신을 꾸미는 사람이 너무도 많다. 자식을 자랑거리로 만들기 위해 아이의 꿈과 희망을 짓밟으며 공부하는 기계로 만드는 부모를 많이 봤다. 그들은 자녀에게 "다 너를 위해서 하는 일이다"라고 말은 하지만 실상 상황을 살펴보면 자식을 자랑거리로 만들고 싶은 욕구가 훨씬 더 강하다. 기죽지 않고 싶고, 자랑하고 싶은 마음을 앞세워 아이를 사지로 몰아넣고 있는 것이 한국의 부모이다. 그러면서 속으로는 자녀를 위한 일이라고 스스로 합리화를 한다. 거짓도 큰 거짓이다.

  한국의 자랑문화는 서로에게 너무도 큰 스트레스를 안긴다. 나는 너에게, 너는 나에게. 마치 치킨게임을 하듯 물러서지 않고 계속해서 자랑질 경연대회를 하고 사는 한국인. 하루라도 누군가의 자랑을 듣지 않고 보내는 날이 없다. 그만큼 자랑은 한국 사회에서 일반화돼 있다. 서로의 자랑질 때문에 너무도 큰 스트레스를 받고 힘겨워하면서도 자랑질을 그치지 않는다. 행복을 자랑하지 않고 수치화된 허울만 자랑의 대상으로 삼는 한국인. 물러서지 않는 자랑질이 계속되는 대한민국. 오늘 난 무슨 자랑을 했던가. 누구의 무슨 자랑을 들었던가. 자랑이 없어지면 스트레스도 달아나련만. ✍

2016년 10월 20일

재산세

　내 통장, 내 주머니에서 돈이 빠져나가는데 기분 좋은 일이 있을까. 이유야 어찌 됐든 내 통장과 주머니에는 돈이 쌓여야 마음이 든든해지는 것이 인지상정이다. 반대로 돈이 빠져나가면 상실감이 생기고 그 액수가 커지면 불안감까지 생길 수 있다. 인간은 누구랄 거 없이 재물에 대한 욕심이 있고, 집착도 한다. 그로 인해 자본주의라는 사회형태가 탄생하게 됐다. 자본주의는 인간의 심리를 가장 잘 반영한 사회형태로 저마다의 욕심을 채우는 것이 제도적으로 보장돼 있다. 그래서인지 현대의 모든 사람은 인생의 모든 열정과 에너지를 돈을 좇는 일에 매진하고 있다.
　사람의 삶에 있어 소중한 것은 너무도 많다. 사랑, 우정, 믿음, 용서, 배려, 양보 등등 이루 헤아릴 수 없다. 하지만 자본주의라는 사회형태 속에서는 이 모든 소중한 것이 돈이라는 속물의 지배를 받는다. 부모와 자식 간에도, 부부간에도, 형제간에도 돈으로 거래를 한다. 모든 시간과 가치는 돈으로 환산된다. 사랑도 돈으로 사고, 돈 앞에 우정은 처참히 무너진다. 공부도 돈을 벌기 위해 하고, 종교도 면면을 들여다보면 돈잔치이다. 사람의 마음을 사고자 할 때도 반드시 돈은 필요하다. 참으로 애석한 일이지만 현실이다.

지천명에 가까운 인생을 살면서 나 역시 부단히 돈을 버는 데 매진하며 살았다. 그렇다고 원하는 만큼의 돈을 번 것은 아니다. 소위 말하듯 '그저 먹고만 살았다.'라는 표현이 옳을 듯하다. 나도 그러하지만 대부분 사람의 처지가 비슷할 것으로 생각한다. 엄청난 부귀와 영화를 누릴 것도 아니면서 한 번뿐인 인생을 돈을 좇으며 허우적거리는데 보낸다. 그렇게 허비한 세월이 허무하다는 사실은 생을 마칠 무렵에야 알게 된다. 더 일찍 깨닫는 이도 있지만 그렇다고 삶의 방향을 일시에 바꾸는 경우는 드물다.

어떤 이의 생을 회고해 기록한 자서전을 읽어보거나 인생담을 듣다 보면 대개는 지독한 가난을 극복하고 물질적 풍요나 사회적 지위를 얻은 과정을 드러낸 경우가 많다. 어찌 생각하면 부모나 조상으로부터 물려받은 재물을 잘 지켜내는 것도 어려운 일이겠지만 그 경우는 이야깃거리나 글의 소재가 되기에는 부족함이 있다. 적어도 한국 사회에서는 그러하다. 빈손으로 시작해 시련을 극복해가며 자신의 목표를 이뤄낸 인물만이 존경의 대상이 되고 인생을 논할 자격이 부여된다. 그래서 한국인은 '성공'이라는 단어에 무척 강한 집착을 보인다.

과거를 돌이켜 보면 나라고 다르지 않았다. 어쩌면 지금도 같은 모습일지 모른다. 나 역시 굳이 표현하기도 어려울 정도의 혹독한 가난과 싸워가며 유아기 및 청소년기를 보냈다. 그래서 가난이 얼마나 비굴하고 비참한 것인지 누구보다 잘 알고 있다. 가난을 겪고 있는 사람이 얼마나 고통스러운지도 잘 알고 있다. 내 인생의 가치관이 제대로 정립되기 이전의 어린 시절에는 웃어른이나 인생의 선배에게 들은 대로 어려서 공부를 열심히 해야 훗날 출세하고 부자가 될 수 있다고 믿었다. 인생의 목표가 무엇이고 어디에 가치를 두고 살아야 하는지 전혀 생각해 보지 않았다. 그저 돈을 벌어야 했고, 안정적 생활을 누리고 싶다는 욕구가 간절했을 뿐이다.

또래의 친구보다 일찍 철이 들었고, 생각도 현실적이었다. 그래서 모든 학교 과정을 마치고 사회에 처음 투신하면서부터 돈을 모으기 시작했다. 지방의 작은 신문사에 재직했던 탓에 취업이 곧 가난의 척결로 연결되지는 않았다. 취업은 했지만, 가난은 계속됐다. 내가 부담해야 할 짐도 많았다. 하지만 근검과 절약만이 나의 살길이라고 여겼던지 한눈 한 번 팔지 않고 알뜰히 돈을 모았다. 또래의 사회 초년생이 처음 돈을 벌기 시작하며 주체 못 하고 유흥업소에 신용카드를 맡길 때 나는 그 자리에 없었다. 알뜰히 적금통장의 액수를 늘려나갔다.

그렇게 해서 7년 만에 작은 아파트 한 채를 구입할 수 있게 됐다. 직장 생활을 시작해 7년간의 자취생활 끝에 내 명의의 집을 갖게 됐고 그 아파트에서 신혼생활을 시작할 수 있게 됐다. 지금과 같이 집값이 천정부지 가격대라면 언감생심이었을 일이지만 당시로써는 가능했다. 변두리 외곽의 소형아파트였기 때문에 주위의 아무런 도움 없이 자력으로 사는 것이 가능했다. 당시 아파트를 구입한 가격은 5500만 원이었다. 지금도 내 집을 갖게 된 그때의 감동을 또렷이 기억하고 있다.

평생 처음으로 내 집을 갖게 됐을 때 무서울 것이 없었다. 집보다 앞서 120만 원에 구입한 중고 자동차를 소유하고 있었으니 사실상 개인 재산 1호는 자동차였다. 재산의 기준은 그 물건에 부여되는 재산세라는 항목의 과세였음을 그때 알게 됐다. 처음 자동차를 샀을 때도 재산세 고지서를 받았을 텐데 그때는 별다른 감회가 없었다. 그러나 내가 소유한 집을 과세대상으로 한 재산세 고지서를 받았을 때는 적지 않은 감동이 밀려왔다. 시련을 극복하고 일어선 일종의 증표라고 여긴 것 같다.

돈을 내라는 고지서인데도 불구하고 받아들고 너무 기분이 좋았다. 전혀 아깝다는 생각도 들지 않았다. 그래서 흔쾌히 납부를 했던 기억이 난다. 치열한 자본주의 사회를 살아가면서 내 평생에 첫 내 집을 갖게 됐으니 그 감회는 분명 각별했다. 아쉽게도 그 재산세 고지서 1호는 지금 내가 갖고 있지 않다. 그토록 각별한 의미가 있는 고지서였지만 그것을 보관하겠다는 생각을 그때는 하지 못했다. 아쉽다. 집안 어딘가를 뒤적이면 찾을 수 있을지 몰라도 그 가능성은 희박하다.

첫 재산세를 납부한 것이 2002년이었다. 그 후로 지금까지 내 이름으로 등기된 집을 갖고 있다. 처음 시작은 아무런 부채도 없는 순수한 내 집이었지만 지금은 상황은 조금 다르다. 현재 내 소유인 집은 거래가의 절반 가까운 금액을 은행 부채로 안고 있다. 규모가 큰 새집으로 거처를 옮기다 보니 부채 없이 내 집을 갖는 것이 불가능해졌다. 결혼 이후 가정 내 수입과 지출을 나 혼자 일방적으로 결정할 수 없게 된 점도 그때와는 다르다. 나 혼자가 아니라 두 아들을 위한 씀씀이가 생겼으니 그 또한 그때와 달라진 점이다. 그래서 부채가 생길 수밖에 없었다.

집에 부과되는 재산세를 납부하기 시작한 것이 벌써 14년째이다. 14년의 세월이 흐르는 동안 재산세에 대한 감정은 크게 달라졌다. 초기에는 지출임에도 불구하고 그렇게 뿌듯할 수가 없었다. 이제 그런 뿌듯함은 사라졌고, 담담한 마음을 넘어서 다소 귀찮고 부담스러운 존재로 여겨진다. 재산세를 부과하는 기준이나 형태는 변하지 않았는데 내 마음이 변한 것이다. 오히려 부자가 보유하고 있는 막대한 토지재산이나 각종 은닉재산에 대한 세금 부과가 제대로 이루어지지 않고 있음에 대한 불평을 토할 뿐이다. 내가 변한 것이다.

상반기와 하반기로 나뉘어 있던 재산세 부과 방식이 조금 변경돼 7월과 9월에 2개월 간격으로 고지서가 날아든다. 이런 것을 조삼모사라고 표현하던가. 연간 납부하는 금액은 같지만 불과 2개월 만에 연속적으로 재산세를 납부해야 하니 불만이 생긴다. 올해도 7월과 9월에 두 차례에 걸쳐 재산세를 납부했다. 과거처럼 은행 창구를 방문해 오랜 시간을 대기했다가 차례를 지켜 현금으로 납부하는 것이 아니라 간편하게 스마트뱅킹을 통해 전자거래를 할 수 있다. 여러모로 편해졌지만, 마음은 불편해졌다. 예전에 느꼈던 뿌듯함이 사라졌고 귀찮고 부담스러운 존재로 가치가 변했기 때문이다.

돌이켜보면 집을 사기 위해, 더욱 넓고 여건이 좋은 집으로 옮겨 가기 위해 내 청춘을 바친 것 같다. 어리석다고 생각은 하면서도 어쩔 수 없이 그렇게 살았고, 현재도 그렇게 살아가고 있다. 더 큰 집을 갖기 위해 발버둥 치다가 아까운 청춘이 지나가 버렸다. 대한민국에 사는 사람이 공통으로 겪고 있는 비애이다. 남과 조금 다른 가치관을 갖고 살아가고 있다고 자처하고 있지만 당장 집에 집착하고 살아온 세월을 돌이키면 크게 다를 것이 없는 삶이었다. 부질없이 자본주의라는 몰인정한 사회형태만 비판한다.

참으로 허무하다는 생각이 든다. 얼마나 뜨겁게 보냈어야 할 내 청춘인가. 얼마나 가치 있는 일이 세상에는 많은가. 그런 것을 제대로 느껴 보지도 못하고 누려보지도 못하고 아까운 청춘이 흘러가고 있다. 그저 집 한 채를 갖기 위해 바보같이 살았다. 그렇다고 변함없이 살아온 세월도 아니다. 재산에 대한 인식이 바뀐 것을 보면 내 마음은 변했다. 처음엔 그렇게도 뿌듯하게 받아들었던 재산세 고지서가 이제는 귀찮은 존재가 됐다. 재산세라는 사회적 제도는 변하지 않았다. 그러나 내 마음은 변했다. 여전히 삶의 고귀한 가치를 추구하지 못하고 물질에 집착하고 있는 나는 변명이 용납되지 않는 속물이다. ✿

2016년 09월 28일

한·중·일 제국의 역사

제국帝國은 사전적으로 '군주가 황제인 나라'를 가리킨다. 자세히 그 의미를 살펴보면 '문화적, 민족적으로 전혀 다른 영역과 그 국민에게까지 통치권을 확장하는 국가'라고 정의할 수 있다. 19세기 들어 군사적, 경제적으로 남의 나라 또는 후진 민족을 정복하여 큰 나라를 건설하려고 하는 침략주의 경향인 제국주의가 팽창하며 몇몇 나라가 사실상의 지구 영토 대부분을 차지하는 일이 벌어졌다. 아시아에서는 일본이 제국주의에 혈안이 돼 우리나라를 비롯한 아시아 약소국을 점령하고 극에 달하는 가혹한 통치를 했다.

그런 이유로 우리 대한민국 국민은 '제국' 또는 '제국주의'란 말에 심한 거부감을 보인다. 우리 민족 역사상 가장 치욕적인 기간이 바로 일본 제국주의에 의한 식민통치 시절이었기 때문이다. 우리 민족 역사상 치욕을 당한 사례는 많다. 병자호란 당시 만주족 청나라에 겪은 삼전도의 굴욕을 당한 이후 사대의 예를 맺은 것을 비롯해 몽골족 원나라가 수십 년간 내정을 간섭했던 때도 있었다. 한나라가 고조선 옛 땅에 낙랑, 진번, 임둔, 현도의 4군 설치하고 관리를 직접 파견해 다스린 한사군도 사실상 식민 지배를 당한 역사로 볼 수 있다. 그러나 우리는 유독 일본 제국주의에 의한 36년간의 강점기를 가장 치욕적 역사로 기억하고 있다.

일제에 의해 나라를 강점당하고 통치권을 빼앗긴 시절이 우리에게는 씻을 수 없는 치욕이지만 반대로 일본인은 대일본제국이라는 이름으로 아시아를 석권한 그 시절을 역사상 가장 자랑스러운 시절로 기억하고 있다. 중국은 인류 역사상 가장 넓은 영토를 차지했던 몽골제국의 역사를 자랑으로 여기고 있다. 중국 정통 한족이 아닌 몽골족에 의한 대제국의 역사이지만 어쩔 수 없는 중국의 역사이고 중국은 몽골제국이란 이름으로 아시아 대부분과 유럽 일부 지역까지 영토를 확장했다.

그렇다면 우리는 그토록 광활한 영토를 보유했던 찬란한 과거가 없는 것일까. 일본제국과 몽골제국만 한 영토의 크기에는 못 미치지만, 우리 역사에는 고구려제국이 있다. 고구려란 국호에 제국이라는 말을 붙이는 것이 일반적이지 않지만, 고구려는 분명 중원을 호령한 대제국이었다. 한반도 면적의 몇 곱절 되는 크기의 영토를 점령하고 통치기구로 여러 도호부를 설치했던 것은 분명 고구려가 대제국이었음을 의미한다. 우리 민족 역사상 가장 드넓은 영토를 차지했던 고구려는 우리가 가장 자랑스럽게 생각하는 국가이다.

한·중·일 3국은 각기 한 차례씩 대제국을 건설해 민족 최고의 전성기를 누렸다. 그 순서는 고구려-몽골-일본의 순이다. 우리는 역사교육을 통해 고구려가 얼마나 강성한 국가였는지를 배웠다. 특히 '힘을 키워 언젠가 고구려가 차지했던 드넓은 영토를 회복해 후손에게 물려주어야 한다.'라고 배웠다. 그런 내용을 배우면서 가슴이 뜨겁게 달아오르는 자부심도 느꼈다. 그러면서 '실제로 저 드넓은 땅을 회복할 수 있다면 얼마나 좋을까'라는 생각도 가져봤다. 또 '분명히 배운 대로 고구려의 옛 영토를 우리가 되찾아야 한다.'라는 각오도 다졌다.

그렇다면 중국인이나 일본인의 생각은 어떨까. 그들 역시 역사상 가장 광활한 영토를 차지했던 제국의 시대를 그리워하며 제국의 영토를 회복하겠다는 각오를 다지고 있을 것이다. 일본은 역사상 가장 강성했던 근대 일본제국의 영광을 운운하며 언젠가 아시아 대부분 영토를 다시 점령하겠다는 의지를 불태우고 있을 것이 분명하다. 우리가 일본에 대한 경계를 잠시도 멈춰 설 수 없는 이유이다. 중국도 상황은 비슷하다. 그들 역시 대몽골제국의 광활한 영토를 다시 점령해 보이겠다는 의지를 불태우고 있을 것이다. 우리가 그러하듯 중국과 일본도 제국의 영토 회복을 후세에게 주지시키고 있을 것이 자명하다.

한국은 고대에서 중세에 이르기까지 일본에 문화를 전수해준 문명국이란 자존심을 앞세우지만, 근대에 이르러 일본의 식민 지배를 당했다는 열등콤플렉스를 털어내지 못하고 있다. 반대로 일본은 근대에 침략전쟁을 통해 대제국을 건설했다는 자부심을 보이지만 빈약한 고대와 중세 역사를 끄집어내면 한없이 초라해진다. 중국도 한국과 사정은 비슷하다. 동아시아 역사 이래 패권국으로 군림하다가 청일전쟁 이후 일본에 패권을 빼앗겼다는 심한 열등콤플렉스를 보인다. 그러면서 고대사를 통해 근대사의 아픔을 덮어버리려는 듯 한국의 고대사마저 중국사에 편입시키려는 동북공정東北工程을 무리하게 시도하고 있다.

우리만 고구려의 향수에 빠진 것이 아니다. 중국은 중국 나름대로, 일본은 일본 나름대로 자국이 최전성기를 구가했던 시절을 모델 삼아 아시아의 패권을 거머쥘 기회를 호시탐탐 노리고 있다. 겉으론 손을 잡고 어깨동무를 하지만 속으론 언제라도 기회만 되면 주변국을 짓밟고 일어서 가장 화려했던 전성기 시절의 세력을 도모하겠다는 것이 3국의 한결같은 마음이다. 역사 왜곡을 일삼으며 과거사의 정당성을 찾고, 자국의 실리를 추구하려는 모습은 중국과 일본의 속내를 알 수 있는 명확한 증거이다.

한·중·일 동아시아 3국은 저마다 다른 관점에서 제국의 역사를 바라보고 있다. 고구려의 광활한 영토는 분명 우리가 수복해야 할 대상이다.

아픈 근대사를 통해 빼앗긴 간도間島도 우리가 되찾아야 할 민족의 땅이다. 민족 모두가 반드시 기억해야 할 일이다. 하지만 또 한 가지 기억해야 할 것이 있다. 우리가 고구려제국의 번영을 염원하듯, 중국과 일본도 몽골제국, 일본제국의 영토 회복을 노리고 있다는 점이다. 그들의 야욕에는 한반도 땅이 포함돼 있다. 우리가 힘을 기르며 확고한 역사의식을 바탕으로 중국과 일본을 살펴봐야 하는 이유가 바로 여기에 있다. ✌

2016년 07월 26일

제5장
단색집착

단색 집착

본래 화려하고 요란한 것을 싫어한다. 소박하고 담백한 것을 좋아한다. 단조롭고 멋스러운 것을 좋아한다. 내 취향 자체가 그러하다. 언제부터인지는 모르겠으나 이런 단조로움을 쫓는 성향은 점점 심해져 이제는 집착 수준에 이른 것 같다. 현란한 것에 대한 무조건적 거부반응이 나타난다. 이러한 패턴은 생활 전반에서 나타나고 있다. 지금의 이 단조로움을 쫓는 성향이 한동안 지속할 것 같다. 나이를 더 먹고 문득 화려함에 매료돼 성향 자체가 바뀔 수도 있겠지만 당장은 그럴 일이 없을 것 같다. 끝까지 단순함과 단조로움, 소박함에서 멋스러움을 찾는 나의 성향은 지속할 것 같다.

내 옷장을 열어보면 무늬가 있는 옷이 없다. 큰 글씨가 적힌 옷도 없다. 끈이 나풀거리거나 주머니가 덕지덕지 붙은 옷도 없다. 어쩌면 하나같이 그리도 단조로운 색상에 단순한 디자인의 옷만 걸려있는지 내가 봐도 신기하다. 무늬가 있는 옷이 그저 서너 개 있다지만 그것도 단색이나 다름없는 규칙적 체크나 줄무늬 정도가 전부이다. 간혹 가족이나 기타 친지가 선물로 안긴 옷 가운데 무늬가 있는 옷이 있다. 하지만 버릴 수 없어 옷장에 걸어두기는 했어도 실상 입지는 않는다. 철저하게 단색

컬러에 단조로운 디자인의 옷만 고집한다.

　결혼 초기에 내 성향을 모르고 이런저런 옷을 샀던 아내도 이제는 나의 성향을 정확하게 파악했는지 옷을 사 오는 법이 없다. 내가 알아서 필요한 옷을 사도록 둔다. 옷뿐 아니라 신발이나 가방, 기타 소품 등도 모두 단색에 단조로운 디자인을 고집한다. 참으로 못 말리는 성향이다. 이런 성향에 집착하기 시작한 것이 언제부터인지는 나도 잘 모르겠다. 아주 어려서 만화영화 캐릭터가 그려진 가방이나 신발을 좋아하던 때를 지나 사춘기 무렵부터 시작되지 않았나 싶다. 아무튼, 나의 이런 성향은 꽤 오래됐다.

　이런 성향은 옷이나 소품에만 국한되지 않는다. 생활의 모든 분야에 적용된다. 심지어는 음식을 먹을 때도 이 같은 성향이 나타난다. 식사할 때 상을 가득 채우는 반찬의 행렬을 좋아하지 않는다. 그저 입에 맞는 반찬 한두 가지면 족하다고 생각한다. 불필요한 반찬을 늘어놓고 먹다가 남기고 그것을 다시 반찬통에 집어넣는 형태 자체를 싫어한다. 적당히 덜어서 먹고 깨끗하게 치우는 것을 좋아한다. 제일 좋은 것은 주된 요리 하나에 반찬 하나나 둘을 놓고 먹는 일품요리이다. 국밥에 깍두기, 카레라이스에 김치, 자장면과 단무지 등처럼.

　미술작품도 단조로움을 즐기는 성향은 나타난다. 화려하게 채색한 서양화보다는 먹 한 가지 색으로 여백미를 살려 표현하는 동양화를 좋아한다. 취미에서도 단색 집착은 이어진다. 취미활동으로 서각 작품을 만들 때도 마찬가지이다. 같이 활동하는 동호인은 다양한 채색을 통해 눈에 띄는 작품을 만들고 실력이 날로 늘어 가는데 나는 꾸준히도 먹 한 가지 색만 써 채색을 한다. 그러니 수년 전에 만들었던 작품이나 지금 만드는 작품이나 별 차이가 없다. 그림이나 조소, 공예, 건축에 이르기까지 서양의 화려한 작품보다는 동양의 소박한 작품을 좋아하는 성향은 같다.

내가 집에서 수년째 즐겨 사용하는 커피잔이 있다. 나는 이 잔의 디자인과 색상이 너무도 마음에 든다. 다른 어떤 잔도 이 잔보다 아름답지 않다. 물론 이 잔은 아무런 무늬가 없고 심지어는 글씨도 없다. 커피 제조회사가 판촉품으로 만든 잔인데 밑바닥에 그 회사의 로고와 글씨가 적혀 있을 뿐이다. 색깔은 진한 갈색 한 가지이고 디자인도 그렇게 단순할 수가 없다. 그러니 정확히 내 취향이다. 커피나 차를 마실 때, 물을 마실 때도 고집스럽게 이 잔만 사용한다. 그래서인지 다른 가족은 이 잔이 '아빠의 잔'이라고 규정해 아무도 사용하지 않는다. 아빠가 좋아하는 잔이란 걸 아내와 아이들도 잘 안다.

신용카드의 경우 초기 모델은 금색이나 은색, 또는 흰색 등으로 화려하지 않은 단색이었던 것으로 기억된다. 그러나 언제부터인가 카드 색깔이 화려해지기 시작했다. 화려하다 못해 현란한 정도이다. 단조로운 디자인을 좋아하는 나는 알록달록한 카드가 반갑지 않다. 그래서 카드가 우편으로 배달되면 실망하기 일쑤였다. 은행에 전화를 걸어 단순한 색상의 카드로 바꿀 수 있느냐고 물어 불가하다는 답변을 들은 것이 서너 번이다. 이제는 안 된다는 걸 알기 때문에 그냥 사용한다.

내가 생각해도 나의 단색에 대한 집착은 심한 수준이다. 단조로운 무늬와 디자인을 좋아하는 정도가 지나치다. 이런 취향이 누군가에게 피해를 안기는 것도 아니고 내게 큰 이익이 되는 것도 아니다. 말 그대로 취향이다. 이런 나의 취향을 이해해 주는 이도 있지만 까다로운 취향으로 규정하는 이도 있다. 남이 까다롭다고 불편해할까 봐 여간해 단색과 단조로움에 집착하는 나의 성향을 표출하지는 않는다. 그러나 은연중에 알 만한 사람에게는 이미 많이 알려졌고, 상당수가 나의 이러한 성향을 인정한다. 어른들 말씀대로라면 나이 들수록 화려한 것이 좋아진다고 했다. 아직은 인정하고 싶지 않다. 나는 나이가 들더라도 마냥 단조롭고 단순한 것만 좋아할 것 같다.

2016년 06월 26일

인류문화사의 희귀한 연구대상

 2016년 기준 대한민국에 거주하고 있는 50대 이상의 국민은 인류문화사적 측면에서 대단히 연구가치가 높은 존재이다. 공간적으로 대한민국에서 시간상으로 50년 이상을 살아온 이들이 5000년 인류 역사상 가장 짧은 기간에 가장 다양한 인류 문명의 변화를 압축적으로 경험한 세대이기 때문이다. 실제로 관련 분야 학자들이 나처럼 생각하는지는 모를 일이지만 적어도 나는 그렇게 생각한다. 지천명의 나이에 한 뼘 모자라는 우리 세대까지 억지로 이 대상에 포함할 수도 있겠지만 실상 50대 중반이 넘어선 1960년대 이전 출생자를 대상으로 해야 구분이 좀 더 정확해질 것 같다.
 앞서 밝힌 대로 대한민국에 거주하고 있는 1960년대 이전 출생자는 인류 역사상 정말 독특한 존재이다. 한평생을 사는 동안 이렇게 많은 변화를 겪은 세대는 일찍이 지구상에 없었다. 우선은 물질 문명적인 측면에서 그러하고, 곁들여 가치관의 변화도 그 폭이 엄청나다. 지금까지 지구상에 존재했던 그 많은 인류 가운데 불과 수십 년 사이에 가히 지옥에서 천당이라 할 수 있을 만큼 차이가 큰 변화를 겪은 이들은 없었다. 이 같은 사실에 대해 부정할 사람은 없을 것 같다. 세상 어느 시대, 어느 나라에도 이런 변화를 경험한 세대는 없다.

50년 전과 현재의 모습을 비교해보면 이해는 쉬워진다. 1960년대만 해도 남한의 경제력은 북한에 뒤진다. 극심한 식량난으로 먹고사는 문제가 완벽하게 해결되지 않았다. 시골 마을에는 전기가 보급되기 전이다. 고등교육을 받은 사람이 지극히 드물었고, 교통이나 통신 환경도 열악하기 짝이 없었다. 주거환경은 허술해 추위와 더위에 그대로 노출될 수밖에 없었다. 그나마 내 집에서 사는 사람은 그리 많지 않았다. 의식주 생활에서 위생이나 품질이니 하는 따위를 고려할 여지가 없었다. 그저 생존이 의미가 있던 시기이다. 그때까지만 해도 대한민국은 지구상의 최빈국 중 하나로 손꼽혔다.

불과 50년 사이 세상은 변해도 너무 많이 변했다. 세상 전체가 많이 변했지만, 특히 대한민국의 변화는 극심하다. 의식주 기본생활은 윤택해졌고, 첨단과학기술의 혜택으로 상상도 하기 힘들었던 세상을 현실로 실현해 살아가고 있다. 특히 교통과 통신의 발달은 3차원의 세계를 4차원의 세계로 접어들게 하는 직전까지 이르렀다. 더욱이 신기한 것은 이토록 빠른 변화를 겪으면서 대부분이 변화의 물결에 잘 적응했다는 점이다. 또 물질문명의 변화에 동반된 의식의 변화까지 이루어냈다는 점이다.

아직도 문명의 혜택에서 동떨어진 생활을 하는 제3세계 국가에서 태어난 사람은 평생을 살면서 겪은 삶의 변화 폭이 그리 크지 않다. 구미 선진국에서 태어난 사람은 상대적으로 큰 폭의 변화를 겪었을 수 있지만 그래도 대한민국에서 20세기와 21세기를 동시에 경험한 세대와는 비교가 안 될 정도이다. 아무리 생각해봐도 전 인류 역사상 이런 세대는 없다. 이토록 단기간에 극과 극을 경험한 세대는 지금까지 대한민국에 현존하는 50대 이상이 유일하다. 아마 이런 세대가 다시는 나오지 않을 확률이 높다. 적어도 나는 그렇게 생각한다. 그러니 인류문화적 측면에서 대단히 유의미한 세대라고 단정하는 것이다.

　전기가 보급되기 전에는 해가 떨어지면 세상이 암흑으로 변하던 시대를 경험한 세대가 그들이다. 보리밥도 제대로 못 먹어 배를 곯는 일이 다반사였던 세대가 그들이다. 20리~30리 길은 예사로 걸어 다녔고 아파도 병원 한 번 못 가보고 집에서 누워 병이 낫기만 기다렸던 세대가 그들이다. 해외여행은 고사하고 제주도도 가본 사람이 동네에 한두 명 있을까 말까 싶던 시대를 경험한 세대가 그들이다. 우리 눈앞에 벌어지고 있는 2016년 현재의 생활은 그들이 어려서 생활할 당시에는 상상 밖의 세계였을 게 분명하다. 이런 세상이 현실로 찾아올 것이라고는 아무도 생각하지 못했을 것이다. 그러나 그 세상은 현실이 됐고, 그들은 상상도 하지 못했던 세상에서 살고 있다. 그리고 그 변화는 가속도가 붙어 지금도 계속되고 있다.

　배곯던 시대에서 먹을 것이 지천이 되어 음식쓰레기가 넘쳐나는 시대까지를 경험한 세대, 자전거 구경도 힘들었던 시대에서 가정마다 자가용을 2~3대씩 보유한 시대까지 목격한 세대, 허술하기 짝이 없는 흙집에서 온 식구가 단칸방 생활을 하던 시대에서 최첨단 설비가 완비된 아파트 생활을 하는 시대까지를 겪은 세대, 태어난 곳에서 사방 100리 밖을 나가보지 못하고 죽은 사람이 즐비하던 시대에서 1년에도 몇 번씩 해외여행을 다니는 시대까지 전 과정을 경험한 세대. 이런 폭넓은 경험을 한 집단이 이 나라 50대 이상 말고 지구 역사상 또 있었을까. 나는 없으리라고 확신한다. 그래서 그들이 인류문화사적으로 갖는 의미가 각별하다고 생각한다.

　문명뿐 아니라 문화도 이렇게 짧은 기간에 이렇게 큰 변화를 겪은 세대는 일찍이 없었다. 50년 전만 해도 남녀 간 성 평등이 정착되지 않아 딸은 아무것도 할 수 없었지만, 지금은 여성이 모든 분야를 휩쓸어 남성을 무기력하게 만들고 있는 시대로 세상은 변했다. 그들은 이 모든 세상의 변화를 직접 목격했다. 지금 같으면 상상도 할 수 없는 야간통행 금지, 장발 단속, 삼청교육대 차출 등을 실제 경험한 세대도 이들이다. 과거 외국인이라고는 눈을 씻고 찾아봐도 없던 시대에서 지금은 가는 곳마다 외국인이 넘쳐나는 시대로 세상은 바뀌었다. 이러한 세상의 변화를 대한민국 50대 이상은 두 눈으로 지켜보고 온몸으로 겪었다.

이들 50대 이상 대한민국 국민이 대단한 이유가 있다. 이러한 엄청난 문명과 문화의 변화를 겪으면서도 너무도 뛰어난 적응력을 보여줬다는 점이다. 물론 시대의 변화에 발맞춰 따라가는 것이 어려워 혼자 고민하고 힘겨워하는 이도 많았겠지만, 대부분은 놀라울 정도의 적응력을 보였다. 역사를 더듬어 보면 물질문명도 그러하지만, 특히 의식의 변화는 큰 저항에 부딪히고 그만큼 받아들여 정착시키는 데 어려움을 겪게 된다. 하지만 대한민국의 중장년은 그 엄청난 변화를 너무도 자연스럽게 잘 받아들였다. 그만큼 적극적이었고 부지런했다는 것을 방증한다.

새로운 문명이나 문화가 전래했을 때 그것을 받아들이는 자의 스트레스는 상당하다. 그래서 동서고금의 역사를 살펴보면 변화의 물결을 거부하고자 저항하고 모든 것을 걸고 맞서 싸운다. 때로는 목숨을 걸기도 한다. 하지만 대한민국의 중장년층은 너무도 슬기롭게 시대의 변화를 수용했고, 정착시켰다. 그래서 대한민국은 세계의 문화박물관이란 별칭을 들을 만큼 다양한 문화가 공존하는 나라가 됐다. 문화가 공존하는 가운데도 다툼이 없고, 질서를 유지한다는 것은 아이러니이다. 그래서 대한민국의 문화공존성을 세계인이 주목하고 있다. 대한민국의 문화공존성도 역시 인류문화사적 연구대상이라고 생각한다.

문명과 문화의 흐름이 이토록 짧은 기간에, 이렇게 큰 폭으로 변화한 시간과 공간은 일찍이 없었다. 아마 앞으로도 없을 것이다. 그러니 현재 대한민국에 거주하고 있는 50대 이상의 세대는 문화인류학적 측면에서 대단한 희소가치를 가진 세대로 분류하는 것이 맞다. 이들이 이 엄청난 변화를 단기간에 겪을 수 있던 환경은 엄청난 연구대상이 될 것이다. 또 이들이 그 큰 변화를 겪으면서 거부감 없이 수용한 사실도 연구의 대상이 될 것이다. 냉탕과 온탕을 모두 경험한 대한민국의 중장년들. 그들이 참으로 존경스럽다. 인류는 그들을 주목해야 한다. ✍

2016년 05월 01일

그리스·로마 신화와 중국 고사

　신문사 20년 재직하는 동안 10년 이상 부장과 부국장이란 직함을 부여받았다. 신문사에서는 부서장을 가리켜 '데스크'라는 말을 쓴다. 즉, 10년 넘게 데스크로 일했다. 데스크는 기자인 부서원을 적게는 서너 명 많게는 열 명 이상 휘하에 두고 그들에게 취재 지시를 내리고 취재 방향을 설정해주며 그들이 써온 기사를 보완해주는 역할을 담당한다. 데스크가 직접 기사를 쓰는 일은 별로 없다. 후배 기자가 써온 기사를 고쳐주는 역할이 데스크의 주요 업무이다. 또한, 데스크 회의라고 불리는 편집회의에 참석해 그날그날 기자가 쓰는 기사를 펼쳐놓고 각 기사의 중량을 측정해 배치하고 원고량을 조절하는 역할을 맡는다.

　데스크 회의를 통해 기자가 작성한 기사는 자리를 잡게 되고 분량과 제목 크기가 조정된다. 기자가 거칠게 쓴 기사는 데스크의 손길을 거치며 매끄러운 문장으로 거듭난다. 오랜 세월 기사를 쓰며 익힌 노하우를 발휘해 기자가 작성한 미완의 기사에 대해 완성도를 높이는 역할을 하는 것이다. 본인 이름으로 기사를 작성하는 횟수는 적지만 데스크의 역할은 크다. 특히 각 기사의 중요도를 측정해 적절한 위치에 배열하고 크기를 조절하는 기능은 신문 제작에 있어 중요성이 각별하다. 그러한 데스크의 기능을 전문용어로 게이트키핑 Gate Keeping 이라고 한다.

신문 지면에 '오피니언'란이 있다. 오피니언 난에는 사회 각 분야 저명인사의 칼럼과 '독자의 소리' 등을 싣는다. 칼럼은 대개 사외 필진으로 구성되지만 사내 데스크가 쓰는 예도 있다. 신문사마다 이름을 달리하지만 대개 '데스크 칼럼'이란 제목이 가장 흔하다. 데스크가 되면 정기적으로 데스크 칼럼을 쓰게 된다. 이슈가 된 사회현상에 관해 데스크의 시각에서 각자의 주관을 한껏 드러내 쓰는 글이다. 신문 기사는 객관적으로 쓰는 것을 최우선의 원칙으로 삼지만, 데스크 칼럼은 주관이 허용된다. 그래서 신중하게 써야 하고 글을 쓰기 위해 많은 자료를 준비해야 한다. 데스크 칼럼을 쓸 때는 직함과 사진을 삽입한다. 그래서 더욱 신중할 수밖에 없는 구조이다.

신문사마다 사정이 다르지만, 데스크는 대개 월 1회꼴로 데스크 칼럼에 참여한다. 데스크 칼럼을 통해 데스크 당사자의 성향과 가치 기준이 드러나고 글솜씨도 노출된다. 그래서 데스크 칼럼을 쓸 때 데스크는 다른 어떤 글을 쓸 때 보다 신중히 처리한다. 칼럼 순번이 돌아오기 한참 전부터 어떤 주제로 어떻게 글을 풀어갈 것인지를 고민한다. 다방면의 자료를 수집하기도 한다. 더욱 많은 독자가 읽어주기를 바라는 마음에 호기심을 자극하는 제목을 정하려고 고심하기도 한다. 탈고를 마친 후에도 혹여 비문법적인 문장이 있는지, 어색한 표현이 있는지 등을 거듭 살펴본다. 탈고 이튿날 신문이 배달되면 곧바로 해당 지면을 펴 보며 제대로 편집되고 인쇄됐는지 확인한다.

10년 넘게 데스크 보직을 맡으며 많은 칼럼을 썼다. 지역사회에 작은 의식의 변화를 불러일으킨 글도 있었고, 정말 좋은 내용이라며 지인들로부터 칭찬 전화를 받은 글도 있었다. 칼럼을 쓰기 위해 다양한 자료를 수집하게 되니 공부가 되는 것은 물론이고, 중견 언론인으로서 내 신념을 대중에게 소개하는 과정에서 나의 가치관도 정립이 된다. 그래서 칼럼 쓰기를 좋아한다. 지금껏 쓴 칼럼을 일자별로 차곡차곡 모아두었다. 한데 묶어 책으로 발간할 생각을 하고 있기 때문이다. 벌써 발행될 칼럼집의 제목을 무엇으로 정할까 고민하고 있다. 그 책은 사회적 이슈를 되짚어볼 수 있는 자료서가 될 것이며 나의 의식 변화 과정을 점검하는 성장기록의 역할도 하게 될 것이다.

칼럼을 쓰는 것도 좋아하지만 읽는 것도 좋아한다. 그 어떤 기사보다 칼럼은 재미가 있다. 어떤 객관적 사실에 대해 논리정연하게 분석하고 이를 바탕으로 상대를 설득시켜 자신이 생각하는 방향으로 의식을 전환하려는 재주에 놀랄 때가 한두 번이 아니다. 빼어난 글솜씨와 논리를 자랑하는 논객이 너무나 많다는 사실에 깜짝 놀란다. 정말 멋진 글을 보면서 그 논객의 현란한 글재주와 해박한 지식에 감탄하기도 한다. 그 글재주와 지식이 너무 부러워 어찌할 바를 모를 때도 있다. 때로는 너무도 훌륭한 글을 쓰는 논객이 지나치게 특정 가치나 사상에 함몰돼 있음을 확인하고 안타까움을 느끼기도 한다.

칼럼을 읽으면서 느끼는 것 중 하나가 지나치게 현학적衒學的인 글이 많다는 사실이다. 현학적인 글을 쓰는 사람의 특징이 그리스·로마 신화나 중국의 고사를 수시로 인용한다는 점이다. 또 저명한 학자와 그의 이론, 저술을 소개하며 한껏 자신의 해박한 지식을 자랑하기도 한다. 신화, 고사, 학술이론을 인용하는 것은 그나마 이해할 수 있다. 난해한 낱말이나 전문적 용어, 일반적으로 사용하지 않는 한자 등을 거침없이 글에 녹여내는 경우도 허다하다. 자신의 박식함을 알아달라는 건지, 독자 스스로 무지함을 인식하라는 건지는 그 의도는 파악이 안 되지만 아무튼 남이 이해 못 할 어휘나 문장을 사용하면서 묘한 쾌감을 느끼는 것 같다. 글을 현학적으로 쓰는 사람은 늘 그렇게 쓴다. 아주 고약한 버릇이다.

모름지기 글은 쉽게 써서 불특정 대중이 상식선에서 이해할 수 있게 해야 한다. 쉽게 써서 읽은 이의 공감대를 끌어낼 수 있으면 가장 좋은 글이다. 논리적인 글을 쓰는 목적은 내 논리로 상대를 설득해서 나와 같은, 또는 비슷한 생각을 하게 하기 위함이다. 또는 내가 말 하고자 하는 바를 상대가 이해할 수 있도록 하기 위함이다. 그런 목적은 달성하지 못하고 한껏 자신의 박식함만 자랑하는 글은 스스로는 만족스러울지 몰라도 본연의 목적인 '설득'을 이루어내지 못했으니 실패한 글이다. 스스로 만족하고 말 그런 글이라면 일기장에 쓰고 혼자 읽으면 된다. 굳이 이해도 못 할 대중을 상대로 쓸 이유가 없다.

그리스·로마 신화를 읽어보지 않은 이도, 중국 고사를 잘 모르는 이도 읽고 이해할 수 있는 글이 좋은 글이다. 자신의 주장을 독자에게 전달하는 데 있어 신화나 고전의 인용이 꼭 필요하다면 충분히 설명해주는 배려가 뒤따라야 한다. 신화나 고전이 아니더라고 불특정 대중이 상식선에서 이해하기 어려운 내용을 쓸 때는 이해할 수 있도록 최대한 배려해 설명을 곁들여 주어야 한다. 글을 읽는 모든 사람이 쓰는 이 수준의 학식을 갖췄다고 생각하면 오산이다. 글을 쓰는 목적은 논리적으로 독자를 설득시키는 것이다. 독자가 내용을 이해하기 전에 무시당하는 느낌을 받거나, 거부감이 생기게 한다면 그것은 분명 나의 잘못이다.

칼럼을 읽다 보면 유독 신화나 고전의 인용을 많이 접하게 된다. 신화나 고전을 통해 설명하는 것은 적절한 비유를 통해 이해를 돕기 위해서이다. 그러나 굳이 인용하고자 한다면 충분한 배경 설명이 뒤따라야 한다. 굳이 어려운 용어를 사용하는 것은 금물이다. 그래야 원활하게 뜻을 전달할 수 있고, 좋은 글로 인정받을 수 있다. 글을 어렵게 쓰려고 하는 것은 고약한 습관이다. 누구나 쉽게 이해하고 공감하는 글을 쓰는 것이 중요하다. 죽죽 읽으면서 술술 이해할 수 있는 글이 훌륭한 글이다. 쉽게 써서 독자를 정확히 이해시킬 수 있는 문장을 엮어가는 것이 글쓰기의 기본이다. ❧

2016년 04월 06일

다르면 틀리다고?

다름different과 틀림wrong에 관해 설명하는 강연을 들은 적이 있다. 같은 주제로 쓴 글을 읽은 적도 있다. 다름과 틀림은 확연히 구별되는 개념인데 우리는 이를 동일시해서 사용하는 경우가 많다. 특히 획일화된 문화 속에 동질성을 강요받는 한국 사회에서는 다름이 틀림으로 오인되는 경우가 허다하다. 그만큼 다양성이 부족하기 때문이다. 다름을 다름으로 인정하면 세상은 참으로 평온해진다. 다름을 틀림으로 몰아붙이는 가운데 생기는 갈등과 오해가 세상을 참으로 불편하게 만든다.

다름과 틀림에 대해 바르게 이해하면 자연스럽게 인권적 가치를 확립하게 된다. 다수가 옳고 소수는 틀린다고, 강자가 옳고 약자는 틀린다고 오해하는 데서 인권의 유린은 시작된다. 소수자라도 그들이 추구하는 가치는 존중되어야 하고, 약자는 보호되어야 한다. 소수자와 약자가 존중받고 보호받는 세상이 인권 세상이다. 세상 무엇과도 바꿀 수 없는 소중한 것이 인권이고, 누구나 인권을 보장받고 자유롭게 자신의 가치를 추구할 수 있는 세상이 우리가 바라는 아름다운 세상이다.

이 사회에서 약자란 누구인가? 또 소수자란 누구인가? 왕성한 사회활동을 하는 기성세대와 비교했을 때 어린이와 청소년은 절대적 약자이다. 이미 사회에서 격리되기 시작한 노인도 사회적 약자이다. 남성과 여성의 역할과 권한이 동등한 사회가 됐다고는 하지만 사회의 면면을 자세히 살펴보면 아직도 여성은 남성보다 약자로 존재한다. 장애인은 비장애인과 비교했을 때 약자일 수밖에 없다. 약자가 강자와 동일한 권리를 누릴 수 있고 어떠한 구속 없이 자유롭게 자신의 권리를 누릴 수 있는 사회가 인권사회다.

소수자도 상황은 비슷하다. 한국 국적을 가진 다수의 한국인 사이에서 생활하고 있는 외국인 노동자는 분명 소수자이고 약자이다. 어렵사리 한국 국적은 취득했다지만 여전히 외국인 취급을 받고 살아야 하는 이주 여성도 이 사회에서 소수자이면서 약자이다. 이들은 단지 이 사회의 주류가 아니라는 이유로 소외당하고 무시당하며 살아가고 있다. 이 사회에 해를 끼친 적도 없고, 잘못한 일도 없다. 오히려 이 사회가 안고 있는 문제점을 해결해주기 위해 등장한 고마운 존재이다.

중학교 2학년인 아들이 며칠 전 학교에서 단체로 실시한 두발 검사에서 단속돼 벌점을 받았다는 이야기를 들었다. 아들의 두발 상태는 내 기준으로 볼 때 그리 불량해 보이지 않았다. 중요한 것은 그 기준을 어디에다 두었는지가 아니다. 학교가 두발 단속이라는 규제를 통해 자기표현의 자유를 침해하고 있다는 사실이다. 국내 대부분 학교는 학생의 자유 의지를 인정하기보다는 학생 자체를 규제와 단속의 대상으로 보려는 시각을 갖고 있다. 학생을 불완전한 존재로 보고 인권을 가진 주체로 인정하지 않는 데서 문제는 출발한다.

나 역시 개인적으로는 단정하게 이발을 하고 옷매무시를 방정하게 하는 것을 좋아한다. 청소년은 두발을 좀 더 기르고 자신의 스타일에 맞게 옷을 입고 싶어 한다. 성인이 볼 때는 유치하고 허황하게 보일 수 있지만, 그들이 갖는 나름의 자기표현 방식은 분명 존중되어야 한다는 것이 나의 생각이다. 어리다는 이유로, 약자라는 이유로 그들에게 획일성을 강조해서는 안 된다. 교복 치마를 지나치게 줄여 몸매가 드러나게 입는 것이 그릇되다고 생각하는 것은 '다름'을 '틀림'으로 인정하려는 오류에서 비롯된다. 성인의 기준에 청소년을 꿰맞추려는 반 인권적 월권이다.

대부분 성인은 청소년이 아직 성숙하지 않았다는 이유로 조건 없이 성인의 뜻에 따라 통제되고 감시받아야 하는 존재로 인식한다. 청소년의 의견이나 표현은 기성세대와 다르다는 이유로 틀린 것으로 인식되고 있다. 사실은 이러한 생각 자체가 성숙하지 못한 것이다. 하늘로부터 인간으로 누려야 할 기본적 권리를 부여받고 태어난 누구나 자신의 의지대로 표현할 권리를 갖는다. 이는 대한민국 최상위법인 헌법에도 보장돼 있다. 학생에 대한 복장 및 두발 단속은 헌법에서 보장하고 있는 표현의 자유를 심각하게 훼손하는 행위이다.

좀 더 민감한 부분에서도 소수자의 권리는 예시될 수 있다. 인간의 성性은 남성과 여성의 양성으로 구분된다고 생각하는 것이 일반적이다. 그래서 '양성兩性'이란 말이 자연스럽게 사용된다. 하지만 이 지구상에는 남성도 아니고, 그렇다고 여성도 아닌 제3의 성이 분명 존재한다. 자신의 신체적 특징과는 별개의 성적 취향을 갖는 사람이다. 제3의 성을 가진 이들은 다수의 사람과는 다른 성적 취향을 갖는다. 그러나 그 수가 적다는 이유만으로 틀리다고 인정받고 있다. 나아가 멸시받고 조롱거리가 되고 있다.

다수의 사람은 자신이 남성이거나 여성이라는 이유로 자신과 다른 성적 정체성을 가진 제3의 성을 인정하지 않으려 한다. 그들이 나와 또는 우리와 다르다고 생각하기보다는 내가 옳고 그들이 틀렸다고 생각한다. 그들이 제3의 성을 가졌다고 해서 남성 또는 여성인 다수에게 어떤 피해를 주는 일은 없다. 누군가에게 피해를 주는 일이 없지만, 사회적 해악이라고 생각한다. 다수와 다른 성적 지향성을 가졌지만, 사랑하고 즐거워할 수 있는 그들의 권리를 막을 수는 없다. 이것이 인권적 측면에서 그들을 바라보는 시선이다.

인간은 누구나 행복하게 살 권리를 갖고 있다. 대한민국을 비롯한 대부분 국가는 모든 국민이 행복하게 살 권리를 헌법을 통해 보장해 두었다. 특히 헌법은 국민이 국가에 대해 행해야 할 의무에 앞서 국가를 상대로 요구할 수 있는 권리에 대해 우선하여 다루고 있다. 이는 국민의 권리를 먼저 보장하겠다는 의미이다. 모법인 헌법이 보장해놓은 권리를 하부 법이 제한하는 경우가 허다하다. 대한민국 헌법은 우리가 생각하는 이상으로 폭넓게 국민의 권리를 보장하고 있다. 그러나 정작 이것을 누려야 할 국민이 제대로 권리를 행사하지 않고 스스로 포기하는 어처구니없는 일이 많다. 다수가 소수를 향해, 강자가 약자를 향해 자신과 다르다는 이유로 상대의 자유나 권리를 제한하려 하는 경우가 너무도 많다.

나와 다른 생각과 행동을 인정하고, 이해하고, 수용해주는 사회가 성숙한 사회이다. 상대가 어린이나 청소년일지라도 그들의 권리는 보호받아야 한다. 어린이와 청소년은 규제의 대상이라고 생각하는 자체가 인권 침해이다. 그래서 그들에게 놀 권리, 자유롭게 자신을 표현할 권리를 부여해야 한다. 사회적 약자로 분류되는 장애인에게도 이 땅에서 마음껏 권리를 행사할 수 있도록 여건을 만들어 주어야 한다. 장애인이 편하게 이동할 수 있도록 편의를 제공하는 일도 국가와 지자체의 몫이다. 외국인 노동자와 이주 여성도 이 사회의 구성원으로 마땅히 권리를 행사할 수 있도록 해주어야 한다.

인권을 이해하는 첫걸음은 다름과 틀림을 명확하게 구분하는 데서 시작된다. 다름이 결코 틀림이 아니라는 사실을 인정하는 데서 인권은 첫발을 내디딜 수 있다. 서구의 문명과 물질은 그토록 동경하면서 정작 그들에게 배워야 할 인간의 권리 찾기에 대해서는 이 사회가 왜 이리도 빗장을 굳게 치는지 이해하기 어렵다. 그들이 만드는 양주며 핸드백이며 향수는 그리도 좋아하면서 정작 그들이 한국 사회에 정착시키고 싶어 하는 약자와 소수자의 권리 보장에 대해서는 무관심하고 받아들이기 꺼리는 대한민국의 풍토가 개탄스럽다. 하늘 아래 모든 인간의 권리는 마땅히 보호되고 존중받아야 한다. ✍

2016년 03월 15일

봉투

봉투라는 단사單詞[1]를 들으면 가장 먼저 떠올리는 생각이 무얼까. 직업이나 하는 일에 따라 다소의 차이를 보이기는 하겠지만 대개의 사람은 편지봉투를 떠올리지 않을까 싶다. 그것도 편지나 기타 문서가 담긴 봉투보다는 돈이 담겨 있는 봉투를 떠올리지 않을까 싶다. 편지나 문서를 담기 위해 만든 봉투는 공교롭게도 지폐를 담기에 적당한 크기이다. 돈이 액면 상태로 오가는 것을 금기하는 문화가 있는 우리나라는 돈을 주고받을 때 편지봉투에 넣어 건네는 것이 상례. 그러다 보니 주객이 전도돼 편지봉투는 문서를 넣는 용도보다 오히려 돈을 담아 건네는 용도로 더 많이 쓰인다.

그래서 봉투가 곧바로 돈이라는 의미로 사용될 때가 많다. "정치인이 봉투를 돌렸다." "거래처에서 봉투를 받았다." "결혼식에 봉투 보냈어?"

---

[1] 한자인 어語는 문장을 일컫는 말이다. 낱말을 일컬을 때는 사詞를 쓰는 것이 맞다. 외국어, 한국어, 영어, 중국어 등과 같이 문장을 나타내는 말을 표현할 때는 어語를 사용하는 것이 맞지만 품사, 조사, 명사 등과 같이 낱말을 나타내는 말을 표현할 때는 사詞를 쓰는 것이 맞다. 그래서 단어라는 표현보다는 단사라는 표현이 맞다.

등등의 표현에서 봉투란 돈을 의미한다. 봉투에 넣어 건네는 돈은 정성과 사랑이 담겨 있는 경우도 많지만 뇌물 성격의 음성적인 돈이 담기는 경우도 많다. 그래서 일반적으로 봉투는 다소 부정적 의미의 돈을 의미할 때 많이 사용한다. 외국도 돈을 건넬 때 봉투에 담아서 전달하는 것이 일반화돼 있는지는 잘 모르겠다. 적어도 우리나라에서는 돈을 건넬 때 대부분 봉투에 담아 전달하고 그 때문에 봉투란 말이 돈이란 의미로 사용될 때가 많다.

과거 이 사회가 투명하지 못할 때 봉투문화는 만연했다. 특히 정情이라는 문화를 가진 대한민국은 부정하든 그렇지 않든 간에 봉투에 돈을 담아 건넬 때 그것을 정이라고 표현했다. 일을 잘 살펴봐 달라는 표현을 할 때, 급하게 먼저 처리해달라는 부탁을 할 때 돈 봉투는 춤을 추고 다녔다. 모든 서류가 전산화되고 국민의 의식 수준이 개선되면서 돈 봉투가 춤을 추는 문화는 상당 부분 자취를 감췄다. 물론 아직도 정이라는 이름으로 돈 봉투가 오가는 일이 완전히 사라지지는 않았겠지만, 과거와 비교해보면 거의 자취를 감췄다고 해도 무리가 없을 만하다. 그만큼 음성적 뒷돈 거래는 많이 사라졌다.

돈 봉투는 '정'이라는 이름으로 또는 '마음'이라는 이름으로 포장된 경우가 많았다. 그래서 '을'이 '갑'에게 전하는 돈 봉투를 '촌지寸志'라고 불렀다. 촌지는 '손가락 마디 크기의 뜻'이라는 의미로 직역하면 '작은 정성'이다. 무언가 고마운 마음을 표현할 때 촌지라는 이름으로 돈 봉투를 건넸다. 하지만 고마운 마음 뒤에는 내가 하는 일을 또는 내 가족이나 친지를 잘 보살펴달라는 의미가 내포된 것이 문제였다. 말로는 정성이니 마음이니 하는 표현을 하지만 실상 이익을 추구하거나 불이익을 피하겠다는 의도가 다분하다. 그러다 보니 봉투라는 단사는 돈과 결합해 다분히 부정적 이미지가 강하다.

지인이 애사가 경사를 맞을 때 건네는 돈도 꼭 봉투에 담아주는 것이 일반적이다. 그래서 부의금 또는 축의금을 일컬을 때도 봉투라는 표현을 많이 사용한다. "내가 시간이 없어서 결혼식장에 가지 못하니 나 대신 봉투 좀 전해줘,"라고 말할 때 봉투는 돈을 의미한다. 이처럼 우리 사회에는 돈을 봉투라고 표현하는 일이 다반사이다. "봉투 좀 대신 전해줘"라는 말을 이해하지 못하는 대한민국 국민은 아무도 없다. 축의금이나 조의금이란 말도 봉투라는 말로 표현하는 것은 일반화돼 있다. 그만큼 우리 사회에 봉투문화는 오랜 세월 뿌리 깊게 박혀 있다.

애사나 경사에 돈 봉투를 건네는 문화가 다른 나라에도 있는지는 잘 모르겠다. 듣기로는 우리나라에만 있는 독특한 문화라고 한다. 빠듯한 살림에 수시로 날아드는 청첩장이나 부고장은 여간 부담스럽지 않다. 눈 딱 감고 모른 척하고 싶을 때가 많지만 그리했다가는 이내 큰 후회가 닥친다. 축의금이나 조의금을 외면했다가 훗날 당사자를 만나게 되면 얼굴이 화끈거림을 피할 수 없다는 것을 잘 알고 있기 때문이다. 그런 경험을 해봤다면 당장 다소의 부담이 되긴 하지만 할 도리를 하는 것이 다리 뻗고 잘 수 있는 길이란 사실을 알게 된다. 마음 표시, 성의 표시라는 별칭으로 불리는 축의금이나 부의금은 모두에게 피해갈 수 없는 생활의 일부이다.

그렇지만 막상 경사나 애사를 치러보고 나면 축의금과 부의금의 진정한 의미와 가치를 알게 된다. 평소 품앗이라고 생각을 한다지만 막상 직접 경사나 애사를 치러보기 전에는 축의금과 부의금의 소중함을 몸으로 느끼지 못한다. 대표적 경사인 결혼식의 경우, 준비하는데 수천만 원의 돈이 필요하다. 주거비용 부담이 크게 늘면서 몇억 원의 자금이 필요한 경우도 발생한다. 이럴 때는 주위에서 십시일반 모아주는 축의금이 큰 몫을 한다. 예고 없이 준비해야 하는 장례식도 사정은 비슷하다. 장례를 치르는데도 족히 수천만 원의 돈이 필요하다. 웬만한 집안이라면 조의금의 도움 없이 갑작스럽게 수천만 원의 돈을 일시에 마련하는 것이 결코 만만한 일이 아니다. 직접 경사나 애사를 치러보고 나면 축의금과 부의금의 진정한 의미를 깨닫는다.

하지만 문제는 이처럼 좋은 상부상조의 문화가 지나치게 형식적으로 흘러가고 과도하게 큰 부담이 되고 있다는 점이다. 결혼식의 경우, 날로 화려해지고 그만큼 과다한 지출을 동반한다. 하객은 화려한 결혼식과 값비싼 음식에 맞춰 축의금 액수를 올릴 수밖에 없는 상황을 맞게 된다. 초청 대상이 확대되는 것도 문제이다. 한국에서는 경사나 애사를 치르는 규모와 방문객 수가 혼주나 상주의 능력을 평가하는 기준 역할을 하는 문화가 있다. 그러다 보니 초청 범위가 계속 확대되고 서로에게 큰 부담이 되고 있으며 순수성은 퇴색되고 있다. 그래서 축의금이나 부의금 문화에서도 봉투는 다소 부정적 이미지로 나타나고 있다.

불과 20년 전만 해도 이 사회에는 음성적으로 오가는 돈 봉투가 횡행했다. 10여 년 전부터 돈 봉투는 서서히 자취를 감춰 요즈막에는 사실상 자취를 감췄다. 그만큼 한국 사회가 성숙했고, 맑아졌다는 것을 의미한다. 공식적으로 주고받는 축의금이나 조의금 외에 음성적으로 오가는 돈 봉투는 거의 사라졌다. 혹자는 이를 두고 '정이 없어졌다.' '사회가 메말라가고 있다.'라는 등의 표현으로 아쉬움을 드러내 보이기도 하지만 음성적 돈 봉투 문화가 사라진 것은 쌍수로 환영할 일이다. 아직도 제3세계 후진국에서는 뇌물을 건네야 제대로 일이 처리되는 풍토가 만연해 있다고 한다. 이에 대해 우리는 "그 나라 아직 멀었어."라고 냉소를 보낸다. 그만큼 뇌물 문화가 후진적 형태라는 것을 잘 알고 있기 때문이다. 온정주의 문화가 뿌리 깊은 한국은 뇌물을 없애는데 몇 곱절의 시간과 노력이 필요했다. 하지만 잘 극복해내고 지금과 같은 투명한 사회를 만들어냈다. 안 될 것 같은 일이었지만 실현해 냈다.

봉투는 여러 쓰임새로 이용된다. 하지만 아직도 봉투는 돈을 담아 누군가에게 전달하는 용도로 가장 많이 쓰인다. 오랜 세월 음성적 돈거래의 아이콘 역할을 해서일까, 여전히 생활을 짓누르는 축·부의금의 부담 때문일까. 봉투에 대한 이미지는 썩 긍정적이지 못하다. 부모가 자식에게 용돈을 줄 때나 물건을 사고 값을 치를 때는 돈을 봉투에 담아주지 않는다. 하지만 격식을 갖춰야 하는 돈의 전달 때는 반드시 봉투에 담아 전달한다. 어찌 생각하면 돈을 봉투에 담아 건네는 것은 예의의 표시이다. 살아가며 필요한 것이 돈이지만 돈은 속물적 근성을 갖고 있으므로 액면을 감추고 봉투에 담아 전달하는 것이 예의라고 한국인은 생각하는 것 같다.

 전화도 없고, 이메일도 없던 시절의 편지봉투는 애틋한 사연을 나르는 얼마나 고마운 존재였던가. 봉투가 돈이 아닌 사랑의 메시지를 전하는 푸근한 존재로 부활했으면 좋겠다. 이제는 손편지를 집배원이 배달하는 그 시절로 돌아갈 수 없음을 잘 알고 있다. 얼마 전 상사喪事를 치르며 지인으로부터 전달받은 부의금 봉투를 정리하면서 문득 봉투에 대한 이런저런 생각을 떠올려봤다. 주위의 도움을 받아 무사히 큰일을 잘 치러냈으니 앞으로는 은혜에 보답할 때마다 진정 감사한 마음을 담아 전달해야겠다. 이것이 큰일을 치르고 난 뒤 얻은 큰 깨달음이다.

2016년 01월 10일

서울 구경

2015년 한해 서울에 다닐 일이 많았다. 대학 졸업 후 취업의 문에 이르지 못하고 떠돌던 시절에 7개월 정도 서울에서 생활했던 때를 제외하면 2015년이 서울에 머물었던 시간이 가장 많았던 해가 아닌가 싶다. 서울에 자주 다니게 된 것은 여러 이유가 있었다. 개인적인 일도 많았고, 업무와 연관된 일도 많았다. 대중교통을 이용해 다니면 편하다는 것을 알지만 여러 사정상 직접 차를 몰고 다녔다. 차를 몰고 고속도로를 이용해 상경하다 보면 서울은 고사하고 경기도 땅에 다다르는 순간부터 극심한 교통 체증이 시작된다. 항상 체증을 겪어 '그러려니' 하고 사는 수도권 주민에게는 별스럽지 않은 일일 수 있지만, 지방에 거주하는 사람으로서 서울과 주변 지역에서 운전할 때마다 겪는 교통체증은 감내하기 어려운 고통이다.

꽤 많이 서울 길을 오르락내리락했지만, 목적지까지 단숨에 달려간 일은 한 번도 없었다. 막힘없이 질주한다면 한 시간이면 다다를 거리를 두 시간 혹은 세 시간 걸려 도착하는 일이 다반사였다. 지방 사람이 서울에서 차를 몰고 다니며 겪는 고통은 교통체증에 국한되지 않는다. 복잡한 도로구조를 이해하지 못하면 목적지에 무사히 도착하는 일이 절대 녹록지 않다. 고가도로나 간선도로에서 목적지로 빠져나가는 램프입체 교차 하는 두 개의 도로를 연결하는 도로의 경사진 부분를 지나치기라도 하면 하염없이 먼 길을 우회해야 한다. 혹독한 교통체증 속에서 멀리 길을 우회하게 되면 성인 군자라도 밀려오는 짜증을 피할 수 없게 된다. 목적지에 어렵게 도착해도 주차할 곳을 찾지 못하거나 살인적인 주차요금을 지급해야 하는 것도 서울에서 차를 몰고 다니는 또 다른 고통이다.

지방 사람은 '서울'이라 하면 나처럼 가장 먼저 교통체증을 떠올린다. 그래서 답답하고 짜증스러운 이미지를 갖게 된다. 체증과 더불어 각종 소음과 공해도 손사래를 치게 한다. 도로에 넘쳐나는 차량과 곳곳에 뻗어 있는 철도를 수시로 질주하는 전동차가 발생시키는 소음도 가끔 상경하는 지방 사람의 골치를 유발하는 요인이 된다. 엄청난 차와 대형 건축물이 뿜어내는 매연과 여름철 에어컨 실외기가 뿜어내는 열기도 지방 사람에겐 감당하기 어려운 고통 요인이다.

소음이나 교통체증은 여전하지만 실상 대기 질은 과거보다 무척 개선된 것이 사실이다. 20여 년 전만 해도 실제로 서울 시내를 돌아다니면서 몇 시간만 지나면 콧속에 새까만 매연이 가득 끼었다. 그러나 벙커시유가 주를 이루던 건물 난방이 열병합 방식이나 도시가스 등으로 바뀌었고, 디젤엔진을 사용하던 버스도 대부분 액화천연가스로 연료를 교체한 이후 서울의 대기 질은 몰라보게 개선됐다. 미세먼지 등은 여전히 해결하지 못하는 숙제이지만 말이다.

지금은 골치를 유발하는 대상이지만 과거 내가 어렸을 때 마음속에 품은 서울이란 도시는 동경의 대상이었다. 말 그대로 산으로 둘러싸여 하늘만 빼꼼 보이던 시골 마을에서 나고 자란 내가 1년에 한두 번 경험한 서울 나들이는 신기함으로 가득했다. 지금도 서울과 지방의 격차는 여전하지만, 과거에 비하면 간극이 좁아진 것은 사실이다. 서울은 서울대로 발전하고 변모했지만 내가 보기엔 지방이 더 빠른 속도로 성장했다. 그래서 과거와 같은 극심한 환경의 차이는 없다고 생각한다.

대한민국 국민 중 서울에 일가친척이나 친구가 한 명도 없는 사람이 있을까 싶다. 공무든 사무든 서울을 방문해보지 않은 사람이 있을까 싶다. 전국 어디서든 웬만한 곳에서는 서울 가는 대중교통 편이 있다. 서울이란 고유명사가 붙은 상호는 전국 어디를 가더라도 흔히 발견된다. 외국을 가서 한국인임을 밝히면 대뜸 "서울에 사느냐?"고 묻는다. 그만큼 서울은 대한민국 모든 국민이 공유하는 도시이고 대한민국을 상징하는 도시이다.

어릴 적에 방학을 맞아 서울을 방문하면 단 며칠간 참으로 놀라운 세상을 경험할 수 있었다. 내가 사는 공간과 너무도 다른 삶이 펼쳐지고 있기 때문이었다. 그래서 그때는 '서울 구경'이란 말이 있었다. 실제로 지방 거주민이 작정하고 서울 나들이에 나서 서울 곳곳의 명소를 둘러보는 일이 유행했던 시절이 있었다. 시골 사람은 별일이 없어도 작정하고 서울 구경을 위해 상경하는 예도 많았다. 그것을 흔히 '서울 구경'이라고 불렀다. 지방 사람이 서울에 올라오면 꼭 들러보는 곳이 남산, 창경원창경궁, 경복궁, 명동, 어린이대공원, 남대문시장, 광화문, 여의도광장, 방송국 등이었다.

서울 구경의 명소에는 늘 한눈에 봐도 시골에서 올라온 것으로 보이는 행색을 한 사람이 눈에 띄었다. 대개 무리를 이루어 다니는 서울 구경을 온 시골 사람 무리 가운데는 가이드 역할을 하는 한두 사람이 있었다. 그들은 십중팔구 서울에서 터를 잡은 가족이나 친지였다. 나 역시 초라한 촌놈의 모습으로 서울 구경을 했던 기억이 또렷하다. 외삼촌 삼형제가 모두 서울에 살고 계셔서 그분들의 안내를 받아가며 서울 구경을 했다. 특히 막내 외숙은 대부분 우리의 가이드 역할을 맡아주셨다.

서울 구경이란 말이 시나브로 없어졌다. 교통과 통신이 발달하면서 서울과 지방의 문화적 격차가 크게 줄어들게 돼 굳이 서울 구경을 나서는 수가 크게 줄어들었다. 전국 어디서든지 서울은 마음만 먹으면 언제라도 쉽게 접근할 수 있는 곳이 됐다. 작정하지 않고도 수시로 갈 수 있는 곳이 됐다. 고궁이나 몇몇 명소의 경우야 어쩔 수 없이 서울에만 있지만, 그 외의 문화시설 등은 이제 웬만한 지방에서도 접할 수 있게 됐으니 신비감도 떨어졌다. 서울에서 특별한 행사나 구경거리가 생기면 지방에서 당일로 서울을 다녀가는 것이 일반화됐다. 그래서인지 서울 구경을 큰맘 먹고 하는 이는 없어 보인다.

　서울 구경이 없어진 또 다른 이유도 있다. 여전히 서울 구경 다니는 지방 거주민이 있지만, 예전처럼 표시가 나지 않아서 구분할 수가 없다. 그러니 서울 구경하는 사람이 사라졌다고 생각할 수 있다. 과거에는 서울 사람과 시골 사람의 행색은 확연히 차이가 났다. 하지만 요즘에는 누가 서울 사람이고 누가 시골 사람인지 차림새만으로 구분하기 어렵다. 지방 사람은 사투리로 표시가 나기도 했지만 요즘 젊은이는 지방에서 나고 자랐음에도 불구하고 전혀 사투리를 사용하지 않는 경우도 많다. 그러니 더욱 서울 구경하는 사람을 구분하기 어려워졌다.

　내가 어려서 경험한 70년대와 80년대의 사회 모습이 중국에서 쉽게 목격된다. 지금껏 중국을 열 차례 이상 다녀왔다. 갈 때마다 자연스럽게 내가 자란 시절의 시대상이 떠오른다. 한때 우리에게 서울 구경이란 문화가 있었듯이 중국에도 북경 구경 문화가 있다. 드넓은 중국에 13억 명에 달하는 인구가 살다 보니 국민 가운데는 수도 북경을 다녀오지 못한 사람이 부지기수일 터. 중국의 경제 사정이 개선돼 나들이 수요가 부쩍 늘면서 북경 구경을 다니는 지방 사람의 수가 크게 늘었다고 한다. 그래서인지 천안문, 자금성, 만리장성, 이화원 등의 북경의 명소를 가보면 지방에서 올라온 나들이객이 넘쳐난다. 가는 곳마다 외국 관광객과 현지인 나들이객이 뒤엉켜 인산인해를 이룬다.

　내가 처음 북경을 방문했던 96년도만 해도 관광지에 현지인은 그리 많지 않았다. 주요 관광지에는 주로 외국인이 많이 눈에 띄었다. 하지만 최근에 북경을 가보면 외국인보다 내국인이 몇 곱절 많다. 우리가 과거에 그러했던 것처럼 북경 구경을 올라온 지방 사람은 한눈에 봐도 표시가 난다. 그 모습을 보며 과거 어린 시절 서울 구경을 다니던 나의 모습이 서울 사람에게 얼마나 촌스러워 보였을까를 생각하면 절로 웃음이 난다.

대전이라는 국내 5대 도시에 살고 있으니 문화적으로 서울에 비해 크게 뒤지지 않는 환경이다. 서울에 봐야 할 일이 많아 자주 상경하지만 웬만하면 당일 일을 보고 당일 내려온다. 더구나 KTX 고속열차가 생긴 이후 서울 나들잇길은 한결 쉬워졌다. 그야말로 반나절 생활권이 됐다. 저녁에 퇴근하고 서울에 있는 장례식장을 방문해 조문하고 당일 내려와 다음 날 아침에 정상적으로 출근하는 일이 예사가 됐다. 서울에서 구매할 수 있는 물건은 지방에서도 언제 어디서나 큰 가격 차이 없이 살 수 있게 됐으니 굳이 세월이 변하기는 참 많이 변했다. 내 경우도 서울에서 진행되는 공연이나 전시를 관람하기 위해 당일 다녀오는 일이 많았다. 그러니 이제 전 국민 누구에게나 서울은 더는 동경의 대상이 아니다. 마음만 먹으면 하루에 충분히 다녀올 수 있는 대한민국 내의 여러 도시 중 하나일 뿐이다.

세월이 변해 서울과 지방의 격차가 크게 줄어들었다. 서울 시내에 있는 명소를 구경하겠다고 서울을 일부러 찾아가는 서울 구경은 사실상 자취를 감췄다. 다만 공연이나 전시를 관람하거나 행사 참석 등을 위해 당일로 서울을 다녀오는 일이 많아졌다. 과거에는 꼭 서울을 가야만 해결할 수 있던 일이 이제는 대부분 자신의 거주지에서 해결할 수 있게 됐다. 다만 지방 사람이 여전히 서울과의 격차를 크게 느끼는 부분은 교육과 의료 부문이다.

서울 소재 대학을 진학해야 취업이 쉽고, 인생에서 승승장구할 수 있다고 믿는 경우가 많다. 서울에 있는 대형병원으로 치료하러 가야 시각을 줄일 뿐 아니라 확실하고 안전하게 병을 고칠 수 있다고 생각하고 있다. 이 외에도 서울을 선호하는 분야는 몇 가지 더 있을 것이지만 과거와 비교하면 모든 분야에서 격차가 줄어든 것은 사실이다. 유난히 서울에 볼일이 많았던 2015년. 서울을 다녀올 때마다 혼잣말했다. '길 막히는 체증만 없으면, 수도 서울에 단 몇 년이라도 한 번 살아보는 걸, 고려는 해보겠는데… 그래도 역시 나 사는 대전이 최고지.'

2015년 12월 30일

탈모

불과 10년 전만 해도 이발을 하기 위해 이발소나 미용실을 가면 "답답해서 못 견디겠다"라며 "머리숱 좀 많이 솎아 달라"고 주문했다. 손으로 머리카락을 움켜잡으면 묵직한 감촉이 부담스러웠다. 이발하고 2주만 지나면 머리카락이 불규칙하게 자라 덥수룩하고 단정함을 잃었다. 관리하기 어려울 만큼 머리카락이 자랐다. 그래서 3주를 넘기지 못하고 이발소나 미용실을 찾아갔다. 틴닝용 가위숱을 치는 가위로 성큼성큼 머리카락 숱을 솎아낸 후에야 개운함을 느꼈다. 이발 후 느끼는 개운함이 너무 좋았다.

대개 남자의 경우 3주 간격으로 이발을 하면 단정한 모습을 유지할 수 있다. 하지만 3주 간격으로 이발을 하는 이들은 흔치 않다. 대개 4주를 넘기기 일쑤이고 어떤 이는 2개월 혹은 3개월이 지나야 이발을 하는 것 같다. 이발을 자주 하는 나로서는 오랜 기간 이발을 하지 않아 덥수룩한 모양으로 다니는 사람을 보면 답답함을 느낀다. 달려가서 내가 이발을 해주고 싶은 충동을 느낄 만큼 유난히 단정하지 못한 머리카락을 보면 답답증이 밀려온다.

이발한 지 보름만 지나면 이발을 하고 싶어 안달이 나던 내가 요즘 들어서는 3주가 넘어야 이발을 한다. 웬만하면 3주를 넘기지 않지만 가끔은 3주를 넘겨 이발하는 일도 많다. 그만큼 내가 느끼는 답답함이 전 같지 않기 때문이다. 머리숱이 절반으로 줄었으니 답답함을 느낄 정도가 못 된다. 귀밑 머리카락이 불규칙하게 자라 지저분해 보일 뿐 답답함을 느끼지는 못한다. 물론 머리카락 수가 많이 줄었어도 이발을 하고 나면 느끼는 상쾌함은 여전하다.

마흔 살이 넘으면서 하루가 다르게 머리카락 수가 줄어들었다. 숱이 줄기 전에 먼저 머리카락이 가늘어졌다. 한 가닥 한 가닥이 제법 탱탱한 탄력을 유지했었는데 어느 날부터 머리카락이 가늘어지고 힘을 잃었다. 머리카락이 늘 힘없이 주저앉기 시작했다. 열심히 역방향으로 빗질을 하지만 머리카락은 좀처럼 일어서지 않았다. 머리카락이 가늘어지기 시작하면서 모근毛根이 힘을 잃었다. 모근이 약하니 쉽게 뽑히기 시작했다. 조심한다고 해도 머리카락은 시나브로 몸에서 이탈했다. 감을 때마다 한 움큼씩 머리털이 빠졌다.

일단 탈모가 시작된 이후 걷잡을 수가 없었다. 불과 1~2년 만에 내 머리카락 밀도는 절반 이하로 줄어들었다. 특히 고약한 것은 탈모가 정수리 부근에 집중된다는 점이었다. 앞이나 옆, 뒤의 머리카락은 그런대로 견뎌주는데 정수리 근처의 머리카락은 속절없이 빠졌다. 그리고 그 탈모는 현재도 진행형이다. 탈모로 인해 전체적인 외모와 분위기가 참 볼품없어졌다. '내가 한때 머리숱이 많아 고민했던 사람인가?' 싶은 생각을 하면 서글픈 마음마저 든다. 아직 탈모가 시작되지 않은 친구나 또래를 보면 참으로 부럽다는 생각을 하게 된다. 물론 나보다 먼저 더 심각하게 탈모가 진행돼 모발 이식을 했거나 이미 가발을 사용하고 있는 친구도 있다. 아직 모발 이식이나 가발 사용은 하지 않지만 나보다 상황이 심한 친구도 있다.

탈모와 비슷한 시기에 찾아온 현상 중 하나가 머리통에 땀이 나는 현상이다. 이런 현상은 음식물을 먹을 때 특히 심하게 나타난다. 매운 음식이나 뜨거운 음식을 먹다 보면 어느새 정수리 근처 땀샘이 열려 줄줄 흐르기 시작한다. 맵고 뜨거운 음식을 먹을 때면 더 말할 나위가 없다. 정수리에서 시작된 땀은 머리통 전체로 확산한다. 웬만한 음식을 먹을 때면 손수건으로 감당하지 못할 정도로 땀이 흐른다. 이마로 흘러내리는 땀은 방심하면 음식물로 낙하하기도 한다. 땀이 흐르는 것은 생리현상으로 내 잘못이 아닌데도 같이 식사하는 사람에게 미안스럽고 민망한 마음이 든다.

　탈모와 땀 흘리는 일이 무슨 연관 관계가 있는지는 모르나 분명 어떤 인과관계가 있을 것으로 생각된다. 내 몸의 변화를 돌이켜 보면 음식물을 먹을 때 머리통에 땀이 나기 시작한 것이 탈모가 시작된 시기와 거의 일치하기 때문이다. 탈모도 그렇고 음식을 먹을 때 땀이 흐르는 것도 그렇고 여간 불편하지 않다. 볼품없다는 생각에 스스로 초라함을 느끼기도 한다. 남에게 피해를 주는 것까지는 아니지만 얼마나 민망스러운지 모른다. 그래서 낯익은 사람과 만나는 자리가 아니라면 음식물 메뉴가 신경 쓰인다. 뜨겁고 매운 국물 요리를 먹다 보면 땀이 줄줄 흘러 머리통 정수리가 훤하게 속살을 드러내기 때문이다.

　나이가 들면서 나타나는 신체 변화가 어디 탈모뿐이겠는가. 노안이 찾아와 돋보기를 사용하지 않으면 가까운 사물을 보는 것이 불편하다. 원시가 생겼으니 일정 거리를 두고 봐야 인쇄물의 작은 글씨가 보인다. 양쪽 귀 근처의 머리카락은 검은색 반, 흰색 반이다. 혈관에 콜레스테롤이 끼었으니 각종 성인병이 찾아온다. 매끼 식사를 하고 나서 약봉지를 찾는 일이 일상이 됐다. 나이 들면 아침잠이 없어진다더니 괘종시계 알람을 사용하지 않아도 일정한 시간이 되면 눈이 떠진다.

　암기력이나 수리력 등도 전과 비교하면 형편없는 수준이다. 이러한 변화는 분명 노화의 진행이다. 세상이 좋아져 쉰을 바라보는 나이에도 젊은 사람 취급을 받지만 내가 어린 시절의 사회상을 대입하면 나는 이미 중년이 된 게 맞다. 남은 인생이 살아온 인생보다 조금 남았다. 시간이 흐를수록 노화는 더욱 빠르게 진행될 것이고 아직 나타나지 않은 변화가 더 나타날 것이다. 갈수록 피부는 탄력을 잃을 것이고 근력이나 지구력도 떨어질 것이다. 그렇게 생각하니 서글퍼진다. 하지만 시간이 흐르고 나이가 들면서 나타나는 변화이니 자연스럽게 받아들이고 있다.

내가 이렇게 나이 들어가며 노화를 겪는 사이, 나의 분신인 두 아들은 무럭무럭 성장해가고 있다. 두 아들은 내가 어렸을 때처럼 검고 굵은 머리털이 빼곡하게 머리통을 뒤덮었다. 아침에 머리를 감고 나면 나는 수건으로 몇 번 닦아내면 물기가 사라지지만 두 아들은 헤어드라이어를 한참 사용해야 머리카락을 제대로 말릴 수 있다. 아이의 탱탱한 머리카락을 보며 위안 삼는다. 더불어 세상 살아가는 법칙을 느낀다. 어머니는 일흔 나이를 넘기면서 무척 쇠약해지셨다. 건강하게 자라는 아이들을 보며, 날로 기력을 잃는 어머니의 모습을 지켜보며 세월을 느낀다.

노화의 진행 속도는 사람마다 다르다. 객관적으로 주위와 비교해보면 나는 노화가 다소 빨리 진행되고 있는 것으로 보인다. 그렇지만 노화를 막으려고 발버둥 치지는 않는다. 나 자신과 내 가족을 위해 더 건강하게 살아야 한다는 생각을 하고 살지만, 몸이 늙어감을 한탄하지는 않는다. 그냥 자연스럽게 받아들인다. 더 건강하게 오래 살게 해달라고 절대자에게 빌고 구걸하지도 않는다. 내가 늙어가는 만큼 나의 두 아들이 무럭무럭 건장한 청년으로 성장해가고 있으니 그것이면 만족한다. 하루하루 노인이 돼 가는 내 어머니도 부디 우울하고 서글픈 마음을 접고 편히 세월을 받아들이셨으면 좋겠다. 그것이 세상의 법칙이니까. ✑

2015년 10월 30일

성공에 가려진 행복

한국인의 가치관을 가장 크게 좌우하는 철학은 여전히 유교사상이다. 지구상에 가장 철저한 유교주의 국가였던 조선왕조가 패망한 지 한 세기가 흘러갔지만, 이 나라 대한민국은 여전히 유교문화권 국가로 분류된다. 조선시대야 유교를 국가이념으로 하고 국가 운영의 근본 방향으로 삼았지만, 대한민국은 다 문화, 다 가치, 다 종교를 인정하고 있다. 유교국가 조선은 붕괴했지만, 대한민국 국민은 아직도 조선의 통치이념에 충실하다. 불교와 천주교, 기독교가 지속적인 교세 확장으로 3대 종교의 축을 담당하면서 나름의 종교관과 세계관, 가치관을 정착시켜가고 있지만, 여전히 다수의 국민은 유교적 사고의 범주를 크게 벗어나지 않고 있다.

유교의 기본적 통치이념인 '충'과 '효'가 한민족 개개인의 DNA 속에 너무도 깊이 뿌리 박혀 있어 그 가치관을 쉽게 바꾸지 못하고 있다. 한국인은 어느 종교를 가졌더라도 기본적인 생활양식은 유교적 가치에 기준점을 두고 있다. 기독교인으로서 교회 생활에 충실하면서도 내면적 생활은 유교적 가치를 따르는 경우가 다반사이다. 불교나 천주교 신자도 마찬가지이다. 그들 모두가 '충'과 '효'라는 가치를 저버리지 못한 채 살아가고 있기 때문이다. 한민족처럼 부모를 깍듯이 봉양하는 민족은 없다. 더불어 한민족의 애국심은 유별나다. 이러한 문화는 유교주의에서 비롯된 것임을 누구도 부정할 수 없다.

'충'과 '효'라는 가치관 외에도 아래위를 따져 나이가 많은 선배에게 정중히 대하고 남녀의 구별을 엄격히 하는 것도 유교문화의 잔재이다. 이 외에도 생활 속에서 '근면'과 '성실'을 강조하고 '배움'을 갈망하는 것도 유교문화에서 비롯된다. 한국인이 세계에서 가장 성실하게 일하고 가장 교육열이 높은 것도 그 근원을 찾아보면 유교주의 사고방식에서 비롯된다. '예'를 중시하고 내면의 수양을 중시하는 것도 마찬가지이다. 이 외에도 뿌리 깊은 유교문화를 통해 형성된 한국인의 가치관은 무수히 많다. 그래서 해외의 많은 문화인류 학자들은 아직도 한국을 유교문화권 국가로 분류하고 있다. 우리는 이러한 분류에 대해 별다른 저항도 갖고 있지 않다. 인정하고 있다.

우리가 단기간에 세계가 주목하는 경제 성장을 이루고 더불어 민주주의를 정착시킨 것도 유교문화에 기인한 '근면' '성실'과 '인본주의'에서 비롯된다. 세계에서 가장 높은 대학진학률을 보이는 것도, 석학을 집중하여 육성해 기술 강국의 반열에 오른 것도 유교적 교육열에서 답을 찾을 수 있다. 다른 생각을 하는 이들도 많겠지만 적어도 나는 그렇게 생각하고 있다. 나는 대한민국 국민에게 있어 유교적 가치는 그 뿌리가 워낙 깊어 앞으로도 일정 기간은 유지될 것으로 보고 있다. 하루가 다르게 새로운 사상이 유입되고 사람의 생각은 변해가지만 유교문화는 뿌리가 워낙 깊어 한동안 우리 생활을 지배하리라 생각한다.

우리가 유교적 사상과 문화를 기반으로 경제 성장을 이루고 문화강국으로 부상한 것은 부정할 수 없는 사실이다. 하지만 유교문화의 폐단도 참으로 많다. 행복하고 즐거운 삶을 지향하기보다는 참고 견디고 내일의 출세와 성공을 지향하는 유교적 가치관으로 인해 우리는 늘 절제력을 강요받는다. 내일의 성공을 위해 오늘의 행복을 미룬 채 참고 견디는 것이 최선이라고 여기며 살고 있다. 내일을 위해 공부해야 하고 남보다 높은 지위를 차지하기 위해 인간의 기본적인 쾌락조차도 사치로 치부하며 그저 일에만 몰두하는 것이 가장 가치 있는 삶이라는 편협한 생각을 하고 있다. 세계에서 가장 부지런한 나라, 세계에서 가장 공부를 많이 하는 나라, 세계에서 가장 일을 많이 하는 나라가 바로 대한민국이다.

　세계 최빈국에서 경제 대국으로 성장했지만, 아직도 주위를 돌아볼 여유가 없다. 계속 더 높은 곳을 향해 앞으로만 나가려 할 뿐 즐기고 쉬는 것 자체를 죄악시하는 문화가 우리 삶 깊이 자리 잡고 있다. 단란하고 행복하게 사는 것보다 높은 지위에 오르고 출세하는 것이 부모에 대한 '효'의 극치라고 생각하는 나라가 대한민국이다. 착하고 바르게 자라는 아이보다 공부 잘하고 지도자적 자질을 보이는 아이가 부모에게 인정받는 나라가 대한민국이다. 다양한 경험을 통해 많은 것을 느끼고 깨달으며 활발한 교우관계를 형성해야 할 시기인 청소년기에도 경쟁 속에 공부에 매진하며 보내야 하는 나라가 대한민국이다. 성공하고 출세하기 위해 건강도 포기하고, 행복도 포기하는 아주 이상한 나라가 대한민국이다.

　이는 유교문화의 본질을 제대로 파악하지 못하고 공자와 맹자가 주창한 인본주의를 왜곡한 것이다. 유교의 본질은 인간에 대한 지극한 사랑이며, 배려이지만 우리가 받아들이는 과정에서 상당 부분 왜곡하고 있다. 출세하고 성공하는 것보다 값진 가치는 얼마든지 있다. 그러나 다수의 한국인은 편협한 가치관에 사로잡혀 여전히 출세하고 성공하기 위해 모든 것을 포기한다. 문화를 누릴 줄도 모르고 여유 있는 삶을 즐기지도 못한다. 오로지 일과 공부에 파묻혀 젊음을 허비하고 있다. 성공하고 출세하는 것은 즐겁고 행복하기 위한 수단일 뿐 궁극적 가치는 될 수 없다. 그러나 우리는 수단이 목표라고 착각하며 살아가고 있다. 그런 삶을 자녀에게 주문하고 있고, 그것이 행복을 위한 길이라고 잘못 안내하고 있다.

  생각의 틀을 바꾸어야 한다. 진정한 삶의 목표는 쾌락도 아니지만 그렇다고 성공도 아니다. 성공은 행복하기 위한 수단에 불과하지만, 우리나라 국민 다수는 성공이 곧 행복이라고 착각하고 있다. 그렇지 않다면 성공해야만 행복할 수 있다는 그릇된 판단을 하고 있다. 성공이 행복에 비하면 보잘것없는 가치에 불과하다는 것을 뒤늦게 늙어서야 깨닫는 경우가 많다. 그러니 후회막급이지만 돌이킬 방법은 없다. 모두가 즐겁고 하루하루 아름다운 삶을 보장받는 행복이 중요하다. 모든 국민이 행복을 목표로 잡고 살아갈 때 이 나라 대한민국은 모두가 부러워하는 문화선진국이 될 것이다. 그래야 살맛 나는 나라가 될 것이다.

2015년 10월 01일

일송정 푸른 솔과 조선족

일송정 푸른 솔은 늙어 늙어갔어도
한줄기 해란강은 천년 두고 흐른다.
지난날 강가에서 말 달리던 선구자
지금은 어느 곳에 거친 꿈이 깊었나.

용두레 우물가에 밤새소리 들릴 때
뜻깊은 용문교에 달빛 고이 비친다.
이역 하늘 바라보며 활을 쏘는 선구자
지금은 어느 곳에 거친 꿈이 깊었나.

용주사 저녁 종이 비암산에 울릴 때
사나이 굳은 마음 길이 새겨 두었네.
조국을 찾겠노라 맹세하던 선구자
지금은 어느 곳에 거친 꿈이 깊었나.

나를 포함해 전 국민이 가장 즐겨 부르는 가곡 '선구자'. 대통령 선거에 출마한 후보에게 가장 좋아하는 노래가 무엇이냐고 물으면 열에 아홉은 '선구자'라고 대답한다. 국민가곡인 '선구자'를 수도 없이 듣고, 따라 불렀지만 정작 그 가사 내용이 무엇인지, 어디를 배경으로 한 노래인지 알지 못했다. 막연하게 독립운동가들이 즐겨 부르던 노래라고만 알고 있었다. 음악 시간에 이 노래를 가르쳐주던 교사들도 이 노래의 배경에 대해서는 달리 설명해주지 않았다. 인터넷 검색창에 '선구자'라는 검색어만 써 넣어봤어도 알 수 있었겠지만, 그 시도조차 해보지 않았다.

그래서 나를 부끄럽게 만드는 노래가 '선구자'이다. 백두산 여행을 하며 중국 길림성의 용정시를 방문한 후에야 이 노래의 진정한 의미를 알 수 있었다. '일송정' '해란강' '용두레 우물' '용문교' '용주사' '비암산' 이 모든 배경은 용정시 곳곳에 있는 실제의 장소이다. 조국을 떠나 만주 벌판에서 조국 독립을 위한 투쟁에 목숨을 바친 이들이 고향을 그리워하며, 독립의 염원을 표현한 노래가 '선구자'라는 사실을 알게 됐다. 50년 가까이 살아오면서 그토록 많이 들었던 노래 '선구자'의 배경을 제대로 몰랐다는 사실이 한없이 부끄러웠다.

조국 광복의 의지를 다지며 저항시를 썼던 윤동주 시인이 다녔던 '대성학교'를 방문하기 위해 용정시를 찾았고 그곳에서 일송정, 해란강, 용문교를 만났다. 용정시는 박경리 작가의 대하소설 '토지'에서 남 주인공인 길상이 독립운동을 위해 찾았던 곳이다. 용정시에 대한 나의 지식도 딱 거기까지였다. 백문이 불여일견이라 했던가. 난생처음 용정시를 방문하고 한민족 독립운동사의 많은 부분을 알게 됐다. 더불어 제대로 알지 못했던 '조선족'에 대해서도 비교적 많은 정보와 지식을 갖게 됐다. 나를 포함해 다수의 대한민국 국민이 조선족에 대해 얼마나 무지하고 선입견으로 그들을 대했는지 알게 됐다. 또 그들이 얼마나 훌륭한 우리의 동포인지 절감했다.

꼭 10번째인 2015년 광복절 기간의 중국 방문을 통해 내가 조선족에 대한 인식을 180도 바꾸고 돌아온 것은 가장 큰 소득이었다. 여행하기 전까지 조선족에 대해서는 별다른 관심을 두지 않았다. 그저 단순하게 '중국 국적을 가진 한국계 사람으로 양국의 언어와 문화를 모두 익히고 살아가는 사람들' 정도로 생각했다. 복잡한 동아시아의 근대사에 휘말려 중국에 터를 잡아 살게 된 이들이 조선족의 뿌리이고, 그들의 자손이 현재 우리가 접하는 조선족이란 사실만 어렴풋이 알고 있었다. 같은 민족이고 동포지만 다른 나라의 국적을 갖고 살아가고 있는 이들이 어디 조선족뿐인가 싶은 생각으로 살았다.

2015년의 여행을 통해 조선족에 대해 조금 더 자세히 알 수 있게 됐고, 그들이 얼마나 고국을 특별히 생각하고 고국의 전통문화와 혈통을 지키기 위해 피나는 노력을 했는지를 조금이나마 알 수 있었다. 한국인이 갖는 조선족에 대한 일반적인 생각은 돈벌이를 위해 한국 땅에 건너와 한국인이 꺼리는 3D 업종에 종사하는 동포라는 정도이다. 처음 조선족이 한국에 들어왔을 때는 불쌍히 여기고 도와주려는 사회적 분위기도 컸지만, 그 수가 날로 늘면서 점차 무관심의 대상으로 전락했다.

한국과 중국이 수교하며 한국 땅을 밟기 시작한 조선족은 초기에 중국산 한약재를 들여와 큰돈을 벌었다. 이후 그들이 가져오는 약이 약효가 부실한 가짜가 많고, 일부는 인체에 유해하다는 사실이 알려지면서 방한 조선족에 대한 불신이 시작됐다. 이어 조선족 여성과 한국의 농촌 총각 간 국제결혼이 봇물이 터진 가운데 꽤 많은 조선족 여성이 국적만 취득하고 재산만 챙긴 채 잠적하는 일이 발생했다. 이로 인해 조선족에 대한 신뢰는 더욱 곤두박질쳤다. 한국인을 대상으로 한 조선족의 잔악한 범죄가 간간이 발생하며 한국 땅에서 조선족의 입지는 좁아 들었다.

이후 조선족에 대한 이미지는 3D 현장의 노동력으로 변모했다. 한국에 취업 온 조선족의 수가 70만 명에 달하는 가운데 시골 구석구석까지 그들이 침투했다. 웬만한 식당에서 음식을 나르는 이들은 조선족이고 공장과 산업현장도 그들의 자리가 됐다. 한국어를 자유롭게 구사할 수 있고, 외모가 같을 뿐 아니라 생활 문화도 비슷한 조선족은 타국 외국인 노동자의 3D 현장 취업이 늘자 조금 더 나은 업종으로 옮겨가기 시작했다. 안타까운 일이지만 여성의 경우, 많은 수가 유흥업종으로 눈길을 돌려 불건전한 일에 종사하는 이들이 많아졌다. 생활력이 강한 이들은 단기간에 많은 돈을 벌기 위해 대범한 행동도 서슴지 않았다.

이러한 과정을 통해 조선족에 대한 한국인의 이미지는 그리 좋은 편은 아니다. 대부분 조선족이 한국에 와서 한국인이 피하는 업종에서 일하고 성실히 저축해 고향에 있는 가족의 생계에 보탬을 주고 있다는 사실을 잘 알고 있다. 그들이 우리 동포이고, 한국인 못지않은 조국애를 갖고 있다는 사실도 잘 알고 있다. 하지만 워낙 많은 조선족이 한국에 건너와 있다 보니 다양한 사건이 발생하기도 하고 한국인에게 피해를 안기는 일도 발생한다. 한국인이 그들에게 안기는 피해에 비하면 표시도 안날 수준이지만 이방인이라는 이유로 그들이 저지른 사건은 큰 사회적 이슈가 된다.

나 역시 조선족에 대해 제대로 알지 못했다. 하지만 이번에 연변지역 연길과 용정을 다녀온 이후 조선족에 대한 이해의 폭이 넓어졌고, 그들이 너무도 자랑스러운 우리의 동포라는 사실을 깊이 깨닫고 왔다. 조선족의 원류는 병자호란 직후 노예로 끌려간 60만 명 중 생환하지 못하고 중국에서 터를 잡은 이들로부터 비롯된다는 사실을 알게 됐다. 그들의 후손은 벌써 14~15대를 이어오고 있고 중국 땅에서 조선족으로 살아가고 있다. 17세기부터 한민족의 중국 진출은 서서히 진행됐고 19세기 후반 들어서는 그 수가 큰 폭으로 늘어 지금의 조선족을 형성하게 됐다. 일제 강점기에 이르러 독립군이 대거 만주지역으로 몰려들어 조선족의 수가 급격히 늘었다. 그래서 현재의 조선족은 대개 3세가 주류를 이루고 있다.

조선족이 밀집한 연길과 용정, 화룡 등지는 일제 강점기 때 항일 독립운동의 본거지 역할을 했고, 조선족의 상당수는 독립운동에 가담했거나 독립군에게 직·간접적으로 물심양면의 도움을 주었다. 일제로부터 참혹한 보복을 당하는 일도 부지기수였다. 그렇지만 조국 독립을 위한 조선족의 의지는 꺾이지 않았다. 독립운동이 만주 일대에서 성행한 것은 조선족이 터를 잡고 있었기 때문에 가능했다. 조선족의 도움이 없었다면 독립군을 지속해서 유지하는 일이 불가능했을지 모른다. 그들은 일제의 보복을 감내하면서도 독립군을 지켜낸 주역이다.

많은 조선족이 한국으로 건너와 경제활동을 하는 가운데 독립군의 후손도 많다. 독립군에 직접 가담하지는 않았더라도 위험을 무릅쓰고 독립군을 도운 조선족의 후손이 상당수에 이른다. 이들 대부분은 궂은일을 한다고 해서 천시받거나 무시당하고 있다. 그들을 무시하는 한국인 중에는 분명 친일파의 자손도 있을 것이다. 잘못돼도 한참 잘못된 일이다. 울화통이 터질 일이다. 한국에 와서 사회적으로 물의를 일으키고 자국민에게 피해를 안기는 조선족도 분명 있다. 하지만 그들이 조선족 전체인 양 여겨서는 안 된다. 조선족이 궂은일을 해주기 때문에 그나마 이 나라 경제가 돌아간다. 제대로 된 노임을 지급하지 않거나 차별대우를 하는 것을 부끄럽게 생각해야 한다.

조선족에 대해 이처럼 호의적인 생각을 하게 된 것은 연변을 다녀온 것이 결정적 계기가 됐다. 중국을 열 번 이상 다녀왔고, 수많은 조선족을 만났지만, 연변은 다녀온 후 그들에 관한 생각이 크게 바뀌었다. 그들이 중국이란 나라에서 당당히 한국문화를 지켜가며 너무도 당당하게 살아가는 모습을 보고 왔기 때문이다. 조선족의 문화에 대해서는 많이 들었고, 방송을 통해서도 많이 접했지만 직접 다녀오니 더 많은 사실을 피부로 느낄 수가 있었다. 그들이 너무도 고맙다는 생각을 했다. 한반도 통일 이후 우리가 잃어버린 만주 벌판을 되찾기 위해서는 그들의 역할이 너무도 중요하다는 생각을 곱씹어서 했다.

그들은 중국 정부와의 단판을 통해 연변조선족자치주 내의 모든 간판에 한글 표기를 병기하도록 쟁취해냈다. 그것도 한글을 한자보다 우선 표기하도록 했다. 우리의 주민등록증에 해당하는 거민신분증도 조선족의 경우 한글을 병기하도록 했다. 연길 시내에 있는 조선족박물관을 둘러보고 감동하지 않을 수 없었다. 그들이 어떻게 중국에서 정착했고, 한국의 고유문화를 지켜내고 한민족의 혈통을 지켜내기 위해 얼마나 노력했는가를 알 수 있었기 때문이다. 초중고에서 대학에 이르기까지 한국어 교과서를 만들어 한국어로 수업을 했다니 놀랍고도 고마웠다.

특히나 조선족에 대한 고마움이 컸던 부분은 여전히 그들이 한국의 전통문화를 지켜내기 위해 부단히 노력하고 있다는 점이다. 정작 한국 땅에서는 자취를 감춰버린 세시풍속이 연변 땅에서는 조선족에 의해 지켜지고 있었다. 단옷날 창포로 머리를 감고, 그네 뛰고, 씨름하고, 동짓날 팥죽을 끓여 먹고, 버선을 지어 웃어른께 선물하는 등등의 풍습은 한국에서 자취를 감춰가고 있지만, 조선족은 꿋꿋하게 지켜내고 있었다. 마을마다 풍물패를 조직해 운영하고 있고, 매년 조선족대축제를 개최해 모두가 한복을 차려입고 춤과 노래, 기타 풍습 등을 보존하고 있다.

한국 땅에 사는 한국인은 빠르게 전통문화를 잃어가고 있고, 별다른 관심조차 가지려 하지 않고 있지만, 조선족은 그것을 지켜내기 위해 피나는 노력을 하고 있음을 알았다. 너무도 고마웠다. 자신의 것도 지키지 못하고 서양 문물을 비판 없이 수용해 비굴하게 끌려다니는 부류가 우리 문화를 그토록 소중하게 지켜내려는 조선족을 무시하는 현실이 서글프고 안타깝다. 통일 한국의 미래를 생각하면 조선족의 역할은 참으로 지대하다. 연변은 만주 일대 국토회복운동의 전진 기지 역할을 할 것이다. 조선족은 앞장서 전위부대 역할을 맡을 것이다. 그래서 조선족은 존중받아야 한다.

2015년 08월 22일

백두산과 두만강

중학교 1학년인 큰아들과 단둘이 백두산 여행에 나섰다. 사춘기로 접어든 아들과 아빠가 단둘이 여행을 하는 것이 색다른 체험이 되리라 생각했다. 여름방학을 맞은 아들에게 평생 기억에 남을 아빠와의 추억을 선물하고 싶었다. 때마침 광복 70주년을 맞아 나라 전체가 경축 분위기로 가득했고, 국민도 조국과 민족에 대해 각별한 생각을 할 기회가 주어진 때이어서 백두산 여행은 의미가 컸다. 마침 우리가 백두산을 향해 출발하는 날짜도 8월 15일 광복절이었다. 광복절을 맞아 민족의 발원지이자 우리 겨레가 영산으로 여기는 백두산을 찾는다는 것이 필연이나 운명처럼 여겨졌다.

5년 전 고교 동문과 함께 백두산을 찾은 일이 있었지만, 악천후로 인해 제대로 백두산의 참모습을 볼 수 없었다. 아들과 함께 하는 이번 여행에서 꼭 백두산의 신비로움과 웅장함을 몸으로 느끼고 싶다는 생각이 간절했다. 5년 전 백두산 관광에 나설 때는 서파에서 북파까지 능선 산행을 계획했다가 불발됐다. 먼저 서파에 올랐지만 산 정상에 안개가 심하게 끼어 천지의 장엄한 모습을 볼 수가 없었다. 능선 종주 산행도 불허됐다. 이튿날 북파를 오르려 했으나 출입 자체가 차단됐다.

5년 전의 아쉬움을 털어내고 싶었다. 아들에게 민족 영산의 모습을 꼭 보여주고 싶었다. 8월 15일 오후 청주공항을 출발해 저녁 무렵 길림성 연길공항에 도착했다. 공항 간판을 비롯해 연길 시내 모든 간판이 한글과 한자 병기로 표기된 것을 보고 적지 않게 놀랐다. 한국에서 유행하는 프랜차이즈 점포가 거리 곳곳에서 눈에 띄었다. '여기가 중국 땅 맞나?' 싶은 생각이 끊이지 않았다. 숙소인 호텔 방에서는 한국의 공중파 방송을 실시간으로 시청할 수 있었다. 한화가 현지 화폐처럼 어디서나 통용됐다. 그때야 비로소 연길이 '중국 속의 한국'을 지향하는 도시란 사실을 깨달을 수 있었다.
　불과 수년 전까지만 해도 백두산은 한국인이 찾는 관광지였다고 한다. 한국인이 백두산을 찾는 모습을 보고 중국인이 하나둘 관광에 나섰고 불과 수년 만에 백두산은 중국인에게도 유명세를 치르는 관광지가 됐다고 한다. 특히 중국 정부가 '중국 10대 명산'을 선정하면서 백두산을 포함해 그때부터 엄청나게 많은 중국인이 백두산을 방문하기 시작했다고 한다. 중국 정부가 백두산을 10대 명산으로 지정한 것은 객관적 판단이기도 하지만 다분히 정치적 의도가 깔려있다는 것이 일반적 분석이다. 한반도 통일 후 백두산과 북간도 지역의 영유권 분쟁을 예상하고 선제 조치를 한 것이다.
　고원 지대에 있는 백두산과 가장 가까운 대도시인 연길에서 백두산까지 접근하는데 꼬박 4시간이 걸렸다. 새벽잠을 설치고 출발해 목적지인 북파 입구에 도착한 시간이 오전 11시. 서둘러 점심을 먹고 본격적인 백두산 등정에 나섰다. 등정이라고는 하지만 정상 턱밑까지 차량을 이용할 수 있어 몸 편히 백두산을 맞을 수 있었다. 차가 정상을 향해 운행하는 내내 내 옆자리를 지킨 아들 영유는 경이로움과 신비로움을 느끼는 눈빛이 역력했다.
　천지를 둘러싼 능선에 오르자 5년 전 내게 모습을 감췄던 천지가 전체의 모습을 속 시원히 드러내 보였다. 무어라 형언하기 어려운 경외감이 산과 호수에서 뿜어져 나왔다. 애국가를 목청껏 부르고 싶은 충동이 밀려왔다. 민족의 영산을 오르는데 내 나라 내 땅을 돌아 중국을 거쳐 와야 하는 현실에 억장이 무너지는 심정이다. 백두산에 오르는 모든 한민족의 공통된 생각이리라. 철부지 아들 녀석도 이 순간만큼은 자신이 배달민족이고 대한민국인이라고 생각하는 것 같다. 감동하는 아들의 모습에 내 만족감이 오히려 더 컸다.

백두산 천지를 보는 데 40분 남짓한 시간이 주어졌다. 천지의 광경 자체가 대단한 볼거리였지만 백두산을 오르는 길과 내려가는 길에 차창 밖으로 보이는 굽이굽이 백두산 줄기와 그 아래로 내려다보이는 만주 벌판의 모습 또한 장관이었다. 백두산은 민족 기상의 발원지라는 상징성만큼이나 대단한 위용을 갖췄다. 드러나는 외형 자체에서 경외심을 갖게 하기에 충분했다. 이 어마어마한 모습을 말로 표현할 수 없으니 답답할 따름이다. 몇 장의 사진으로 담아내는 것 자체가 무리이니 답답함은 더욱 커진다. 이 광경을 직접 목격하지 않은 사람에게 무슨 수로 이 감동을 전할 수 있단 말인가.

지금껏 국내외 많은 명산을 등반했다. 하지만 백두산에서 뿜어져 나오는 언어로 표현하기 어려운 위압감을 느껴본 적은 없다. 알프스 몽블랑에서도, 미국과 캐나다에 걸쳐 있는 로키산맥이나 미국 서부의 대협곡 그랜드캐니언에서도 느끼지 못한 경외감이었다. 감히 저항할 수 없는 백두산의 위용에 움츠러들고 말았다. 그렇지만 백두산에서는 나를 품어줄 큰 아량과 배포를 지닌 아버지 같은 넉넉함도 발산됐다. 함께 백두산을 관람한 수많은 관광객은 탄성을 토해낼 뿐 달리 아무 말도 못 하며 산이 주는 신비스러운 이미지에 압도됐다.

그동안 많지는 않지만 몇 차례 가족이 함께 일본, 태국, 필리핀 등 아시아권 국가를 여행한 일이 있다. 아이들은 관광지에 도착하면 흥미롭게 유적이나 자연을 관람하고 사진 촬영을 하는 등의 모습을 보였다. 그러나 차량이 이동하거나 숙소에서 머물 때 등의 시간에는 휴대용 전자게임기에 열중하거나 두 형제가 장난하고 다투는 데만 열중했다. 그 나라의 역사와 문화, 사람들의 살아가는 모습에는 별다른 관심을 보이지 않았다. 하지만 이번 백두산 여행에서 큰아들 영유가 보여준 모습은 확연히 달랐다. 살아있는 눈빛을 내게 보여주었다. 가슴이 벅차올라 어쩔 줄 몰라 하는 감동을 표출했다.

조국의 분단에 대해서도 깊이 생각하는 것 같았고, 같은 민족인데 모진 근대사를 겪으며 누구는 한국인, 누구는 조선인북한인, 누구는 중국인조선족, 누구는 일본인재일교포으로 살아가고 있는 현실에 대해 이해의 폭을 넓히는 것 같았다. 자신이 대한민국 국민으로 태어나 살아가고 있는 것이 얼마나 다행스럽고 행복한 일인가에 대해서도 깨닫는 눈치였다. 여행하는 내내 아이에게 근현대사를 중심으로 역사를 자연스럽게 설명할 기회가 자연스럽게 주어졌다. 한민족이 얼마나 위대한 민족이고 자랑스러운 민족성을 가졌는지도 말해주었다.

백두산 관광을 마치고 이튿날 두만강을 사이에 두고 북한과 중국이 마주 보고 살아가는 국경 마을을 다녀왔다. 이미 듣던 대로 두만강은 강폭이 좁아 마음만 먹으면 금방이라도 건너갈 수 있을 것같이 가까운 곳에 북한 땅이 있었다. 북한 주민과 경계병이 움직이는 일거수일투족이 선명하게 시야에 들어왔다. 우리가 분단국가의 국민이란 사실이 몸으로 느껴졌다. 큰아들 영유도 바짝 긴장하는 시선으로 북녘을 주시하며 몇 번이나 "저기가 북한 맞아요?"라고 물었다. 믿어지지 않는다는 눈치였다. 나도 믿어지지 않는 현실을 어린 가슴으로 받아들이지 못하는 것이 어쩌면 당연했다.

강원도 고성 통일전망대에서, 인천 강화에서, 중국 단둥 압록강 위에서 북한 땅을 바라본 적이 있다. 통일전망대나 강화 초소에서는 망원경을 통해 북한을 바라봤다. 압록강에서는 유람선을 타고 근거리에서 북한을 바라봤다. 하지만 이번에 두만강에서 뗏목 유람선을 타고 본 것처럼 가까운 거리에서 북한을 바라보지는 못했다. 북한 측 초소에서 경계근무를 하는 병사와 손짓을 주고받기도 했다. 가슴이 먹먹해 옴을 느꼈다. 머리가 아닌 가슴으로 통일을 갈망했다. 북녘의 산하는 참으로 아름다웠다. 내 나라 내 땅에 발을 디딜 수 없는 현실은 한민족이 안고 가는 멍에라고 생각하니 가슴이 시려왔다.

여행 마지막 날 방문한 북한식당도 아들에게는 잊을 수 없는 추억이 됐다. 방송 '남북의 창'에서만 접했던 북한식당 여종업원과 여배우의 부자연스러운 목소리와 몸짓을 체험하면서 아들 영유는 몹시도 신기해했다. 그러면서 그들이 우리와 너무도 같은 외모와 말투를 지닌 동포라는 사실을 깨달았다. 우리는 같은 민족인데 너무도 오랜 시간을 서로 떨어져 살다 보니 자연스럽게 삶의 방식이 바뀌고 있음을 실감하는 눈치였다. 북한 여배우의 공연을 카메라로 모두 촬영하며 즐거움과 씁쓸함이 교차하는 표정을 지어 보였다. 더욱이 북한식당에서 제공되는 음식이 우리가 평소 즐겨 먹는 음식이란 사실에 더욱 놀라는 것 같았다.

많은 여행을 다녀봤지만, 이번 여행은 참으로 뭉클한 감동의 연속이었다. 광복 70주년 그것도 광복절을 맞아 아들과 단둘이 떠난 여행이란 의미 부여를 시작으로 조국과 민족의 현실을 직시할 수 있는 시간을 가질 수 있어 좋았다. 최근 하루가 다르게 부쩍부쩍 커가는 아들의 모습을 지켜보지만, 내적 성숙을 느낄 기회는 부족했다. 꼬박 4일간 같이 움직이고 많은 대화를 나누며 아들의 성장을 실감할 수 있었다. 성장해가는 아들의 모습을 근거리에서 지켜본 것은 물론 많은 대화를 나눈 이번 여행은 역대 최고의 여행이었다고 말하고 싶다. 4일간 붙어 지내다가 잠시 떨어져 있는 이 시간, 아들이 유난히 보고 싶다.

2015년 08월 20일

증명사진

증명사진을 제출해야 할 일이 더러 있다. 지원서를 작성할 때, 어딘가 회원 가입을 할 때, 또는 자격증이나 신분증 등을 만들 때 증명사진의 제출을 요구받는다. 증명사진은 말 그대로 '내가 바로 ○○○ 맞다'라는 의미로 자신을 확인할 대 사용된다. 크기에 따라 명함판, 반명함판, 여권용 등으로 불리지만 얼굴을 확인하기 위해 제작된 사진을 통칭해 증명사진이라고 한다.

디지털 시대의 사진은 흔하기 짝이 없다. 반드시 사진관을 방문해 찍어야 했던 증명사진이 이제는 언제나 아무 곳에서나 찍을 수 있는 여건이 됐다. 촬영하고 며칠을 기다려서야 얻을 수 있던 사진을 이제는 즉석에서 가질 수 있게 됐다. 동시에 수백 장 수천 장을 인화하는 일도 가능해졌고, 소셜네트워크SNS나 메신저 등을 통해 실시간으로 지인들과 사진을 공유하는 일도 가능해졌다.

아날로그 시대에 증명사진 한 번 찍기가 무척 어려웠다. 벼르고 별러 시간을 내 사진관을 방문하고 며칠을 기다려야 사진을 얻을 수 있었다. 사진관에서 주는 사진은 종이 사진 그저 몇 장이다. 몇 장 더 가지려면 웃돈을 얹어주고 또 며칠을 기다려야 했다. 며칠을 기다린 끝에 설렘을 안고 사진관을 찾았는데 인화된 사진이 마음에 들지 않아 낙심하는 때도 허다했다. 그렇다고 다시 찍으려면 돈을 다시 지급해야 하고 또 며칠을 기다려야 했다.

아날로그 사진은 찍힌 그대로를 인화할 뿐이다. 그러나 디지털 사진은 얼마든지 조작할 수 있다. 각진 얼굴을 갸름하게 만들 수도 있고, 검붉은 피부를 화사하게 만들어 주기도 한다. 기미나 주근깨 정도를 없애는 일은 애교 수준이다. 컴퓨터에서 포토샵이라는 사진 수정 프로그램을 이용하면 전혀 다른 사람을 만들어내기도 한다. 부모나 형제도 몰라볼 만큼 전혀 다른 얼굴을 만드는 일도 가능하다. 그래서 사진만 보고 상대를 기억하고 있다가 실물을 보고 놀라는 일도 적지 않다.

최근의 디지털 사진을 포함해 지금껏 꽤 여러 번 증명사진을 찍었다. 어려서는 새로운 학교에 입학할 때마다 증명사진을 찍었던 것으로 기억한다. 이후 성장해서도 몇 년 주기로 증명사진을 찍었다. 인화된 사진이 만족스럽지 못한 경우가 많지만 가끔은 흡족한 때도 있다. 사진이 만족스러우면 많이 인화해서 오래도록 사용한다. 변한 모습을 담아내기 위해 새로운 증명사진을 찍었는데 만족스럽지 못하면 다소 오래전의 것이라도 과거에 찍은 만족스러운 사진을 계속 사용하게 된다.

과거 아날로그 시절에는 사진관을 방문하면 그저 한 장이나 두 장을 찍는 것이 일반적이었다. 매무새를 고치고 증명사진을 찍는 자리에 앉으면 사진사가 고정된 카메라를 들이대고 뭔지는 잘 모르지만, 카메라에 장착된 보자기를 뒤집어쓰고 한 손에는 플래시를 들고 "하나, 둘, 셋" 하고 소리를 내며 촬영을 했다. 최근의 사진관은 전혀 다른 모습이다. 인테리어 배경도 과거처럼 경직돼 있지 않고 다채롭다. 의자에 앉으면 사진사가 일반 휴대용 카메라를 들고 각도에 따라 연속버튼 기능을 활용해 수백 장의 사진을 찍어댄다. 그리고는 즉석에서 많은 사진 중 마음에 드는 사진을 고르게 해준다.

얼마 전 책의 출간을 앞두고 프로필 사진을 찍기 위해 사진관을 찾았다. 몇 벌의 옷을 가지고 가서 한 시간 정도 동안 사진사가 연출하는 대로 포즈를 취해가며 수백 장의 사진을 찍었다. 그래서 20여 장 남짓 마음에 드는 사진을 고를 수 있었다. 선택한 사진은 곧바로 컴퓨터에 파일로 저장됐고, 휴대전화로도 옮겨졌다. 그래서 내가 참여하고 있는 여러 SNS에 프로필 사진으로 올렸다. 사진을 사용할 일은 의외로 많다. 하여 파일로 저장해 둔 상태로 인터넷상에도 보관했고, 칩을 휴대하고 다닌다.

증명사진이란 단어를 들으면 떠오르는 일이 있다. 지난해 작고하신 나의 스승님 이야기이다. 대학 은사님이신 학산 조종업 교수님은 대한민국 고전문학계의 큰별이셨다. 무척 엄한 성격이셔서 모든 학생이 선생님을 무서워했다. 그러나 가장 존경했고, 가장 자랑스러워했다. 엄격하시기도 했지만, 개별적으로 찾아뵈면 너무도 인자하신 분이었다. 그래서 우리 제자들은 선생님의 인품을 존경했다. 나를 포함해 많은 제자는 많이 혼나면서도 선생님을 따랐다. 스승의 표상이셨다.

대학에 막 입학했을 때 선생님은 50대 후반이셨다. 내가 휴학하고 군 생활을 하던 중 회갑을 맞으셨으니 내가 처음 뵀을 때가 58~59세쯤일 것으로 추정된다. 학교에서 각종 행사를 하며 팸플릿을 만들 때나 학술지를 발행할 때, 기타 인쇄물을 발행할 때 선생님은 늘 같은 사진을 쓰셨다. 선생님께서 사용하신 그 증명사진은 아마도 30대 후반이나 40대 초반쯤에 찍은 것으로 보인다. 군 생활 포함해 내가 입학해서 졸업할 때까지 무려 7년 간 선생님은 고집스럽게 그 사진을 사용하셨다.

노년의 선생님은 노화 탈모로 머리카락 숱이 많지 않으셨다. 안경은 가느다란 금테를 주로 쓰셨다. 그런데 선생님께서 오래도록 사용하신 그 증명사진 속의 얼굴은 머리카락 숱이 많아 가르마 선이 선명했다. 안경테도 검은색 뿔테였다. 선생님께서는 찍은 지 20년~30년은 됐을 사진을 줄곧 사용하셨다. 그 사진을 이후 언제까지 사용하셨는지는 잘 모르겠다. 추측건대 내가 졸업하고 나서도 몇 년은 더 사용하셨을 것으로 본다.

사진에 담긴 이미지가 너무도 깊이 각인돼 선생님을 떠올리면 그 사진이 연상된다. 한 장의 증명사진으로 자신의 젊었을 적 모습을 꽤 오래도록 유지하신 나의 스승님! 선생님은 퇴임 후 너무도 가혹한 일을 많이 당하셨다. 그래서 노년을 너무도 혹독하게 보내셨다. 일일이 열거하지 않겠지만 사람이 겪을 수 있는 고통 중 가장 큰 고통을 노년 동안 여러 차례 겪으셨다. 그렇게 고통스럽게 노년을 보내시다가 지난여름 쓸쓸히 세상을 뒤로하셨다. 많은 제자가 선생님과의 이별을 슬퍼했다. 나도 친인척이 아닌 분의 부고를 받고 펑펑 울어본 것이 처음이었다.

나의 은사님은 그렇게 가셨다. 졸업한 후 생사도 확인되지 않던 많은 동문 수십 명이 조문을 위해 상가에 몰려들었다. 그리고는 선생님의 생전에 꼿꼿하셨던 성품에 관해 이야기했다. 아무것도 모르는 철부지 대학 1, 2학년 때 호되게 꾸지람을 당했던 일을 회고했다. 선생님은 진심으로 제자를 아끼고 사랑해 주셨다고 하나같이 말했다. 선생님께서 세상을 떠나신 정확한 날짜는 기억할 수 없지만, 지난해 이맘때보다 조금 늦은 한여름이었던 것으로 기억한다.

'회자정리 이자정회會者定離 離者定會'라 했다. 누구든 세상 사람은 한 번 만나면 언젠가 헤어지게 되고 헤어진 사람이 다시 만나게 된다. 선생님을 다시는 뵐 수 없게 됐다. 전형적인 선비 모습으로 도도하게 학문 연구에 몰두하다 떠나신 나의 선생님! 이제는 앨범 속에 간직된 몇 장의 스냅사진 속에서만 선생님을 뵐 수 있게 됐다. 하지만 앨범 속 스냅사진이 아닌 젊은 시절의 모습을 담아내신 그 증명사진이 더 강한 이미지로 내게 남아있다.

내가 보관하고 있는 몇몇 인쇄물에는 선생님이 그토록 오래 사용하시던 젊은 시절의 증명사진이 담겨 있다. 사실 나는 선생님께서 그 사진을 찍었을 당시에는 뵌 적도 없으려니와 알지도 못하는 분이셨다. 그러나 내 기억에는 그 사진이 깊이 각인돼 있다. 오늘은 서재 곳곳에 보관된 대학 시절 만들었던 각종 인쇄물을 꺼내 봐야겠다. 그리고는 지금의 내 나이 정도, 또는 그보다 젊어 보이는 선생님의 사진을 찾아봐야겠다. 1주기가 다가오고 있다. 선생님의 묘소를 찾아가 소주 한 잔 부어드리고 와야겠다. 그리운 나의 선생님!

2015년 06월 23일

선풍기와 휴대폰

　너나없이 대부분의 우리나라 사람은 삼성과 LG라는 양대 가전 제조 업체가 생산하는 제품을 선호한다. 품질이 우수하다고 믿고 있고 확실한 사후 서비스를 받을 수 있다고 판단하기 때문이다. 그래서 이들 양사가 생산한 제품은 상대적으로 가격이 높아도 구매를 주저하지 않는 편이다. 제품을 사용하기도 전에 이미 기업 신뢰도가 작용해, 믿고 구매하는 경우가 많다. 그래서 일부 제품은 중소기업이 만들고도 이들 양사의 상표를 붙여 판매되기도 한다. 소형 가전일수록 이 같은 사례는 많다.
　이런 가운데 이들 양대 가전 제조사와 당당히 겨루며 고유 영역을 구축해가는 회사도 있다. 그 대표적인 제품이 신일산업과 한일산업이 만드는 선풍기이다. 쿠쿠 전기밥솥도 대기업 제품을 능가하는 선호도를 보인다. 삼보가 만드는 컴퓨터도 삼성과 LG가 생산하는 제품에 뒤지지 않는다는 평가를 받고 있다. 중소기업의 규모는 한참 벗어났지만, 만도의 경우, 김치냉장고와 에어컨만큼은 양대 가전사를 압도하는 브랜드 인지도를 갖고 있다. 지극히 제한적이지만 이렇듯 일부 제품은 양대 가전 공룡사의 틈새에서 당당하게 고유 영역을 구축해가고 있다.
　신일과 한일은 선풍기 분야에서 절대적인 강자로 인정받고 있다. 물론 두 곳 거대 가전사가 판매하는 제품도 인기가 좋지만 그래도 아직 선풍기 분야에서만큼은 신일과 한일의 시장점유율이 절대적이다. 대기업처럼 유명 모델과 계약을 체결해 고액의 광고비를 지불하고 광고를 제작해 광고폭격을 하는 것도 아니고, 주요 간선도로 목 좋은 곳에 대형 매장을 갖춰놓고 있는 것도 아니고, 서비스망이 제대로 갖춰있지도 않지만 그래도 소비자는 신일과 한일 제품 선풍기를 선호한다. 그만큼 오랜 세월 기술력으로 인정받았기 때문이다.

지난여름 집에 있는 선풍기 목이 부러져 수리를 위해 한일산업 서비스점을 찾았다. 인터넷을 검색해보니 대전 동구 용전동에 수리점이 있었다. 선풍기를 차에 싣고 한일산업 서비스점을 찾았다. 서비스점은 대로변에서 벗어난 골목길 작은 건물 2층에 있어 찾는데 다소의 애를 먹었다. 주차장도 따로 마련돼 있지 않았고 간판도 아주 작았다. 건물에는 엘리베이터도 없었고 좁은 계단을 통해야 서비스점 사무실을 찾을 수 있었다. 문을 열고 들어서니 협소한 사무실과 수리실이 한눈에 들어왔다.

넓고 밝고 젊은 직원이 북적이는 대기업 가전사 서비스점과 한눈에 비교가 됐다. 한일산업 직원은 다소 촌스럽다 싶은 인상이 들 정도의 구형 작업복을 입고 손님을 맞았다. 좁은 접수 장소에는 몇 명의 대기 손님이 있었지만, 그 흔한 커피 자판기 한 대도 갖춰져 있지 않았다. 고장 난 선풍기를 들고 접수대로 가니 중년의 직원이 접수한다. 목이 부러진 선풍기를 보더니 바로 수리할 수 있다며 선풍기를 건네받고는 20분 정도 소요될 것이고 수리비는 2만 원이라고 안내한다. 수리 접수를 하면서 컴퓨터가 아닌 종이 전표로 접수증을 사용하고 있다는 사실에 적지 않게 놀랐다. '지금 세상이 어느 세상인데…'라고 혼자 생각했다.

수리를 기다리는 동안 접수 직원이 잠시 한가한 틈을 타 그에게 다가갔다. 그리고는 내가 가진 궁금증을 참지 못하고 풀어내기 시작했다.

"아니, 그래도 한일산업인데, 우리나라 선풍기와 모터 분야 최고의 업체인데 내 눈에 비치는 서비스점의 모습은 너무 전 근대적입니다. 내가 20년 전 세상에 와 있는 것 같은 착각이 생깁니다. 대기업 서비스점과 너무나 비교가 되네요. 좀 더 투자해서 큰길가에 있는 빌딩에 넓은 사무실로 옮기고 주차장도 마련하고 해야 하는 거 아닙니까?" 한일산업이라는 회사를 아끼는 마음에 느낀 대로 진솔하게 말을 전했다.

내 질문을 받은 중년 직원은 내 말이 끝나기가 무섭게 해명을 시작했다. "손님! 손님이 갖고 계신 스마트폰 얼마인 줄 아시죠? 각종 보조금 지원받는다지만 대개 100만 원 정도 할 겁니다." 내가 고개를 끄덕이며 수긍하자 그 직원은 말을 이어갔다. "100만 원짜리 휴대폰 얼마나 쓰세요? 아마 모르긴 해도 2년을 채 못 쓰실 겁니다. 1년 조금 넘으면 기기 변경하라고 온갖 마케팅을 하니 바꾸지 않고는 못 견딜 겁니다. 그런데 우리 선풍기는 어떤가요? 대당 가격이 5만 원에서 비싸야 10만 원인데 한 대 사면 20년 이상을 씁니다. 고장도 거의 없어요. 맞죠? 그게 바로 제가 드릴 수 있는 답변입니다."

그 직원의 답은 간단하고 명료했다. 제품의 단가가 낮고 내구성이 좋은 데다 제품 교환 주기도 길어 수익구조가 취약할 수밖에 없다는 설명이다. 인건비와 자재비 등은 상승하는데 선풍기 가격은 10년 전이나 지금이나 별 차이가 없다는 설명도 곁들였다. 그나마 중국 등지에 공장을 차려 현지 인건비를 적용하니까 이 가격에 생산이 되지, 국내 공장만 유지한다면 공장 문을 닫아야 할 형편이라는 상황 설명도 해주었다. 그의 말을 듣고 금세 상황이 머릿속에서 정리됐다. 탁월한 성능의 선풍기로 고객에게 신용은 얻었지만, 회사 수익 면에서는 별스럽지 않다는 이야기이다.

그와의 짧은 대화를 통해 이런저런 생각을 많이 가졌다. 기업이 성실하게 제품만 잘 만든다고 그것이 절대 선善이 될 수 있다는 생각, 20세기형 기업과 21세기형 기업은 지향점이 확연히 다르다는 생각, 국민적 신뢰를 받는 기업도 시대 환경에 대처하지 못하면 앞서나갈 수 없다는 생각, 소비를 끌어내기 위한 자본주의와 대기업의 상술에 일반 소비자는 속절없이 따를 수밖에 없다는 생각, 굴뚝 산업이 첨단산업의 거센 파도에 밀려 저항조차 못 하고 쇠퇴하고 있다는 생각 등등이 꼬리를 물었다.

대한민국은 세계에서 손꼽히는 제조업 국가이다. 세계 어느 나라를 가 봐도 한국처럼 공장이 즐비하고 생산 작업에 참여해 생계를 유지하는 국민의 비율이 높은 경우는 좀처럼 찾아보기 힘들다. 실제로 우리는 제조업을 통해 가난의 굴레를 벗어던졌고, 세계적인 기술 강국으로 부상했다. 그러나 제조업도 제조업 나름. 전통적인 굴뚝 산업을 활로를 찾지 못해 기근 상태로 빠져들고 있다. 첨단산업은 회전력 빠른 제품을 진화시켜가며 고수익을 창출하고 있지만, 전통 제조업은 마지못해 명맥을 유지해나가고 있는 꼴이다. 애처롭기 그지없다. 뒷방 신세를 면치 못하는 제조업체가 어디 선풍기 업체뿐이랴.

신일과 한일이라는 두 회사가 이끌어온 한국의 선풍기 산업은 세계 최강 수준이었고 지금도 그 사실은 유효하다. 하지만 기술력만으로는 21세기의 강자로 군림할 수 없는 것이 현실이다. 에어컨 사용이 일반화됐고, 제습기가 틈새시장을 파고들고 있다. 안전성을 극대화한 날개 없는 선풍기가 인기몰이하고 있고, 중국에서는 2만~3만 원 대의 저가 선풍기가 밀려오고 있다. 이 같은 현상은 전통 제조업체가 직면한 상황을 대변한다. 선풍기 외에 몇몇 소형가전제품을 시판해 새로운 트렌드에 대비하고 있지만 역부족이다.

전통적인 제조업체는 기술 강국 대한민국의 근간을 이루어 부국의 꿈을 실현해준 고마운 존재이다. 하지만 지금 그들의 입지는 한없이 좁아져 있다. 그들에게 닥쳐올 사면초가의 위기는 앞으로 더욱 거세질 것이다. 여전히 세계 최강의 기술력을 자랑하는 우리의 기업은 많다. 하지만 그들은 기술력을 넘어선 그 이상의 가치를 창출하지 못해 고심하고 있다. 대한민국이 세계 10대 경제 대국의 꿈을 실현할 수 있게 한 선봉장은 전통적 제조업체이다. 그들을 향한 국가와 국민의 애정 어린 눈길과 손길이 절실하다. 우리는 그 덕을 보고 여기까지 오지 않았나. ✑

2015년 06월 20일

김도운 수필집
나는 미치지 않는다

발 행 일 | 2021년 03월 22일
지 은 이 | 김도운
발 행 인 | 李憲錫
발 행 처 | 오늘의문학사
출판등록 | 제55호(1993년 6월 23일)
주   소 | 대전광역시 동구 대전로867번길 52(한밭오피스텔 401호)
전화번호 | (042)624-2980
팩시밀리 | (042)628-2983
전자우편 | hs2980@hanmail.net
카   페 | cafe.daum.net/gljang(문학사랑 글짱들)
           cafe.daum.net/art-i-ma(월간 충청예술문화)

공 급 처 | 한국출판협동조합
주문전화 | (02)716-5616
팩시밀리 | (02)716-2999

ISBN 979-11-6493-109-5 (03810)
값 15,000원

ⓒ 김도운 2020

* 이 책은 ㈜교보문고에서 eBook(전자책)으로 제작하여 판매합니다.
* 잘못 제작된 책은 바꾸어 드립니다.